SHIGERU MIZUKI 2

KITARO

Aus dem Japanischen von **Gandalf Bartholomäus**
Lettering: **diceindustries**

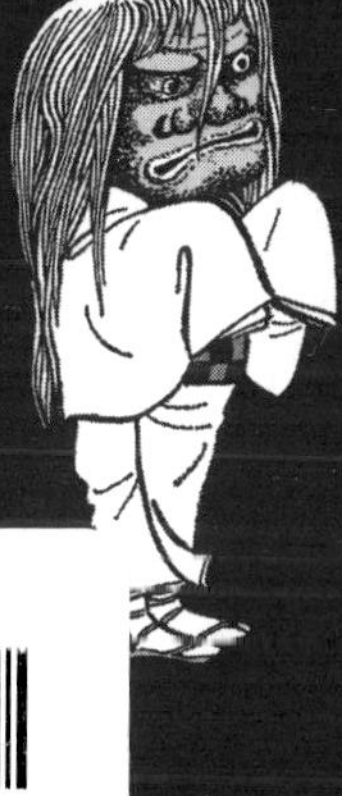

REPRODUKT

KITARO 2

INHALT

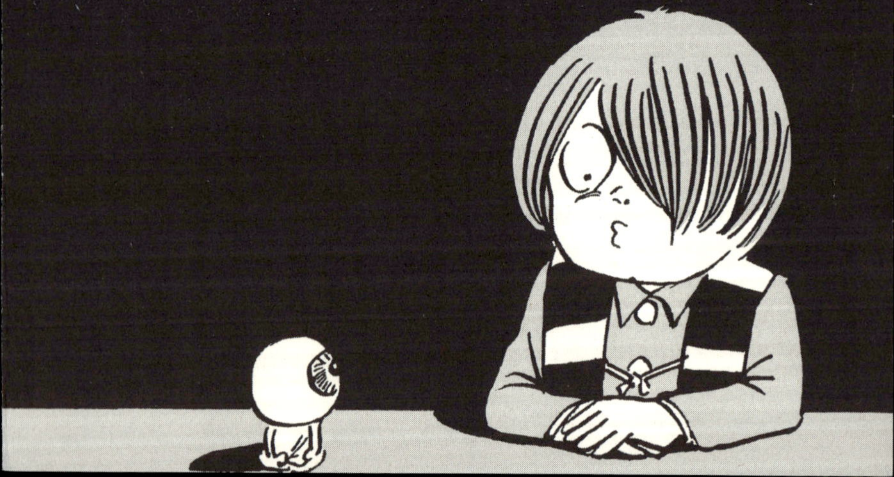

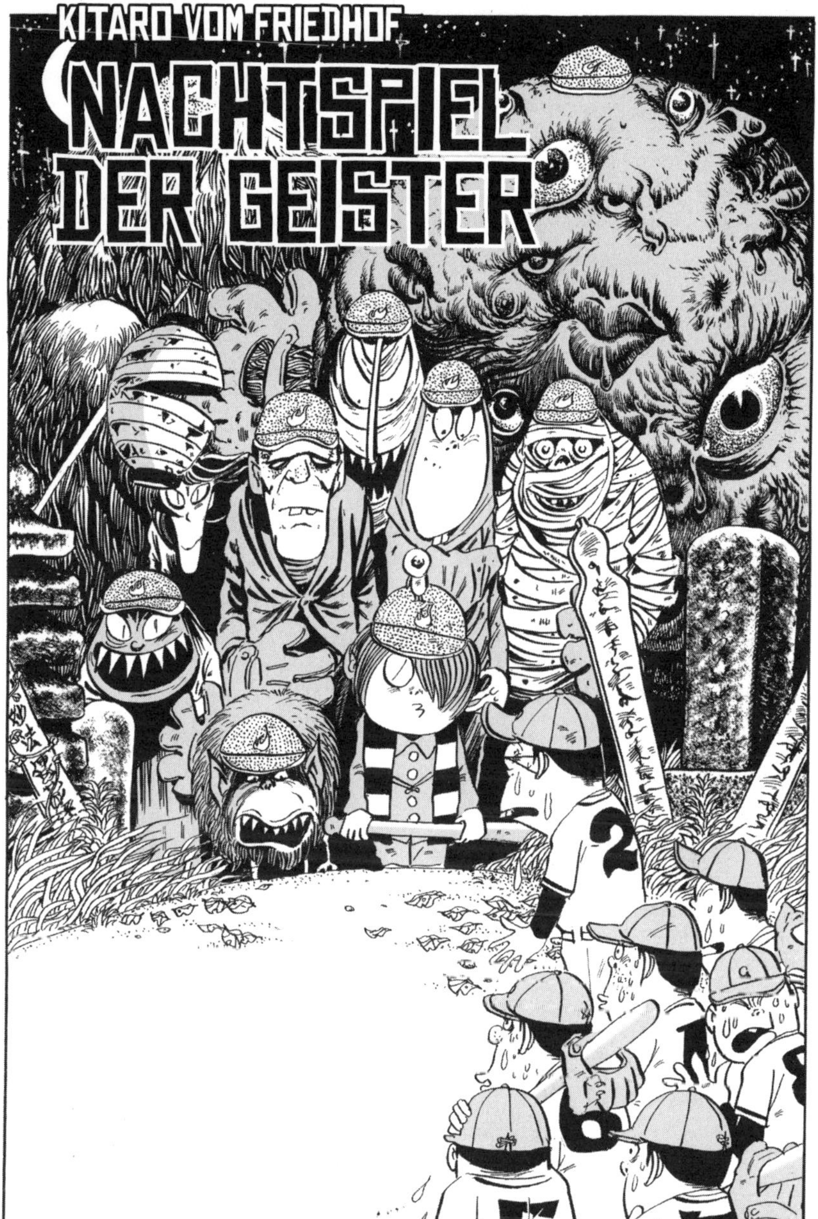
KITARO VOM FRIEDHOF
NACHTSPIEL DER GEISTER

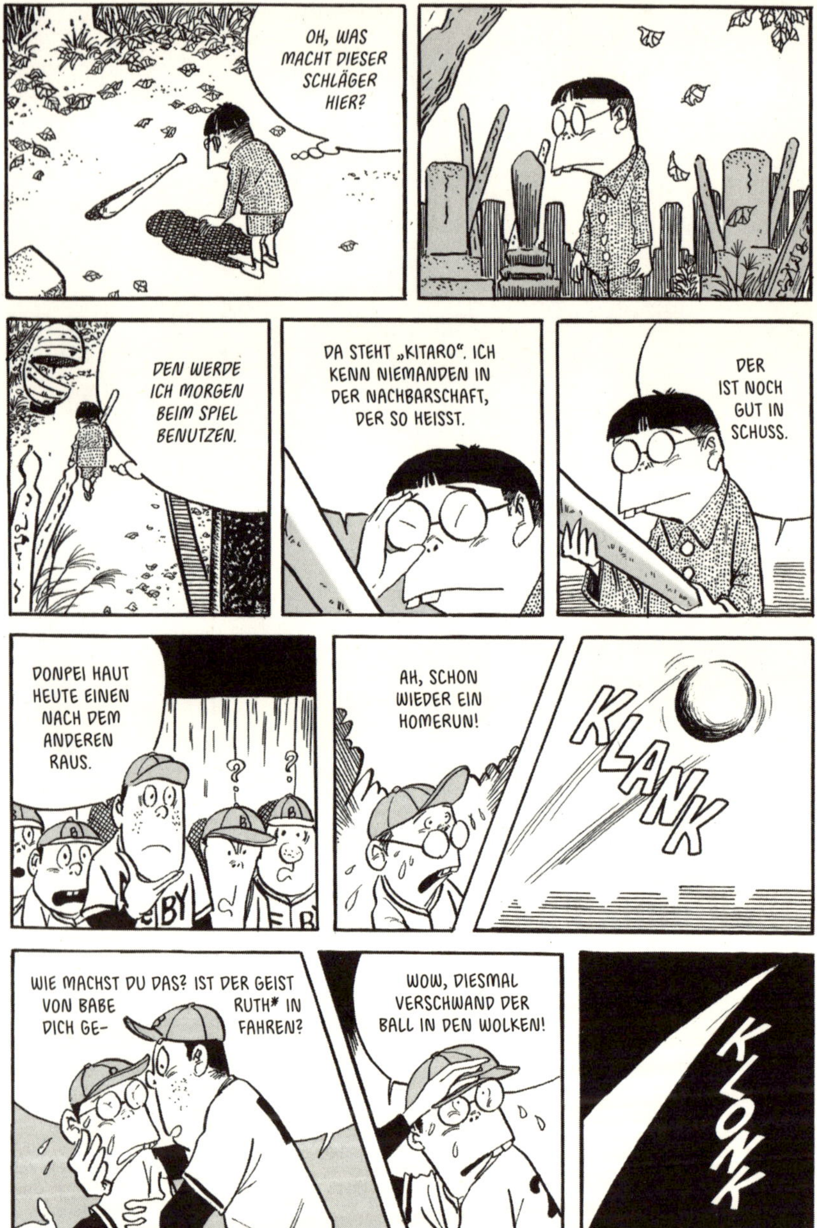

* BERÜHMTER US-AMERIKANISCHER BASEBALLSPIELER

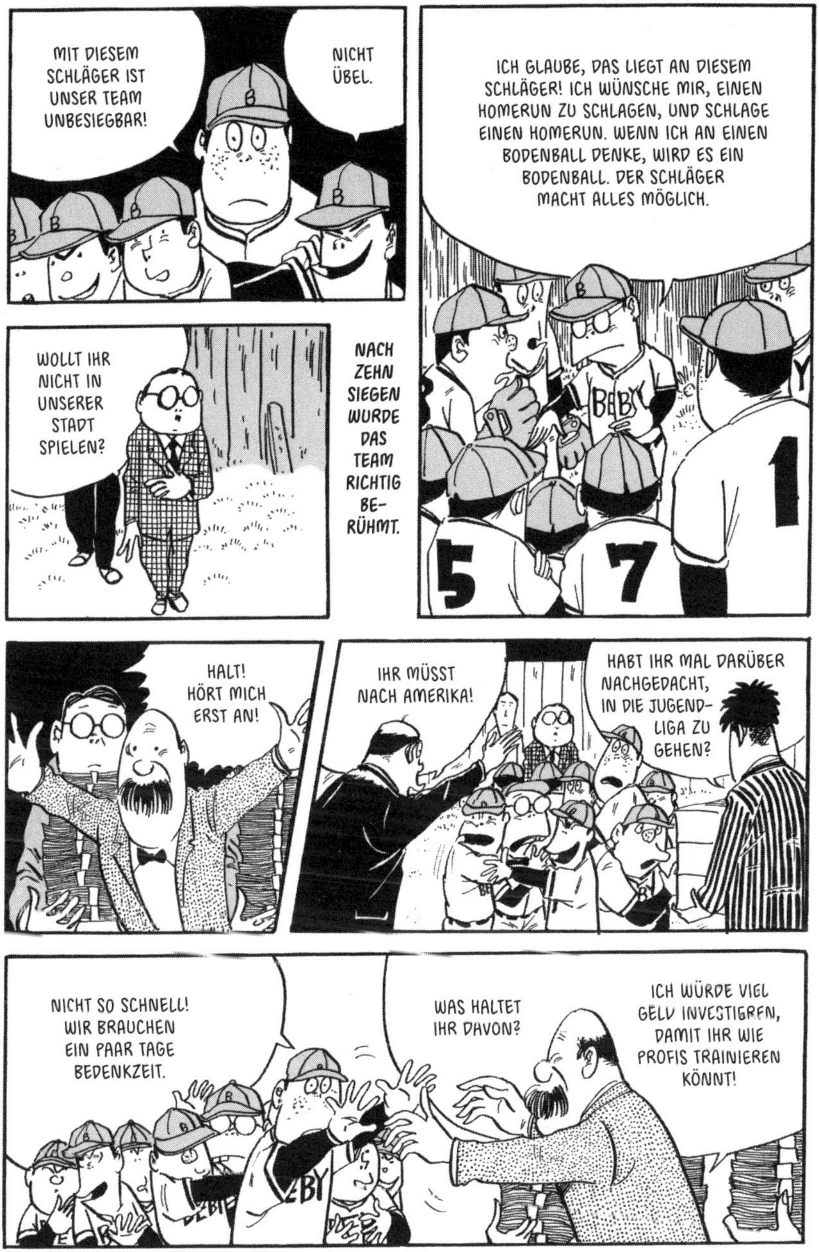
MIT DIESEM SCHLÄGER IST UNSER TEAM UNBESIEGBAR!
NICHT ÜBEL.
ICH GLAUBE, DAS LIEGT AN DIESEM SCHLÄGER! ICH WÜNSCHE MIR, EINEN HOMERUN ZU SCHLAGEN, UND SCHLAGE EINEN HOMERUN. WENN ICH AN EINEN BODENBALL DENKE, WIRD ES EIN BODENBALL. DER SCHLÄGER MACHT ALLES MÖGLICH.
WOLLT IHR NICHT IN UNSERER STADT SPIELEN?
NACH ZEHN SIEGEN WURDE DAS TEAM RICHTIG BERÜHMT.
HALT! HÖRT MICH ERST AN!
IHR MÜSST NACH AMERIKA!
HABT IHR MAL DARÜBER NACHGEDACHT, IN DIE JUGENDLIGA ZU GEHEN?
NICHT SO SCHNELL! WIR BRAUCHEN EIN PAAR TAGE BEDENKZEIT.
WAS HALTET IHR DAVON?
ICH WÜRDE VIEL GELD INVESTIEREN, DAMIT IHR WIE PROFIS TRAINIEREN KÖNNT!

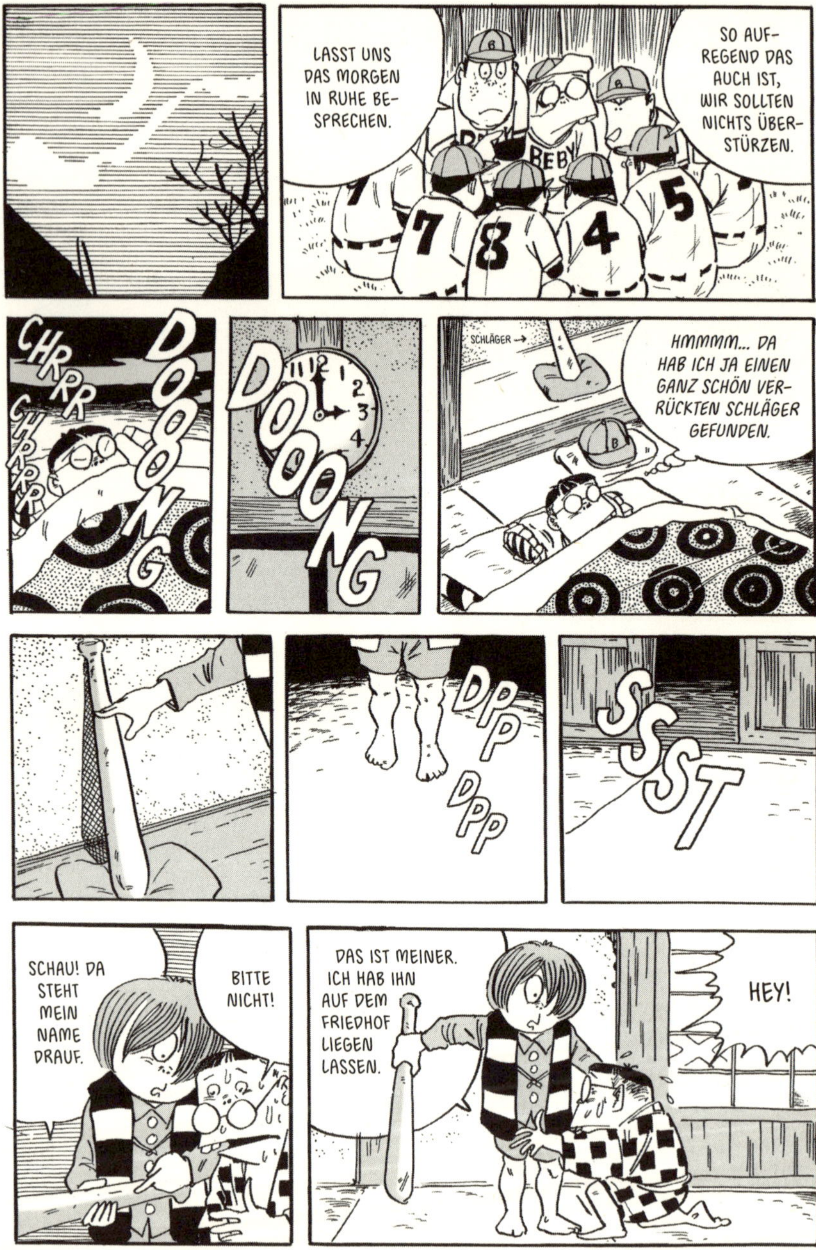
LASST UNS DAS MORGEN IN RUHE BESPRECHEN.
SO AUFREGEND DAS AUCH IST, WIR SOLLTEN NICHTS ÜBERSTÜRZEN.
CHRRR
CHRRR
DOOOONG
DOOOONG
SCHLÄGER →
HMMMM... DA HAB ICH JA EINEN GANZ SCHÖN VERRÜCKTEN SCHLÄGER GEFUNDEN.
DPP
DPP
SSST
SCHAU! DA STEHT MEIN NAME DRAUF.
BITTE NICHT!
DAS IST MEINER. ICH HAB IHN AUF DEM FRIEDHOF LIEGEN LASSEN.
HEY!

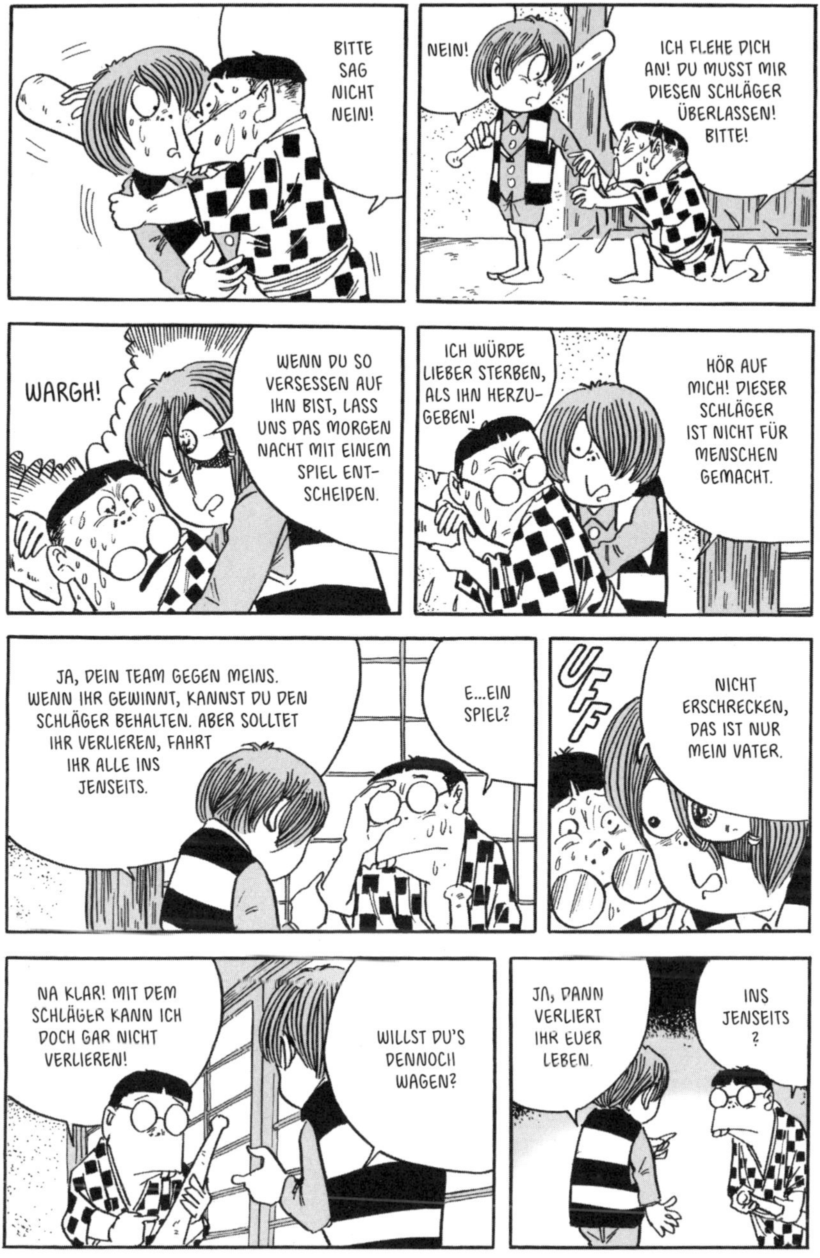
BITTE SAG NICHT NEIN!
NEIN!
ICH FLEHE DICH AN! DU MUSST MIR DIESEN SCHLÄGER ÜBERLASSEN! BITTE!
WARGH!
WENN DU SO VERSESSEN AUF IHN BIST, LASS UNS DAS MORGEN NACHT MIT EINEM SPIEL ENTSCHEIDEN.
ICH WÜRDE LIEBER STERBEN, ALS IHN HERZUGEBEN!
HÖR AUF MICH! DIESER SCHLÄGER IST NICHT FÜR MENSCHEN GEMACHT.
JA, DEIN TEAM GEGEN MEINS. WENN IHR GEWINNT, KANNST DU DEN SCHLÄGER BEHALTEN. ABER SOLLTET IHR VERLIEREN, FAHRT IHR ALLE INS JENSEITS.
E...EIN SPIEL?
UFF
NICHT ERSCHRECKEN, DAS IST NUR MEIN VATER.
NA KLAR! MIT DEM SCHLÄGER KANN ICH DOCH GAR NICHT VERLIEREN!
WILLST DU'S DENNOCH WAGEN?
JA, DANN VERLIERT IHR EUER LEBEN.
INS JENSEITS?

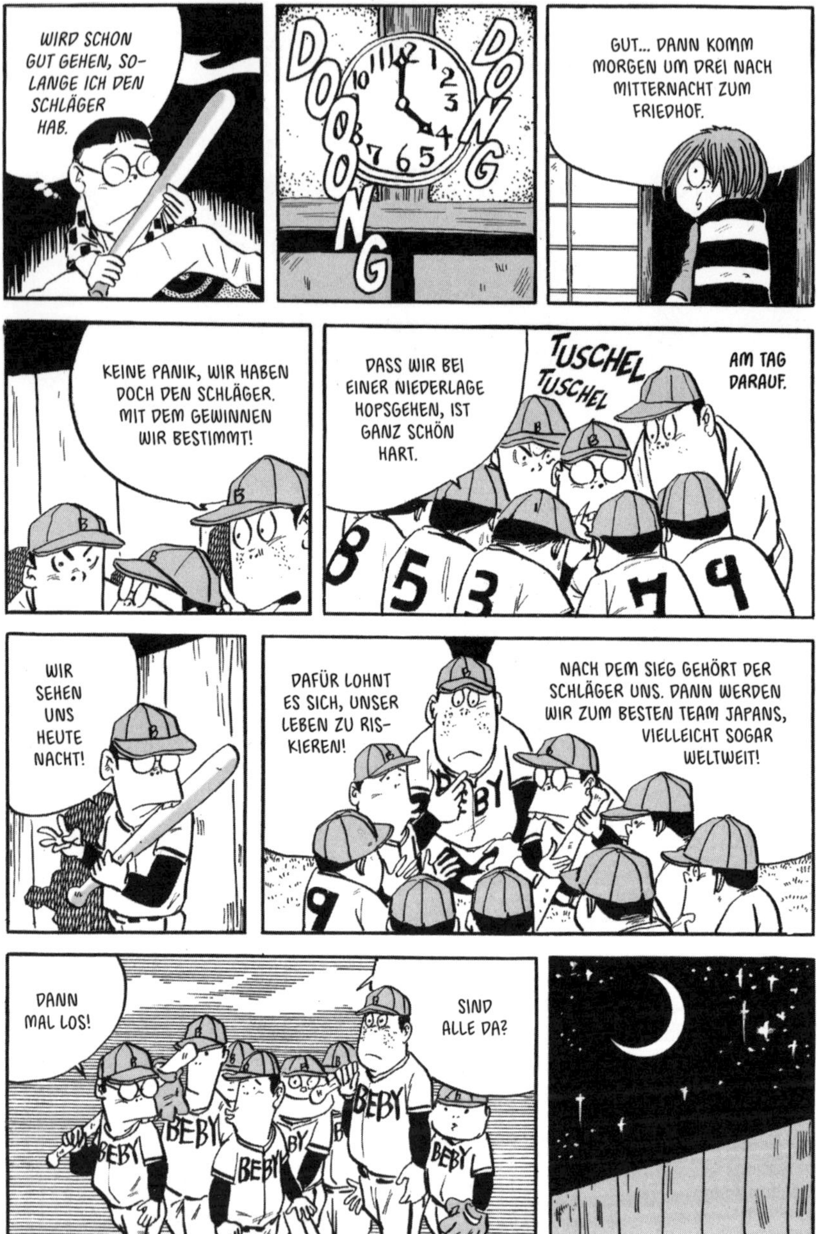
WIRD SCHON GUT GEHEN, SOLANGE ICH DEN SCHLÄGER HAB.
DOOOONG DONG
GUT... DANN KOMM MORGEN UM DREI NACH MITTERNACHT ZUM FRIEDHOF.
KEINE PANIK, WIR HABEN DOCH DEN SCHLÄGER. MIT DEM GEWINNEN WIR BESTIMMT!
AM TAG DARAUF.
TUSCHEL TUSCHEL
DASS WIR BEI EINER NIEDERLAGE HOPSGEHEN, IST GANZ SCHÖN HART.
WIR SEHEN UNS HEUTE NACHT!
NACH DEM SIEG GEHÖRT DER SCHLÄGER UNS. DANN WERDEN WIR ZUM BESTEN TEAM JAPANS, VIELLEICHT SOGAR WELTWEIT!
DAFÜR LOHNT ES SICH, UNSER LEBEN ZU RISKIEREN!
SIND ALLE DA?
DANN MAL LOS!

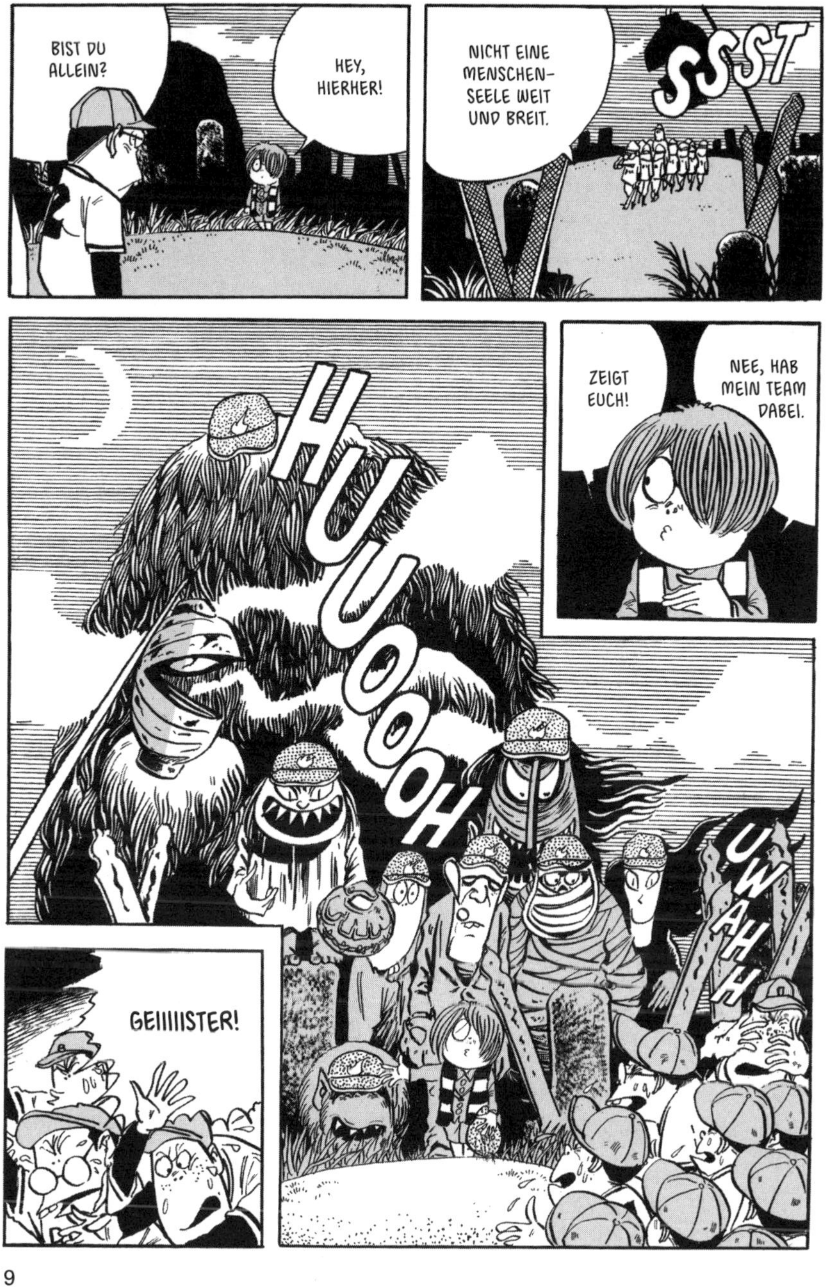
SSST
NICHT EINE MENSCHEN-SEELE WEIT UND BREIT.
HEY, HIERHER!
BIST DU ALLEIN?
NEE, HAB MEIN TEAM DABEI.
ZEIGT EUCH!
HUUOOOH
UWAHH
GEIIIIISTER!

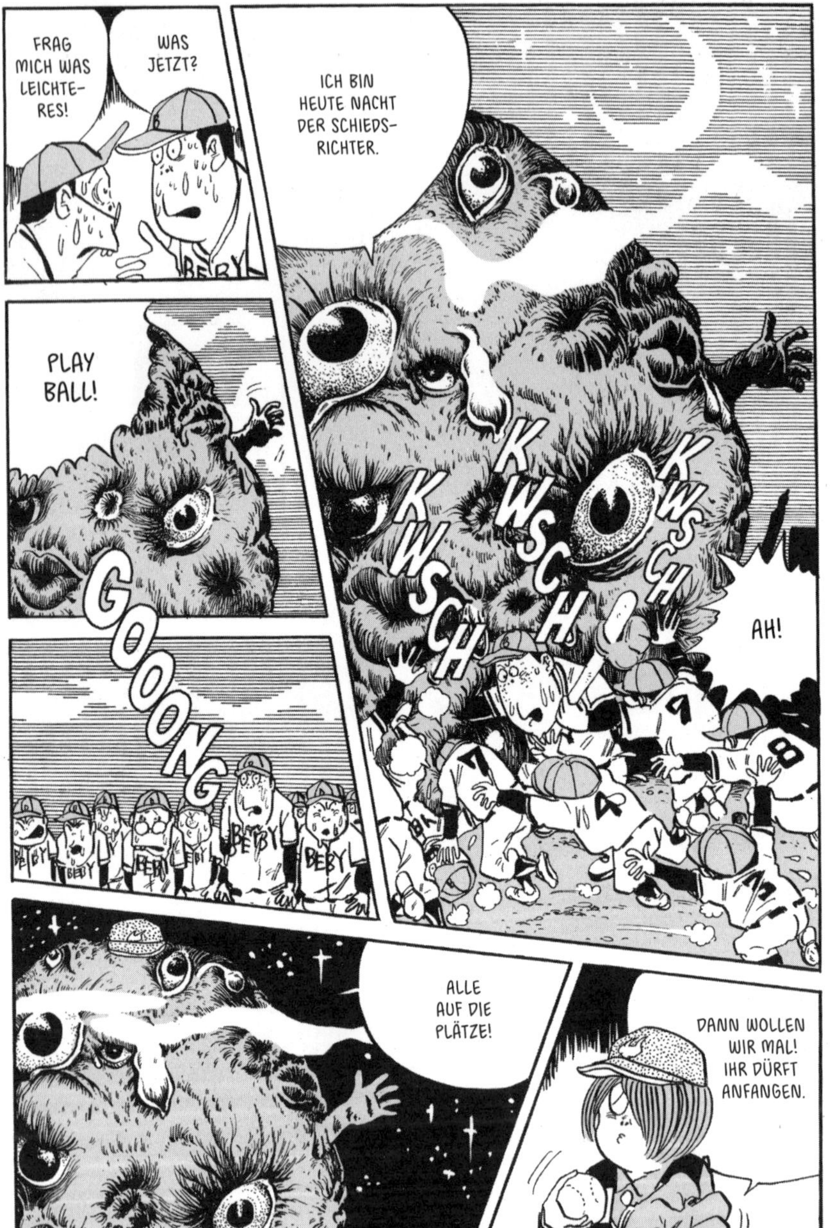

WAS JETZT?
FRAG MICH WAS LEICHTERES!
ICH BIN HEUTE NACHT DER SCHIEDSRICHTER.
PLAY BALL!
GOOOONG
KWSCH KWSCH KWSCH
AH!
ALLE AUF DIE PLÄTZE!
DANN WOLLEN WIR MAL! IHR DÜRFT ANFANGEN.

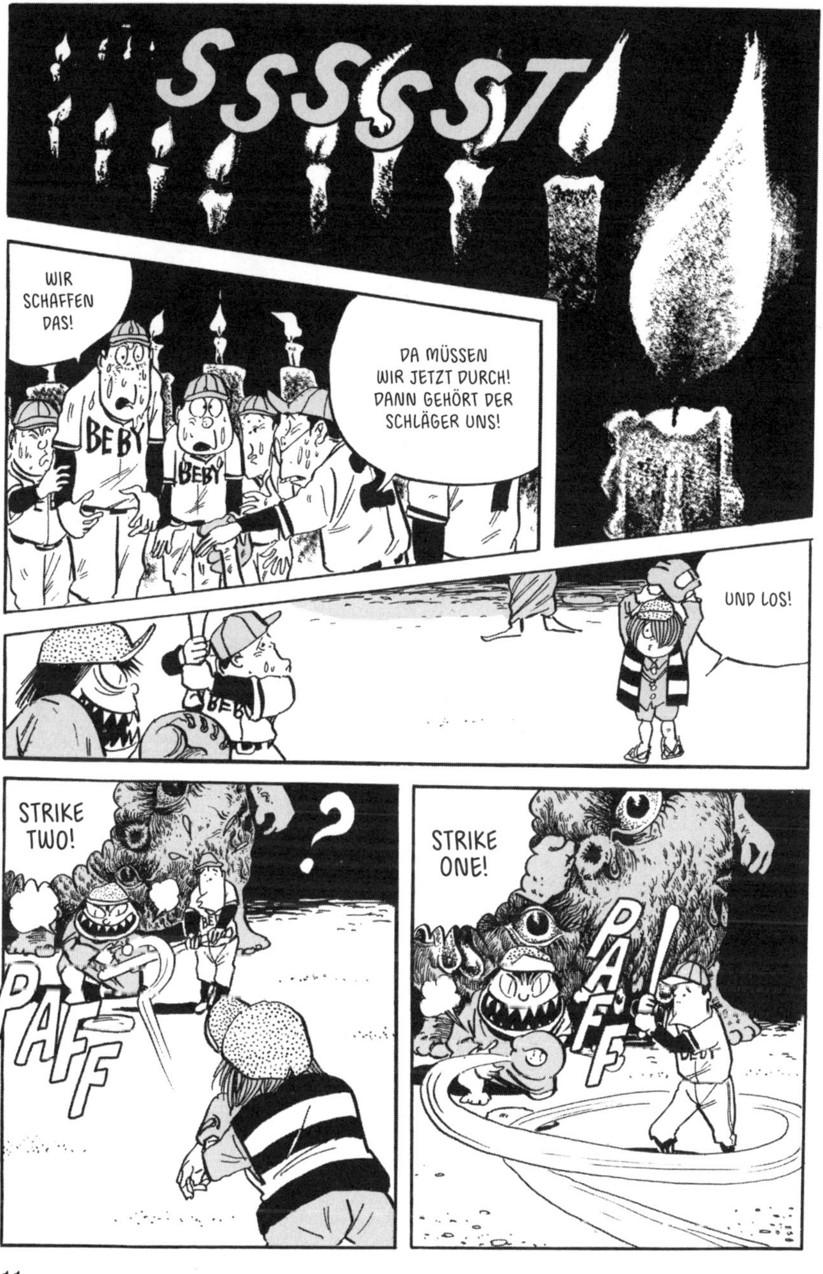
SSSSST
DA MÜSSEN WIR JETZT DURCH! DANN GEHÖRT DER SCHLÄGER UNS!
WIR SCHAFFEN DAS!
BEBY
UND LOS!
STRIKE ONE!
PAFF
STRIKE TWO!
PAFF

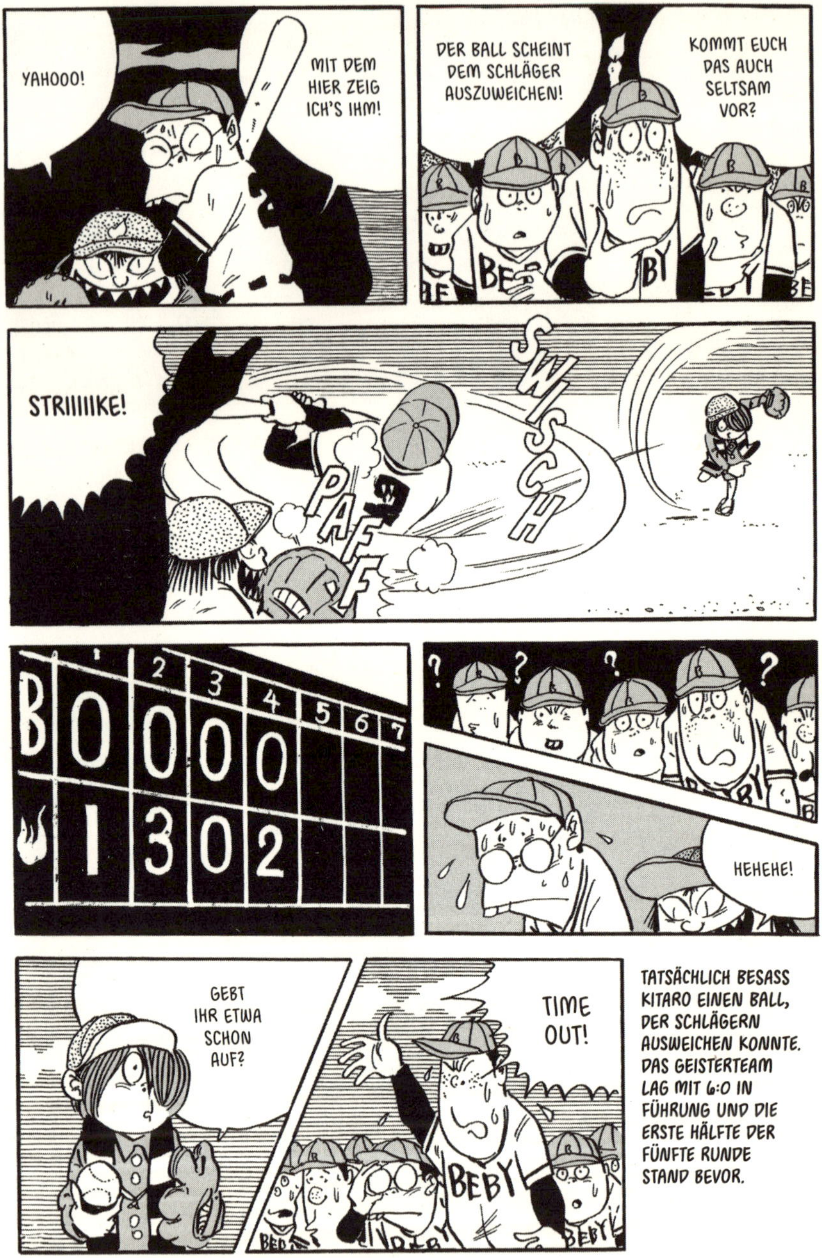
YAHOOO!
MIT DEM HIER ZEIG ICH'S IHM!
DER BALL SCHEINT DEM SCHLÄGER AUSZUWEICHEN!
KOMMT EUCH DAS AUCH SELTSAM VOR?
STRIIIIIKE!
SWISCH
PAFF
B 0 0 0 0
1 3 0 2
HEHEHE!
GEBT IHR ETWA SCHON AUF?
TIME OUT!
BEBY
TATSÄCHLICH BESASS KITARO EINEN BALL, DER SCHLÄGERN AUSWEICHEN KONNTE. DAS GEISTERTEAM LAG MIT 6:0 IN FÜHRUNG UND DIE ERSTE HÄLFTE DER FÜNFTE RUNDE STAND BEVOR.

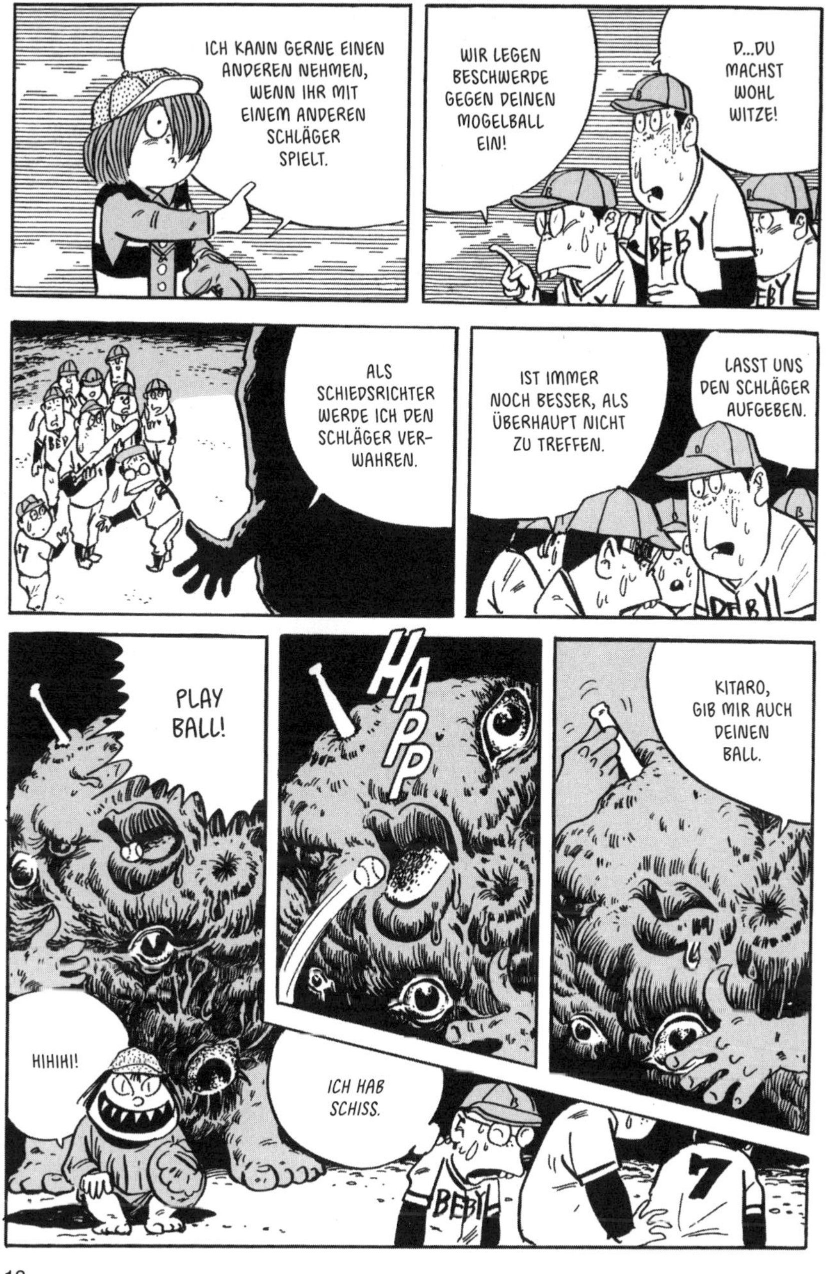
ICH KANN GERNE EINEN ANDEREN NEHMEN, WENN IHR MIT EINEM ANDEREN SCHLÄGER SPIELT.
WIR LEGEN BESCHWERDE GEGEN DEINEN MOGELBALL EIN!
D...DU MACHST WOHL WITZE!
ALS SCHIEDSRICHTER WERDE ICH DEN SCHLÄGER VERWAHREN.
IST IMMER NOCH BESSER, ALS ÜBERHAUPT NICHT ZU TREFFEN.
LASST UNS DEN SCHLÄGER AUFGEBEN.
PLAY BALL!
HIHIHI!
HAPP
ICH HAB SCHISS.
KITARO, GIB MIR AUCH DEINEN BALL.

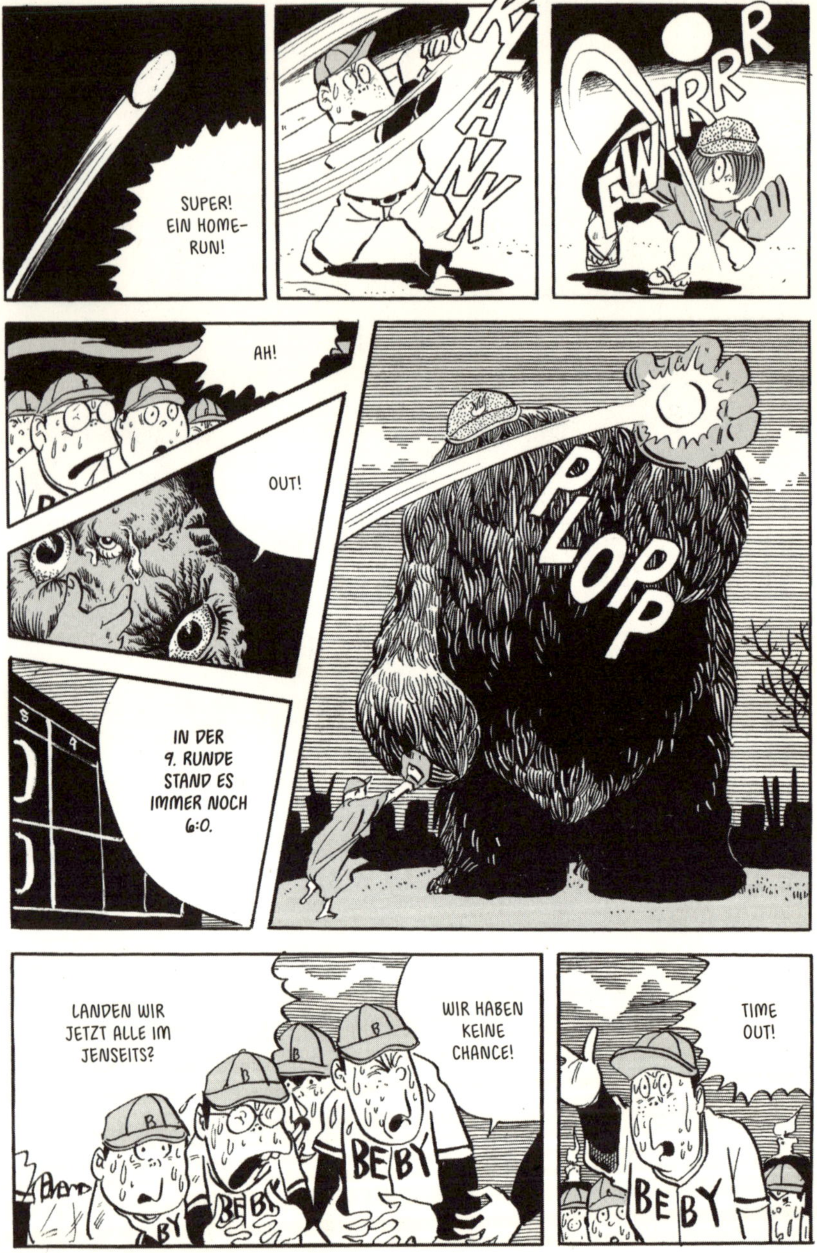
SUPER! EIN HOME-RUN!
KLANK
FWIRRR
AH!
OUT!
PLOPP
IN DER 9. RUNDE STAND ES IMMER NOCH 6:0.
LANDEN WIR JETZT ALLE IM JENSEITS?
WIR HABEN KEINE CHANCE!
TIME OUT!

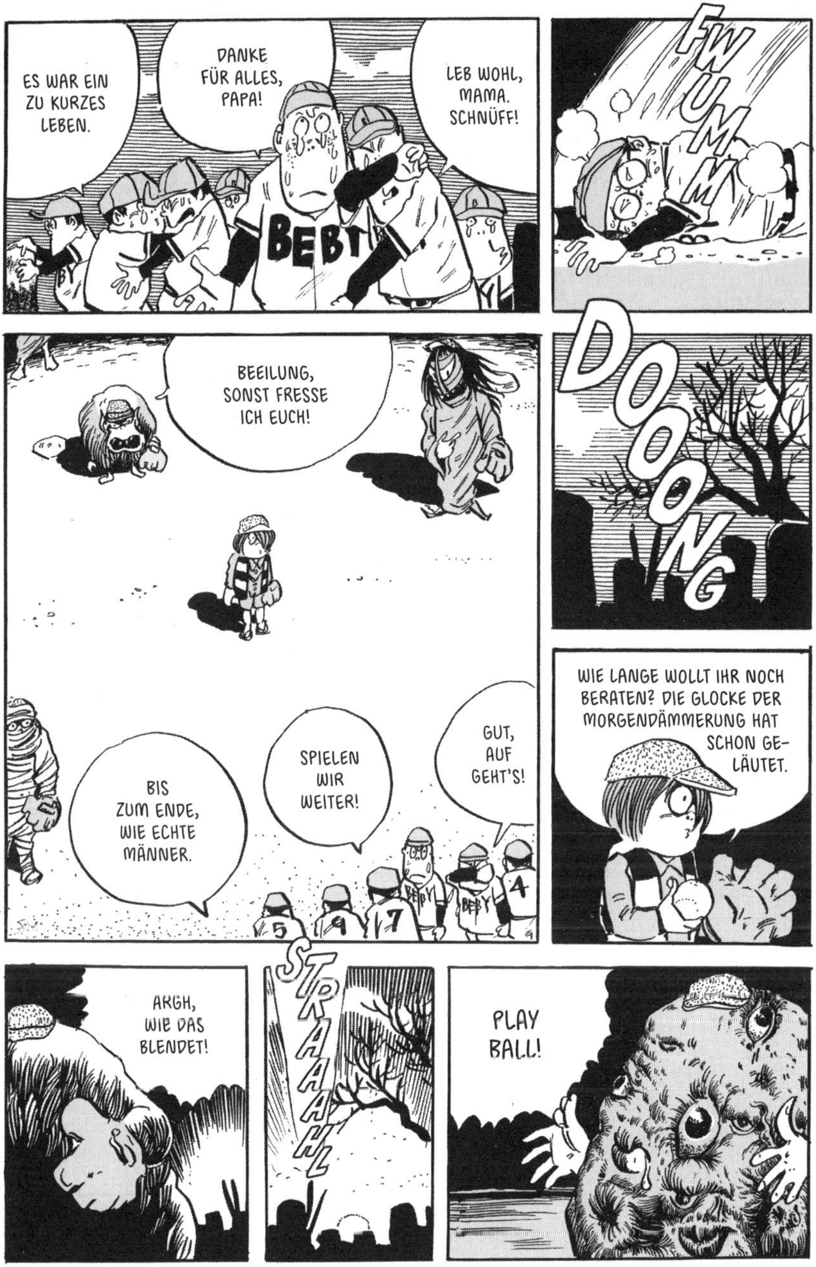
ES WAR EIN ZU KURZES LEBEN.
DANKE FÜR ALLES, PAPA!
LEB WOHL, MAMA. SCHNÜFF!
FWUMM
BEEILUNG, SONST FRESSE ICH EUCH!
DOOOONG
BIS ZUM ENDE, WIE ECHTE MÄNNER.
SPIELEN WIR WEITER!
GUT, AUF GEHT'S!
WIE LANGE WOLLT IHR NOCH BERATEN? DIE GLOCKE DER MORGENDÄMMERUNG HAT SCHON GE-LÄUTET.
ARGH, WIE DAS BLENDET!
STRAAAAHL
PLAY BALL!

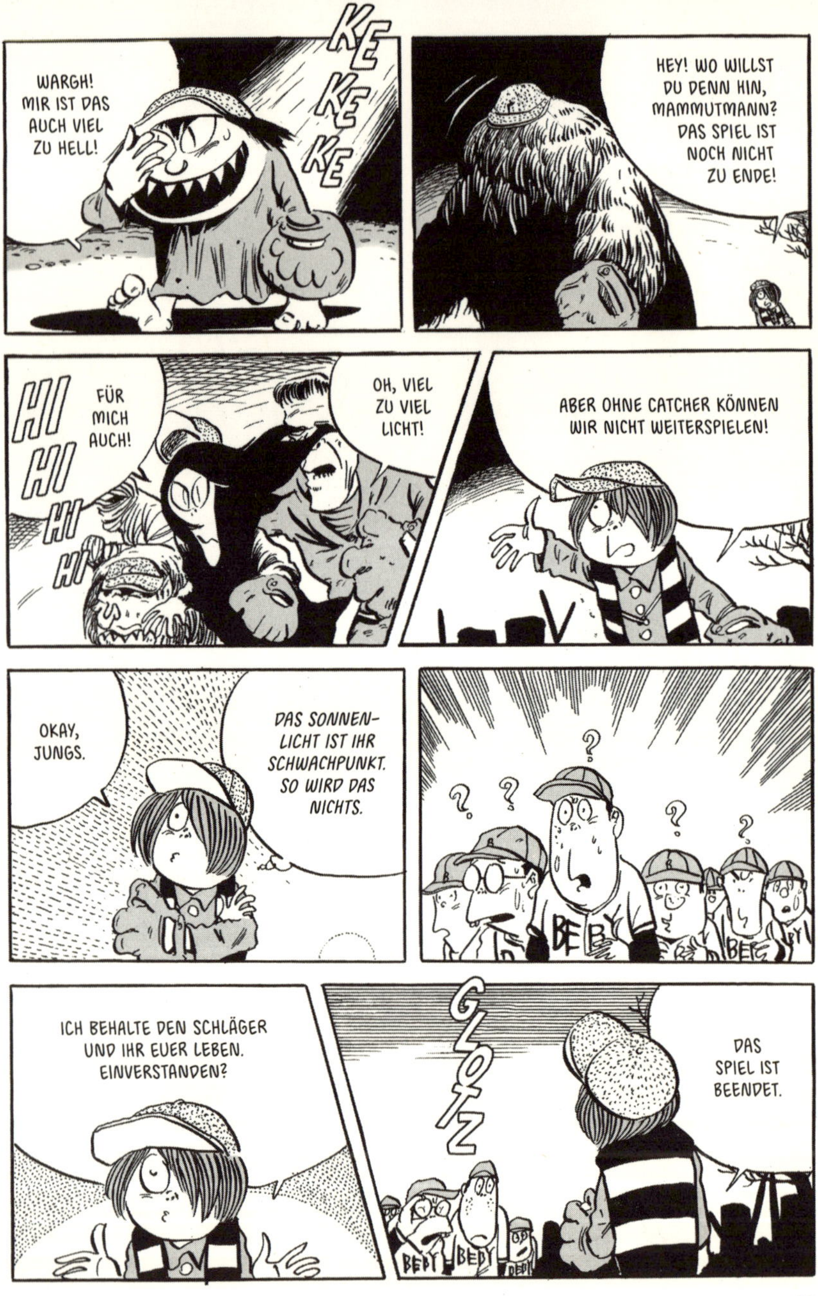
WARGH! MIR IST DAS AUCH VIEL ZU HELL!
KE KE KE KE
HEY! WO WILLST DU DENN HIN, MAMMUTMANN? DAS SPIEL IST NOCH NICHT ZU ENDE!
HI HI HI HI
FÜR MICH AUCH!
OH, VIEL ZU VIEL LICHT!
ABER OHNE CATCHER KÖNNEN WIR NICHT WEITERSPIELEN!
OKAY, JUNGS.
DAS SONNENLICHT IST IHR SCHWACHPUNKT. SO WIRD DAS NICHTS.
?
?
?
?
?
ICH BEHALTE DEN SCHLÄGER UND IHR EUER LEBEN. EINVERSTANDEN?
GLOTZ
DAS SPIEL IST BEENDET.

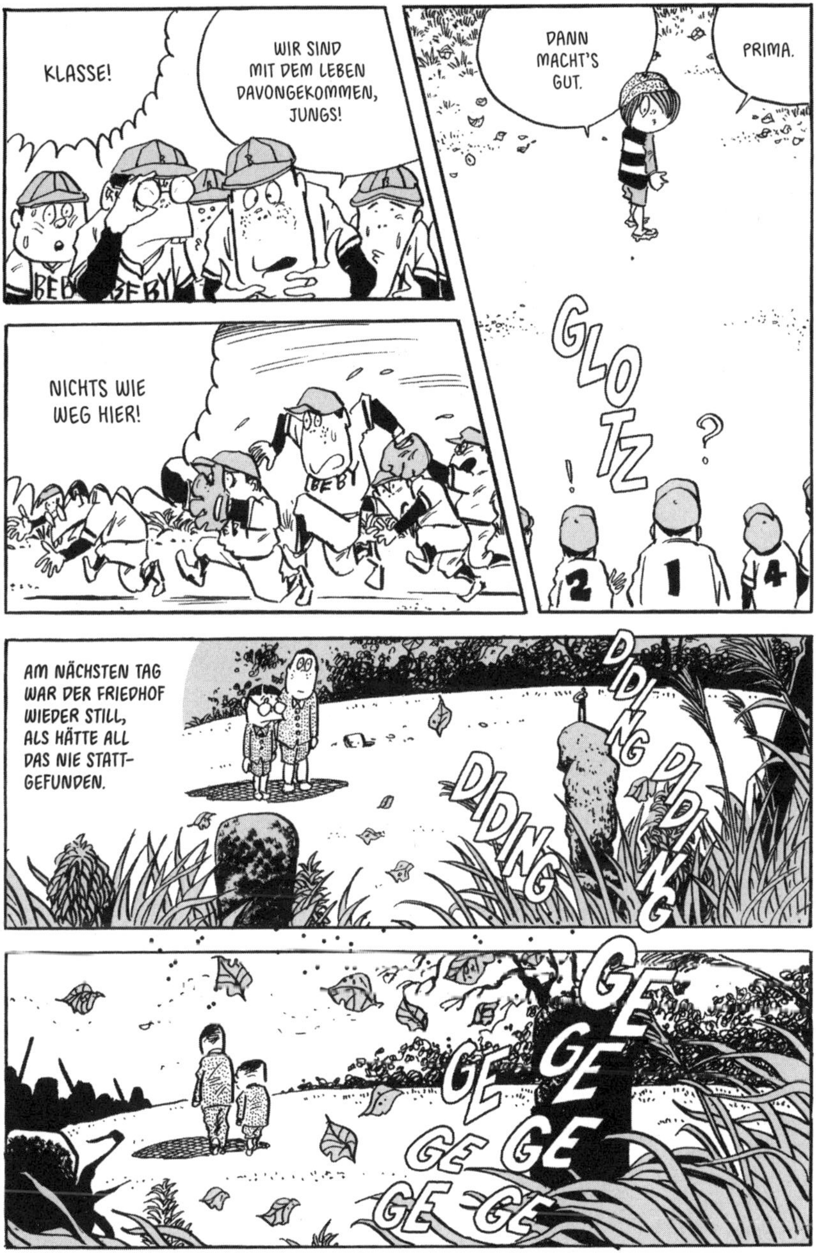
KLASSE!
WIR SIND MIT DEM LEBEN DAVONGEKOMMEN, JUNGS!
DANN MACHT'S GUT.
PRIMA.
NICHTS WIE WEG HIER!
GLOTZ
!
?
AM NÄCHSTEN TAG WAR DER FRIEDHOF WIEDER STILL, ALS HÄTTE ALL DAS NIE STATTGEFUNDEN.
DIDING
DIDING
DIDING
GE GE GE GE GE GE GE GE

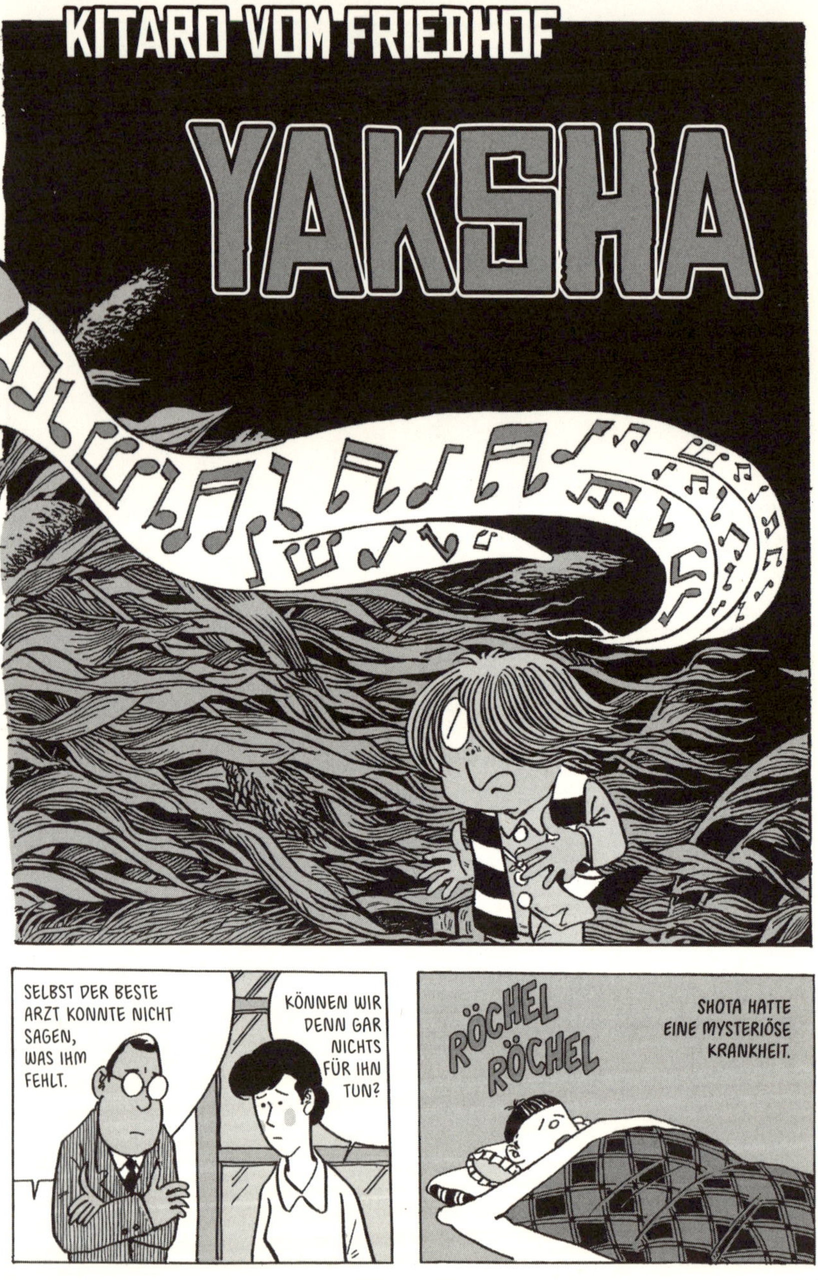
KITARO VOM FRIEDHOF
YAKSHA
SELBST DER BESTE ARZT KONNTE NICHT SAGEN, WAS IHM FEHLT.
KÖNNEN WIR DENN GAR NICHTS FÜR IHN TUN?
RÖCHEL RÖCHEL
SHOTA HATTE EINE MYSTERIÖSE KRANKHEIT.

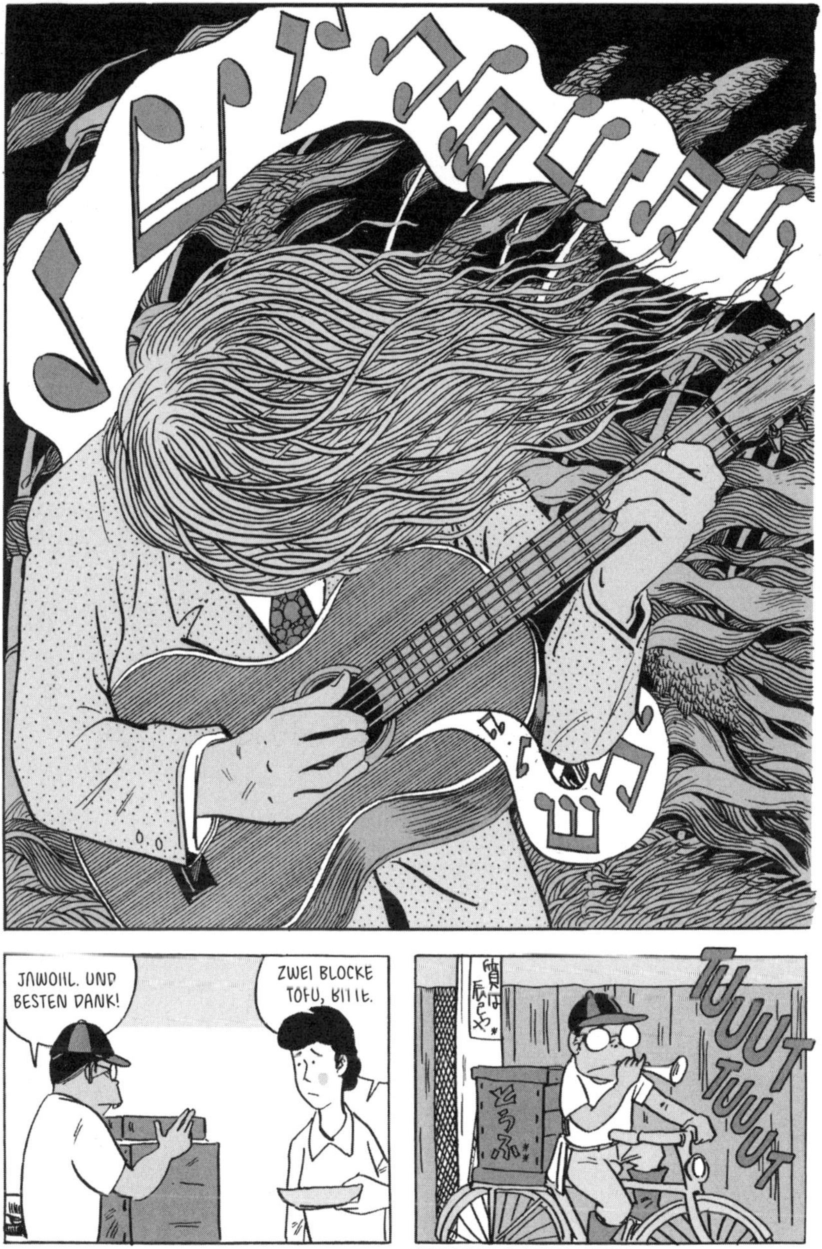

* PFANDLEIHER TATSUMI ** TOFU

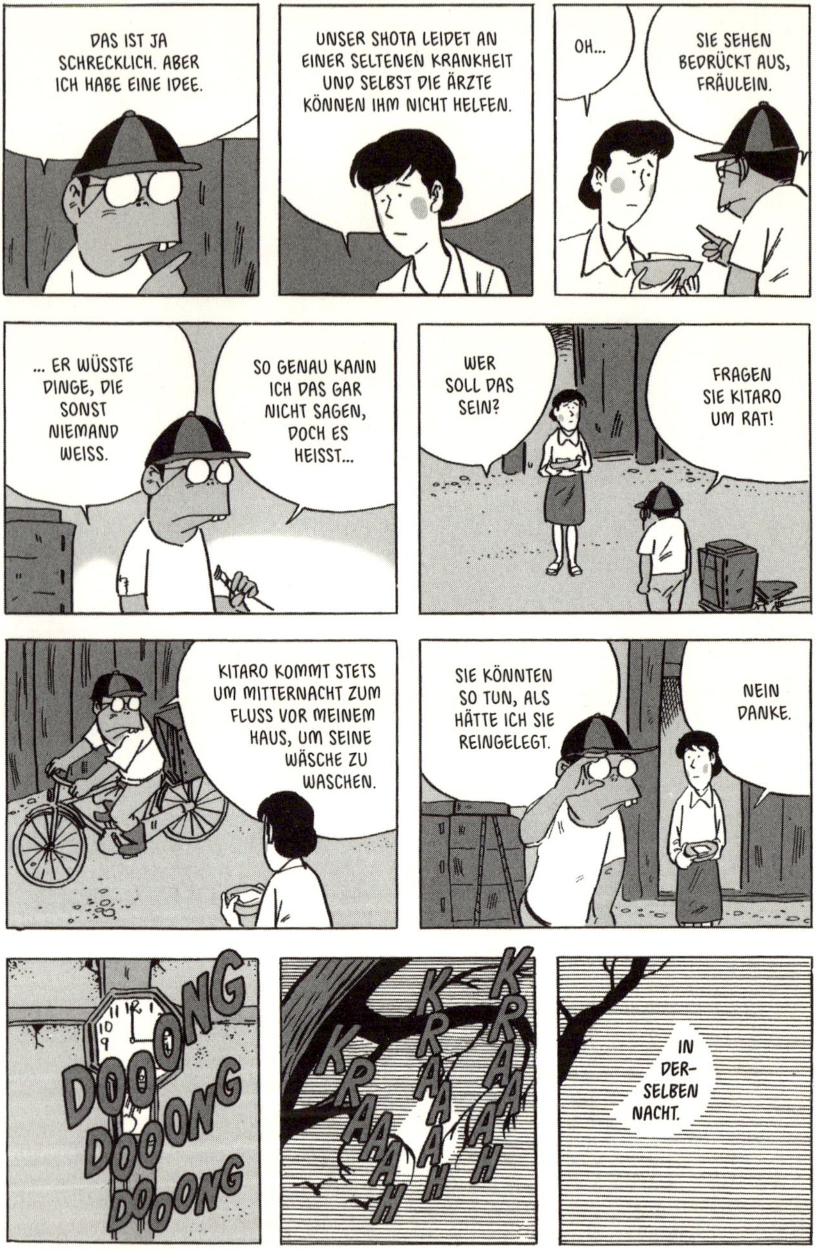
DAS IST JA SCHRECKLICH. ABER ICH HABE EINE IDEE.
UNSER SHOTA LEIDET AN EINER SELTENEN KRANKHEIT UND SELBST DIE ÄRZTE KÖNNEN IHM NICHT HELFEN.
OH...
SIE SEHEN BEDRÜCKT AUS, FRÄULEIN.
... ER WÜSSTE DINGE, DIE SONST NIEMAND WEISS.
SO GENAU KANN ICH DAS GAR NICHT SAGEN, DOCH ES HEISST...
WER SOLL DAS SEIN?
FRAGEN SIE KITARO UM RAT!
KITARO KOMMT STETS UM MITTERNACHT ZUM FLUSS VOR MEINEM HAUS, UM SEINE WÄSCHE ZU WASCHEN.
SIE KÖNNTEN SO TUN, ALS HÄTTE ICH SIE REINGELEGT.
NEIN DANKE.
DOOONG
DOOONG
DOOONG
KRAAAAH
KRAAAAH
KRAAAAH
IN DERSELBEN NACHT.

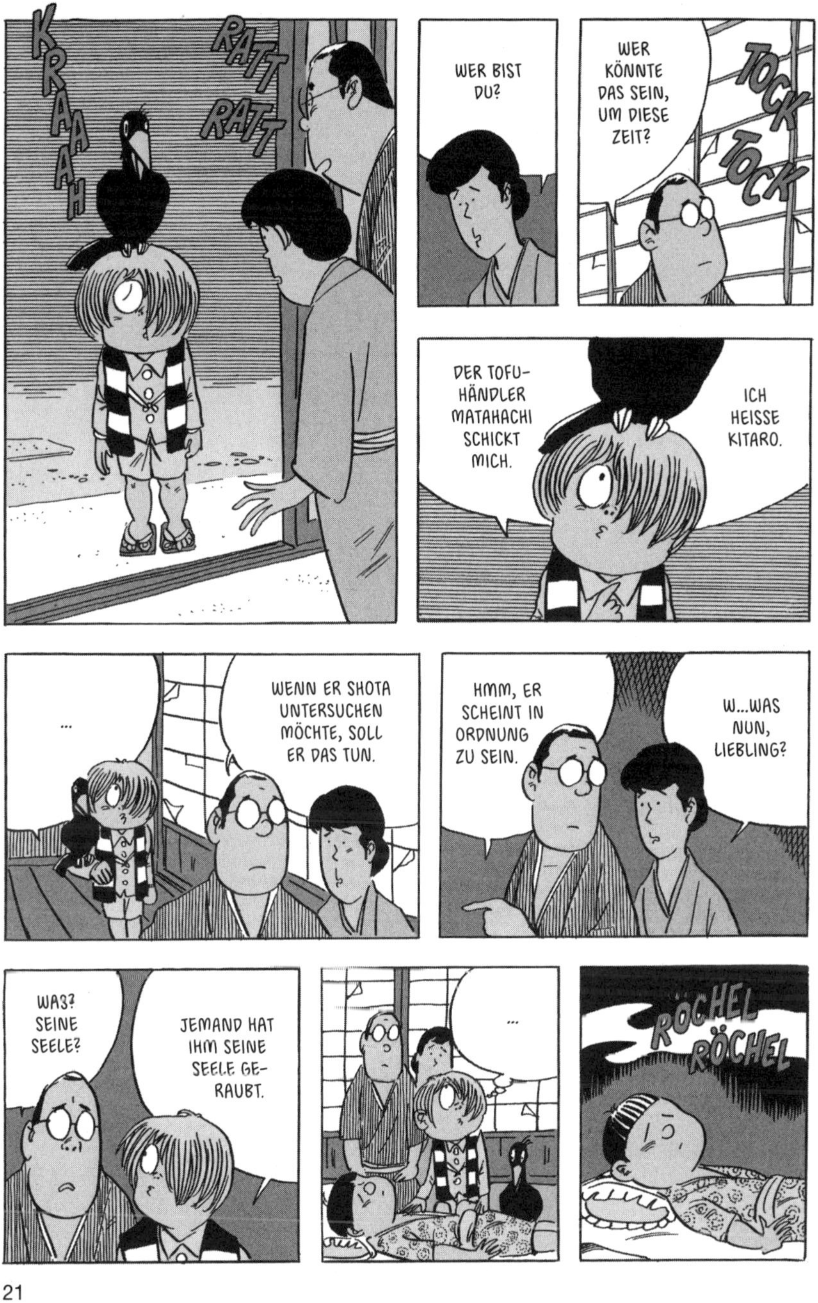

TOCK TOCK
WER KÖNNTE DAS SEIN, UM DIESE ZEIT?
WER BIST DU?
ICH HEISSE KITARO.
DER TOFU-HÄNDLER MATAHACHI SCHICKT MICH.
RATT RATT
KRAAAAH
W...WAS NUN, LIEBLING?
HMM, ER SCHEINT IN ORDNUNG ZU SEIN.
WENN ER SHOTA UNTERSUCHEN MÖCHTE, SOLL ER DAS TUN.
...
RÖCHEL RÖCHEL
...
JEMAND HAT IHM SEINE SEELE GE-RAUBT.
WAS? SEINE SEELE?

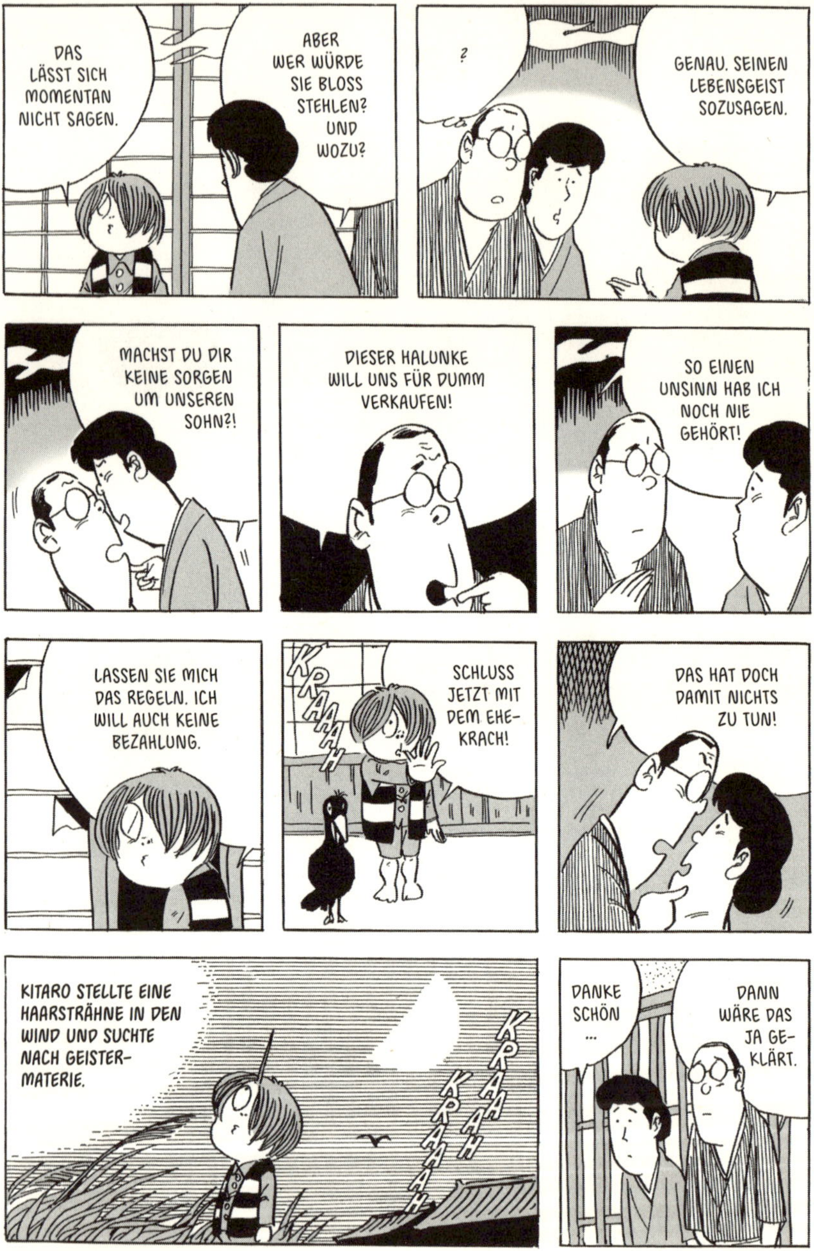
DAS LÄSST SICH MOMENTAN NICHT SAGEN.
ABER WER WÜRDE SIE BLOSS STEHLEN? UND WOZU?
?
GENAU. SEINEN LEBENSGEIST SOZUSAGEN.
MACHST DU DIR KEINE SORGEN UM UNSEREN SOHN?!
DIESER HALUNKE WILL UNS FÜR DUMM VERKAUFEN!
SO EINEN UNSINN HAB ICH NOCH NIE GEHÖRT!
LASSEN SIE MICH DAS REGELN. ICH WILL AUCH KEINE BEZAHLUNG.
KRAAAAH
SCHLUSS JETZT MIT DEM EHE-KRACH!
DAS HAT DOCH DAMIT NICHTS ZU TUN!
KITARO STELLTE EINE HAARSTRÄHNE IN DEN WIND UND SUCHTE NACH GEISTER-MATERIE.
KRAAAH
KRAAAAAH
DANKE SCHÖN …
DANN WÄRE DAS JA GE-KLÄRT.

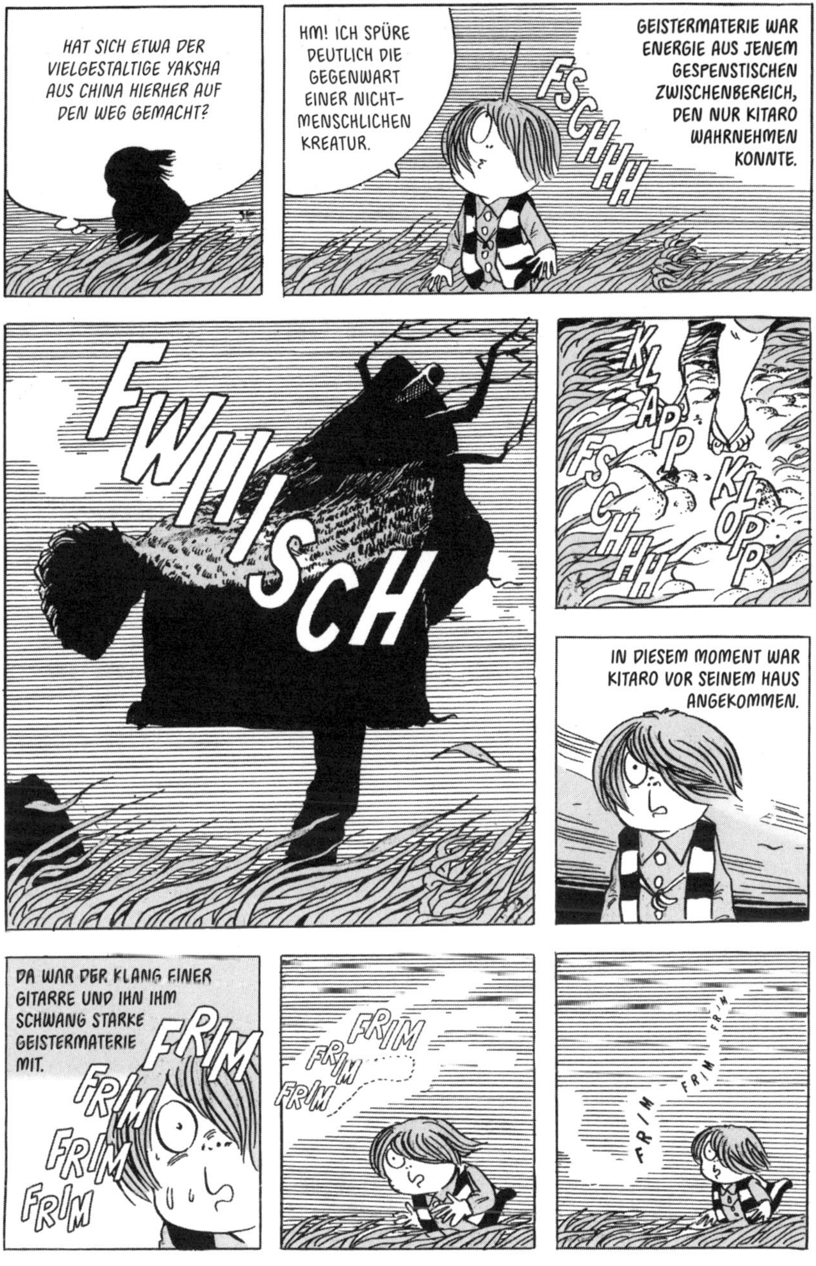
HAT SICH ETWA DER VIELGESTALTIGE YAKSHA AUS CHINA HIERHER AUF DEN WEG GEMACHT?
HM! ICH SPÜRE DEUTLICH DIE GEGENWART EINER NICHT-MENSCHLICHEN KREATUR.
GEISTERMATERIE WAR ENERGIE AUS JENEM GESPENSTISCHEN ZWISCHENBEREICH, DEN NUR KITARO WAHRNEHMEN KONNTE.
FSCHHH
FWIIISCH
KLAPP
FSCHHH
KLOPP
IN DIESEM MOMENT WAR KITARO VOR SEINEM HAUS ANGEKOMMEN.
DA WAR DER KLANG EINER GITARRE UND IHN IHM SCHWANG STARKE GEISTERMATERIE MIT.
FRIM FRIM FRIM FRIM
FRIM FRIM FRIM
FRIM FRIM FRIM

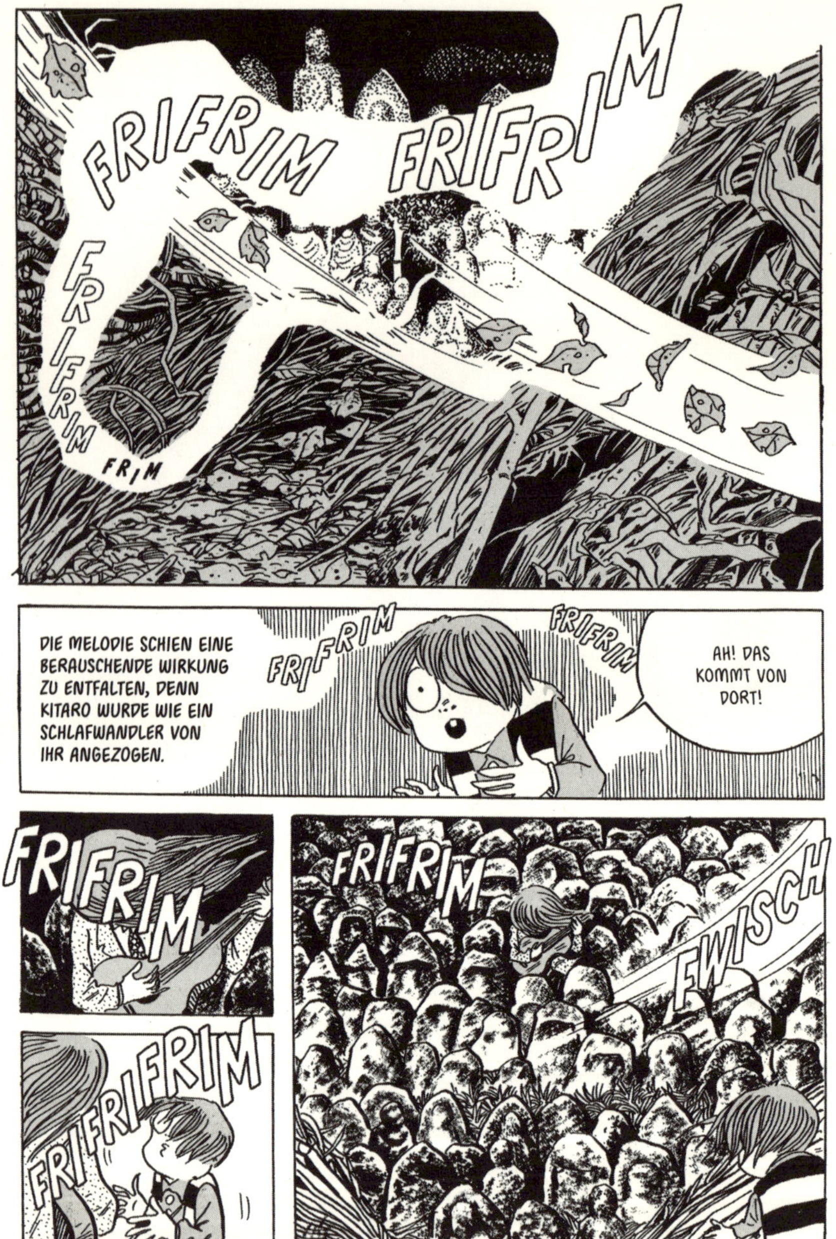
FRIFRIM FRIFRIM
FRIFRIM
FRIM
DIE MELODIE SCHIEN EINE BERAUSCHENDE WIRKUNG ZU ENTFALTEN, DENN KITARO WURDE WIE EIN SCHLAFWANDLER VON IHR ANGEZOGEN.
FRIFRIM
FRIFRIM
AH! DAS KOMMT VON DORT!
FRIFRIM
FRIFRIFRIFRIM
FRIFRIM
FWISCH

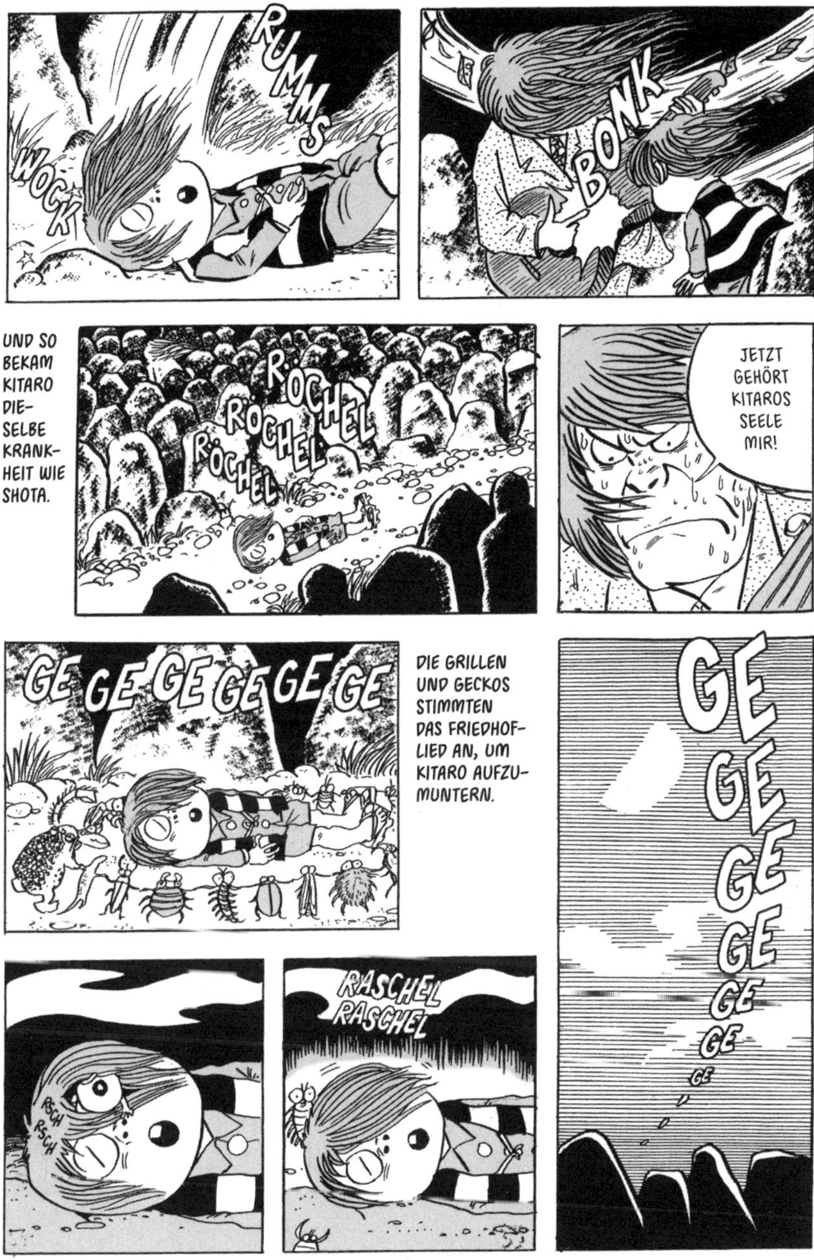
RUMMS
WOCK
BONK
UND SO BEKAM KITARO DIESELBE KRANKHEIT WIE SHOTA.
RÖCHEL RÖCHEL RÖCHEL
JETZT GEHÖRT KITAROS SEELE MIR!
GE GE GE GE GE GE GE
DIE GRILLEN UND GECKOS STIMMTEN DAS FRIEDHOFLIED AN, UM KITARO AUFZUMUNTERN.
GE GE GE GE GE GE GE
RSCH RSCH
RASCHEL RASCHEL

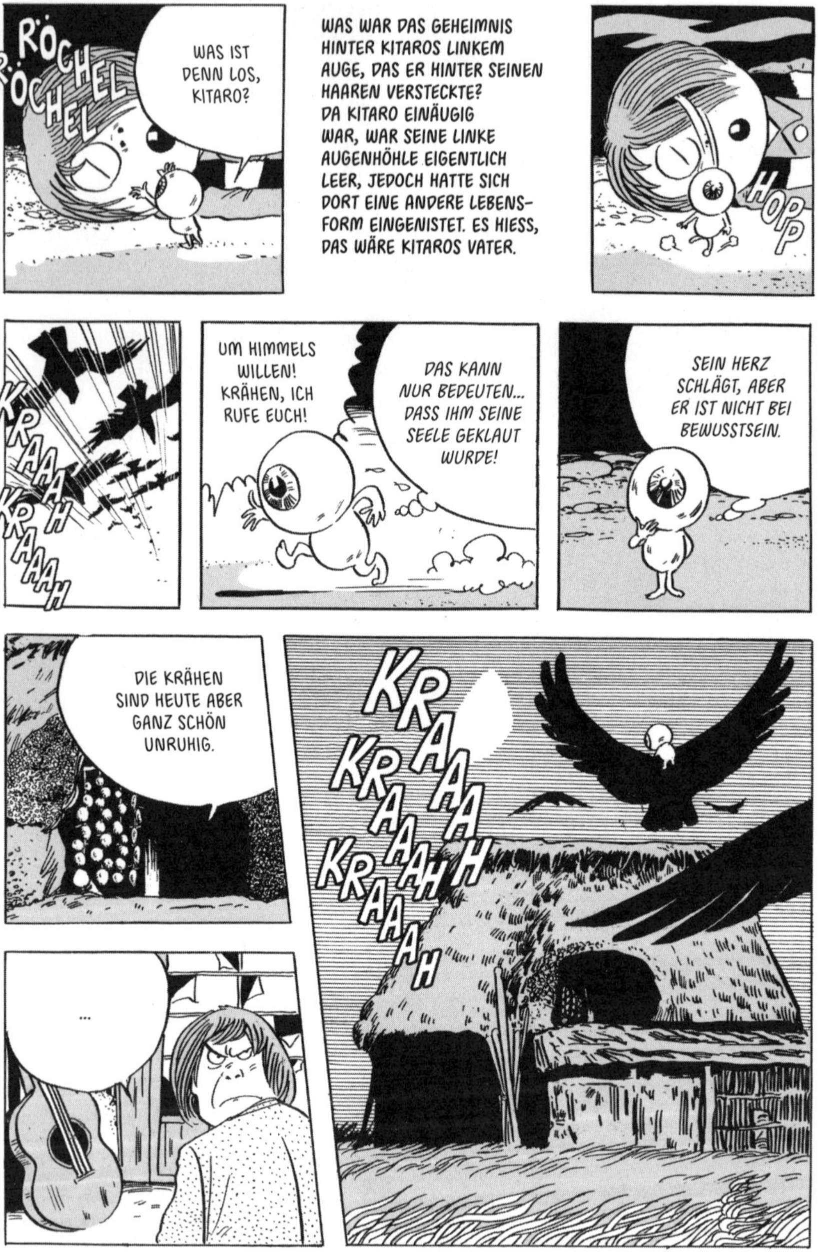

RÖCHEL RÖCHEL
WAS IST DENN LOS, KITARO?
WAS WAR DAS GEHEIMNIS HINTER KITAROS LINKEM AUGE, DAS ER HINTER SEINEN HAAREN VERSTECKTE? DA KITARO EINÄUGIG WAR, WAR SEINE LINKE AUGENHÖHLE EIGENTLICH LEER, JEDOCH HATTE SICH DORT EINE ANDERE LEBENSFORM EINGENISTET. ES HIESS, DAS WÄRE KITAROS VATER.
HOPP
KRAAAH
KRAAAAH
UM HIMMELS WILLEN! KRÄHEN, ICH RUFE EUCH!
DAS KANN NUR BEDEUTEN... DASS IHM SEINE SEELE GEKLAUT WURDE!
SEIN HERZ SCHLÄGT, ABER ER IST NICHT BEI BEWUSSTSEIN.
DIE KRÄHEN SIND HEUTE ABER GANZ SCHÖN UNRUHIG.
KRAAAAH
KRAAAAAH
KRAAAAAH
...

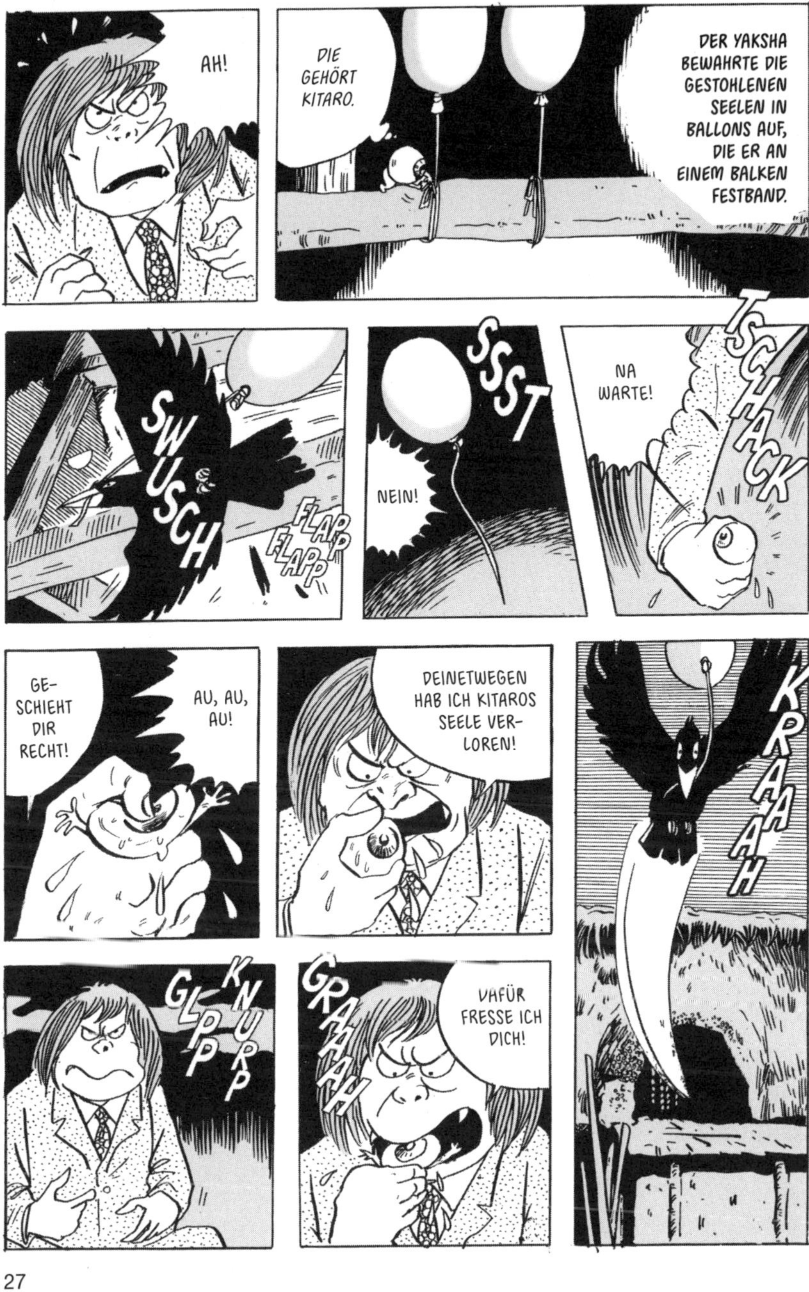
AH!
DIE GEHÖRT KITARO.
DER YAKSHA BEWAHRTE DIE GESTOHLENEN SEELEN IN BALLONS AUF, DIE ER AN EINEM BALKEN FESTBAND.
SWUSCH
FLAPP FLAPP
SSST
NEIN!
NA WARTE!
TSCHACK
GE-SCHIEHT DIR RECHT!
AU, AU, AU!
DEINETWEGEN HAB ICH KITAROS SEELE VER-LOREN!
KRAAAAH
GLPP
KNURP
GRAAAH
DAFÜR FRESSE ICH DICH!

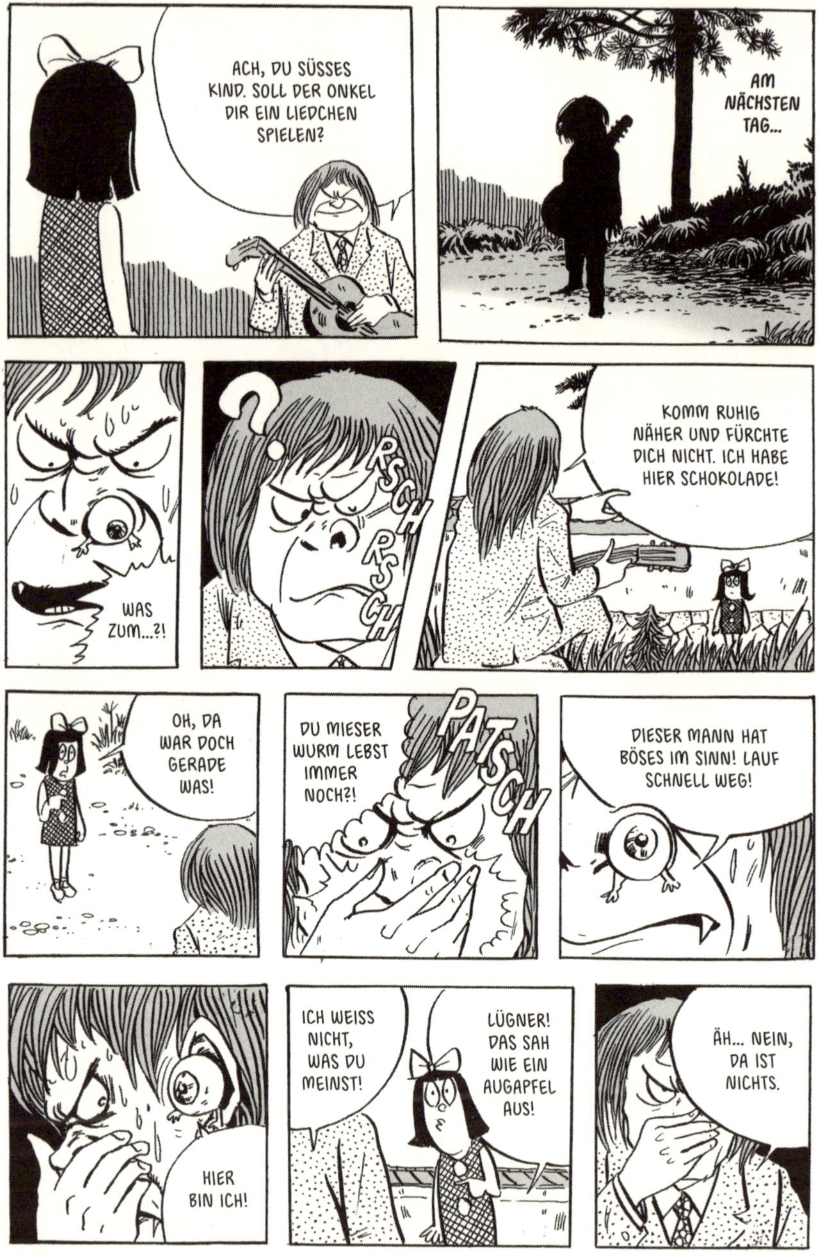
ACH, DU SÜSSES KIND. SOLL DER ONKEL DIR EIN LIEDCHEN SPIELEN?
AM NÄCHSTEN TAG...
WAS ZUM...?!
RSCH RSCH
KOMM RUHIG NÄHER UND FÜRCHTE DICH NICHT. ICH HABE HIER SCHOKOLADE!
OH, DA WAR DOCH GERADE WAS!
DU MIESER WURM LEBST IMMER NOCH?!
PATSCH
DIESER MANN HAT BÖSES IM SINN! LAUF SCHNELL WEG!
HIER BIN ICH!
ICH WEISS NICHT, WAS DU MEINST!
LÜGNER! DAS SAH WIE EIN AUGAPFEL AUS!
ÄH... NEIN, DA IST NICHTS.

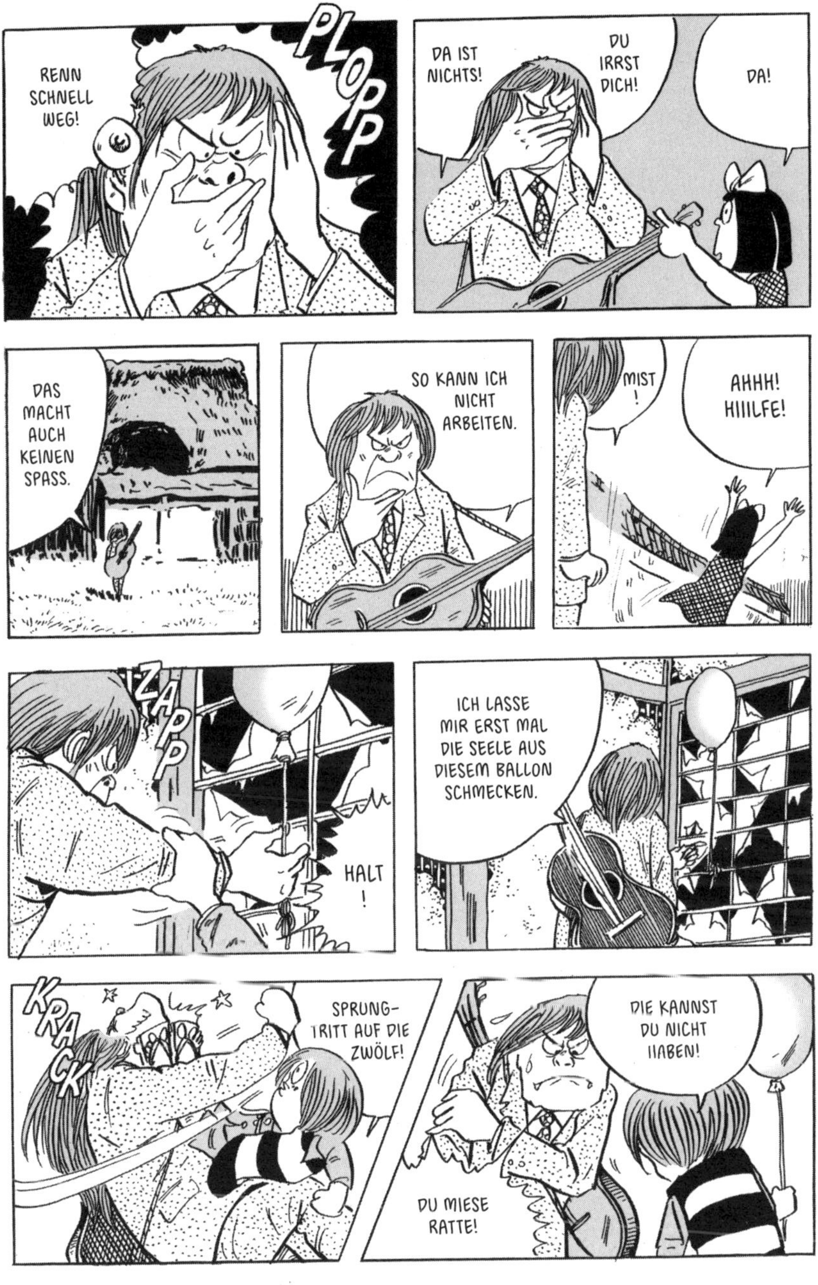
RENN SCHNELL WEG!
PLOPP
DA ist NICHTS!
DU IRRST DICH!
DA!
DAS MACHT AUCH KEINEN SPASS.
SO KANN ICH NICHT ARBEITEN.
MIST!
AHHH! HIIILFE!
ZAPP
HALT!
ICH LASSE MIR ERST MAL DIE SEELE AUS DIESEM BALLON SCHMECKEN.
KRACK
SPRUNG-TRITT AUF DIE ZWÖLF!
DIE KANNST DU NICHT HABEN!
DU MIESE RATTE!

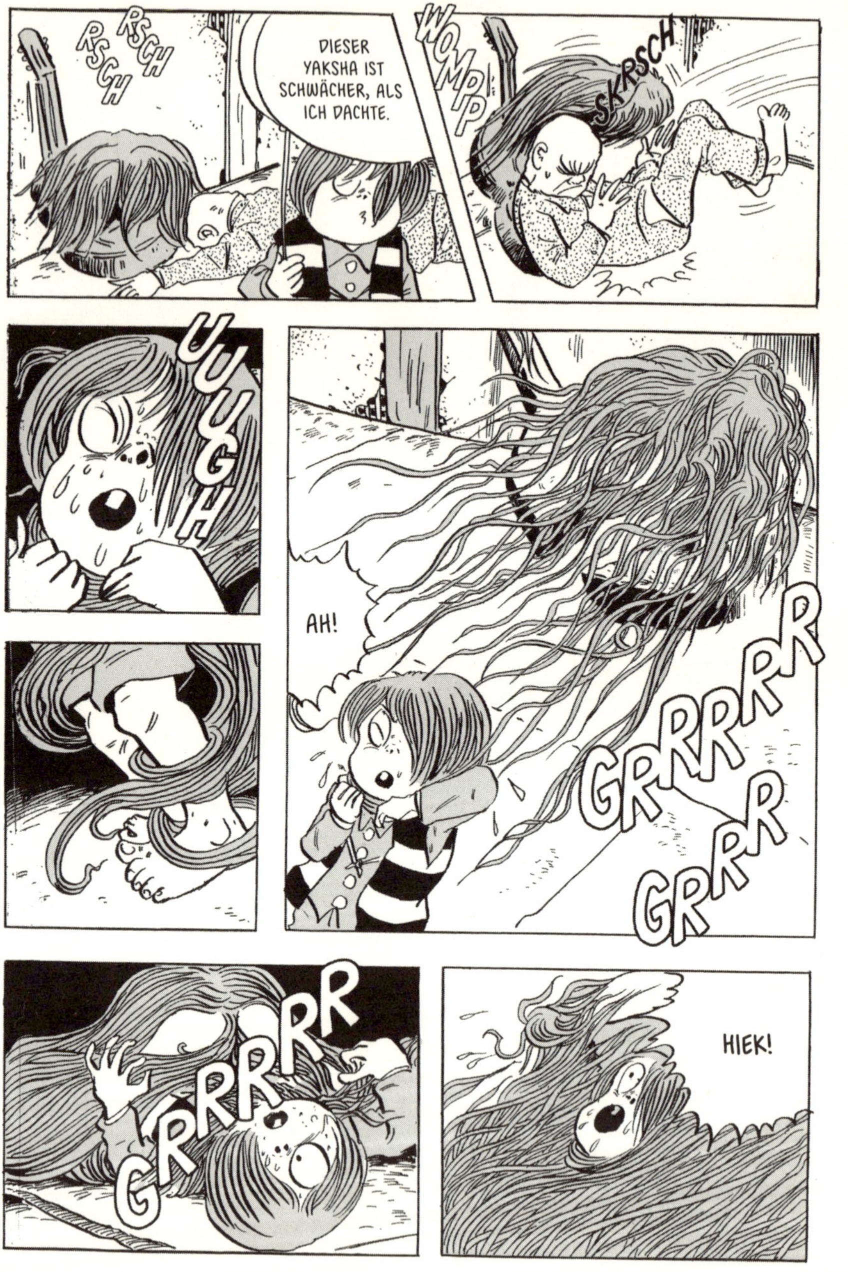
RSCH
RSCH
DIESER YAKSHA IST SCHWÄCHER, ALS ICH DACHTE.
WOMPP
SKRSCH
UUUGH
AH!
GRRRRR
GRRRR
GRRRRR
HIEK!

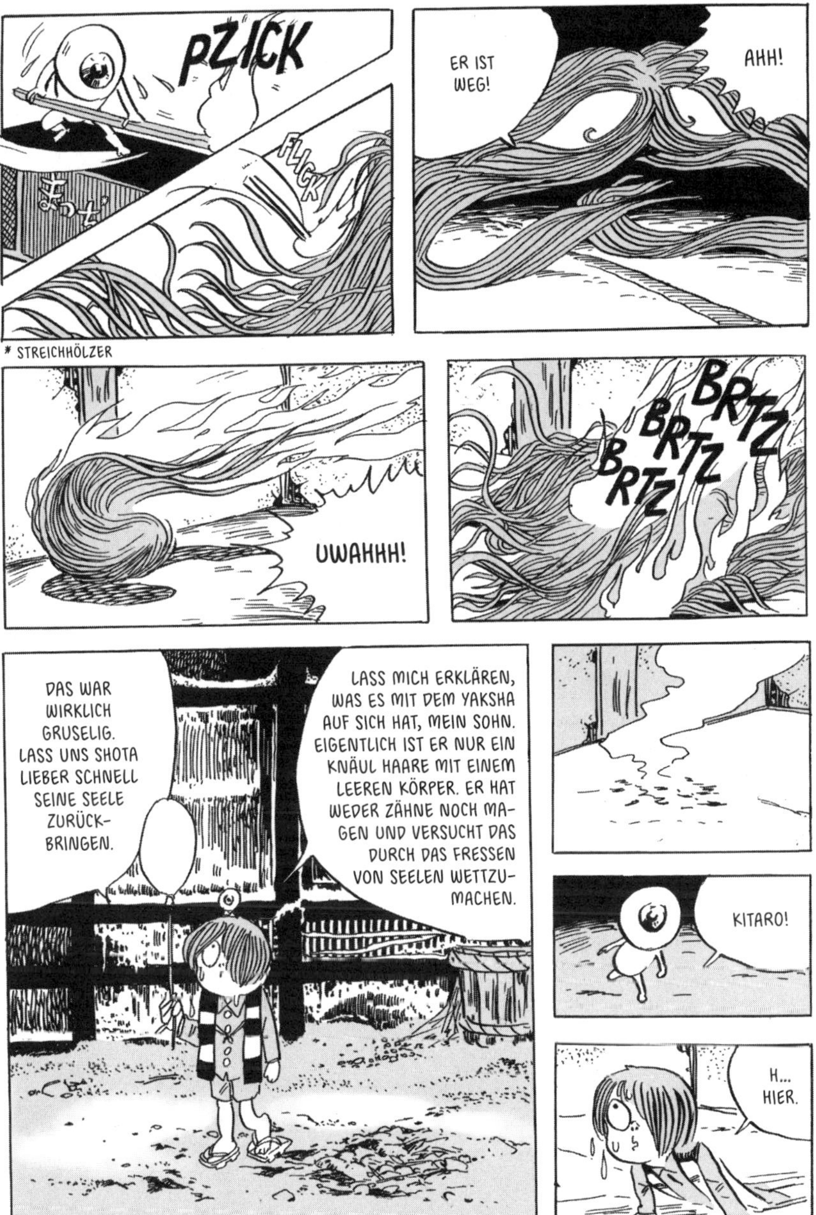

* STREICHHÖLZER

ALS KITARO SHOTA DIE SEELE AUS DEM BALLON EINFLÖSSTE, KAM DIESER PLÖTZLICH WIEDER ZU SINNEN.

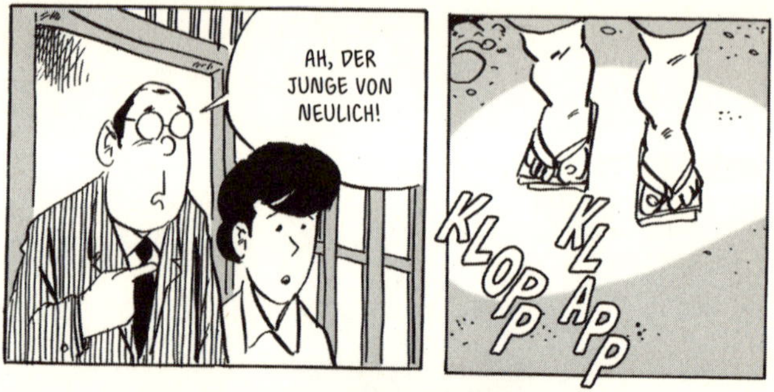

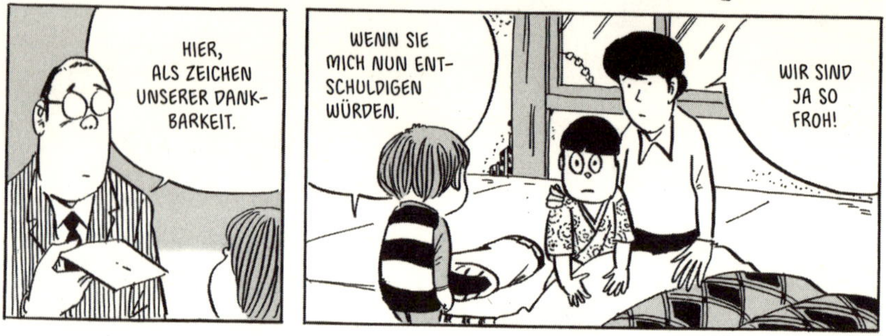

IN DIESEM MOMENT STIMMTEN ALLE INSEKTEN AUS DEN ABWASSERKANÄLEN DAS FRIEDHOFLIED AN, IHRE LOBESHYMNE AUF KITARO.

IHR FRAGT EUCH BESTIMMT, WIE KITARO IM ENTSCHEIDENDEN MOMENT VERSCHWUNDEN WAR, NICHT WAHR? WIE BEI EINEM CHAMÄLEON, DAS SICH BEI DROHENDER GEFAHR DURCH TARNFÄRBUNG SCHÜTZT, LÖSTE FURCHT IN KITAROS GEHIRN EINEN ÄHNLICHEN MECHANISMUS AUS. WENN ER SPÜRTE, DASS GEFAHR IN VERZUG WAR, PASSTE ER SICH IN FARBE UND GESTALT SEINER UMGEBUNG AN. ALS DER YAKSHA IHN FRESSEN WOLLTE, NAHM ER DIE FARBE DER TATAMIMATTEN AN UND MACHTE SICH FLACH WIE EINE FLUNDER.

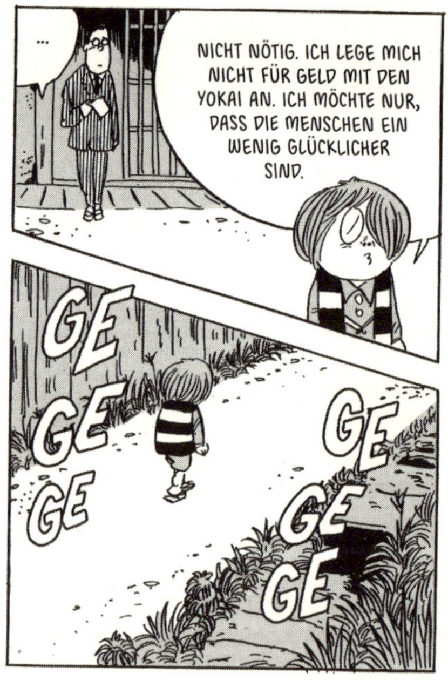

Yaksha – Ende

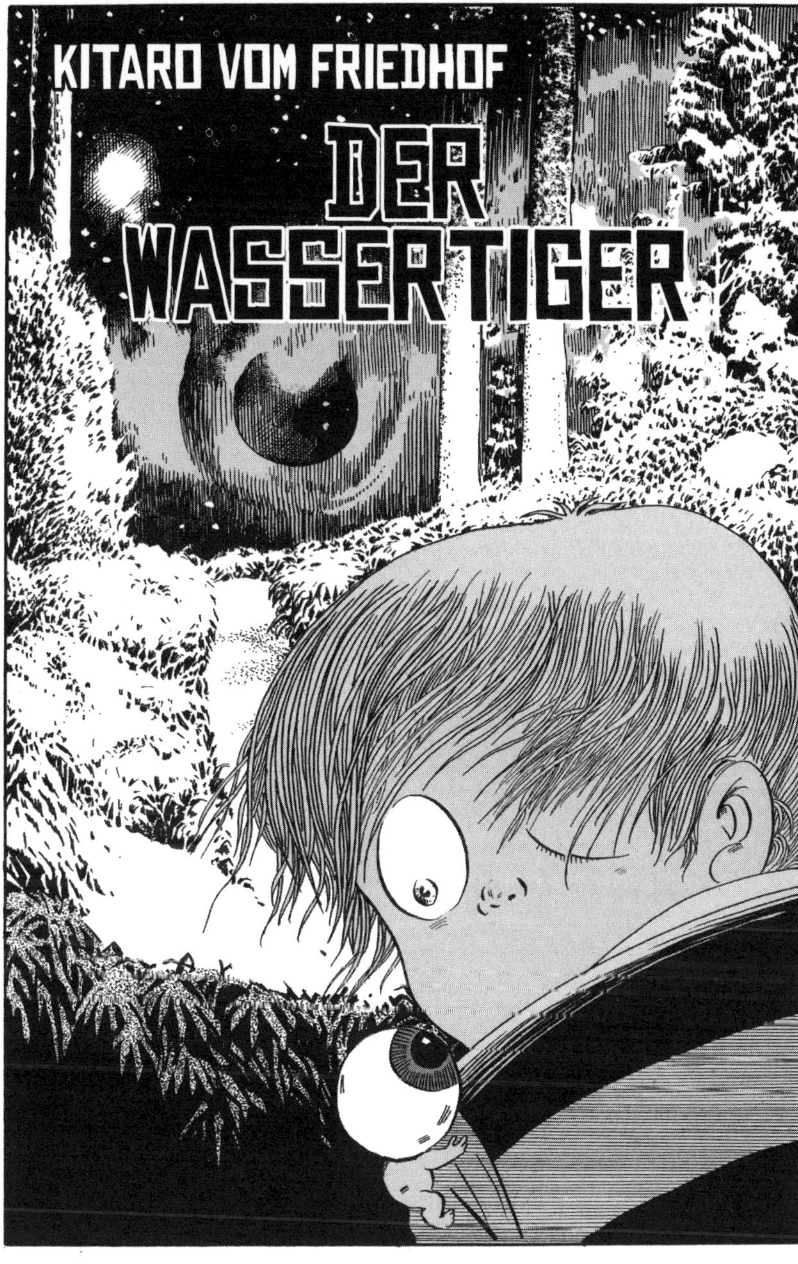
KITARO VOM FRIEDHOF
DER WASSERTIGER

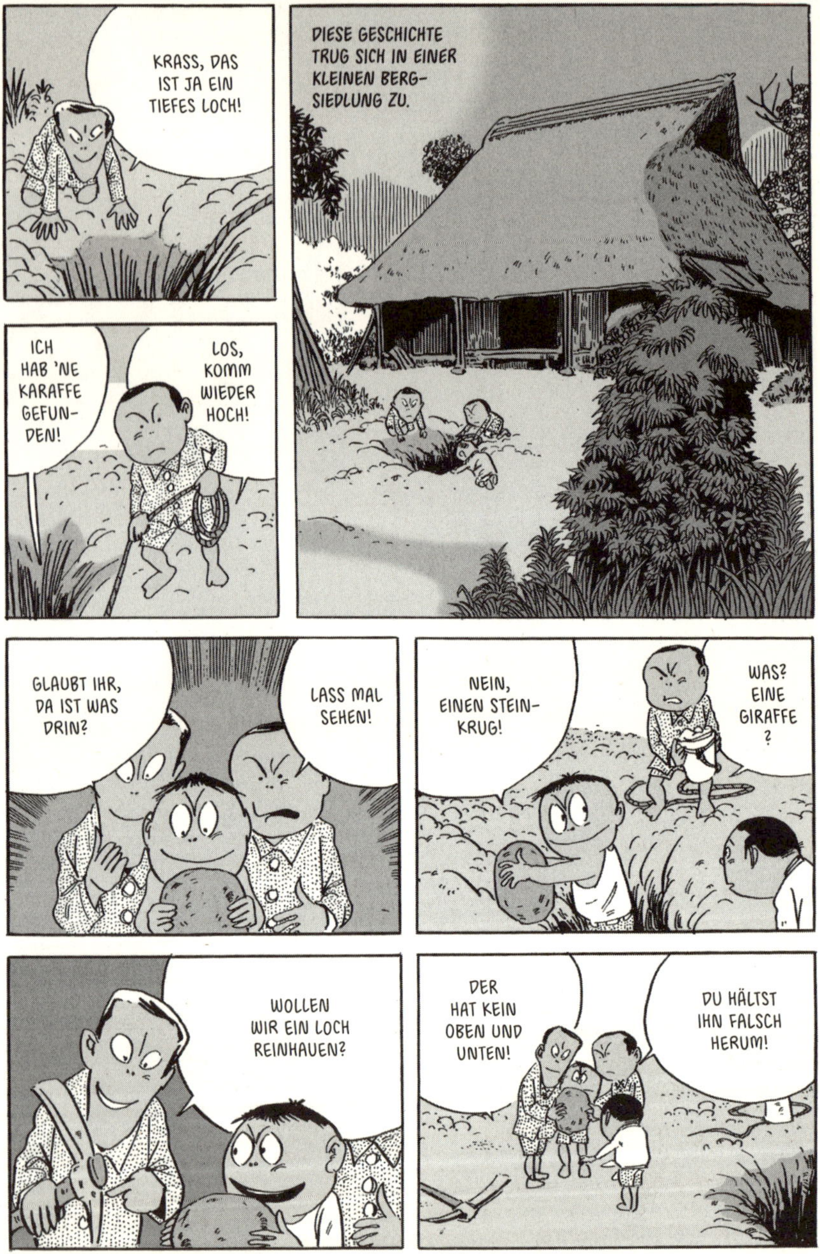
KRASS, DAS IST JA EIN TIEFES LOCH!
ICH HAB 'NE KARAFFE GEFUN-DEN!
LOS, KOMM WIEDER HOCH!
DIESE GESCHICHTE TRUG SICH IN EINER KLEINEN BERG-SIEDLUNG ZU.
GLAUBT IHR, DA IST WAS DRIN?
LASS MAL SEHEN!
NEIN, EINEN STEIN-KRUG!
WAS? EINE GIRAFFE ?
WOLLEN WIR EIN LOCH REINHAUEN?
DER HAT KEIN OBEN UND UNTEN!
DU HÄLTST IHN FALSCH HERUM!

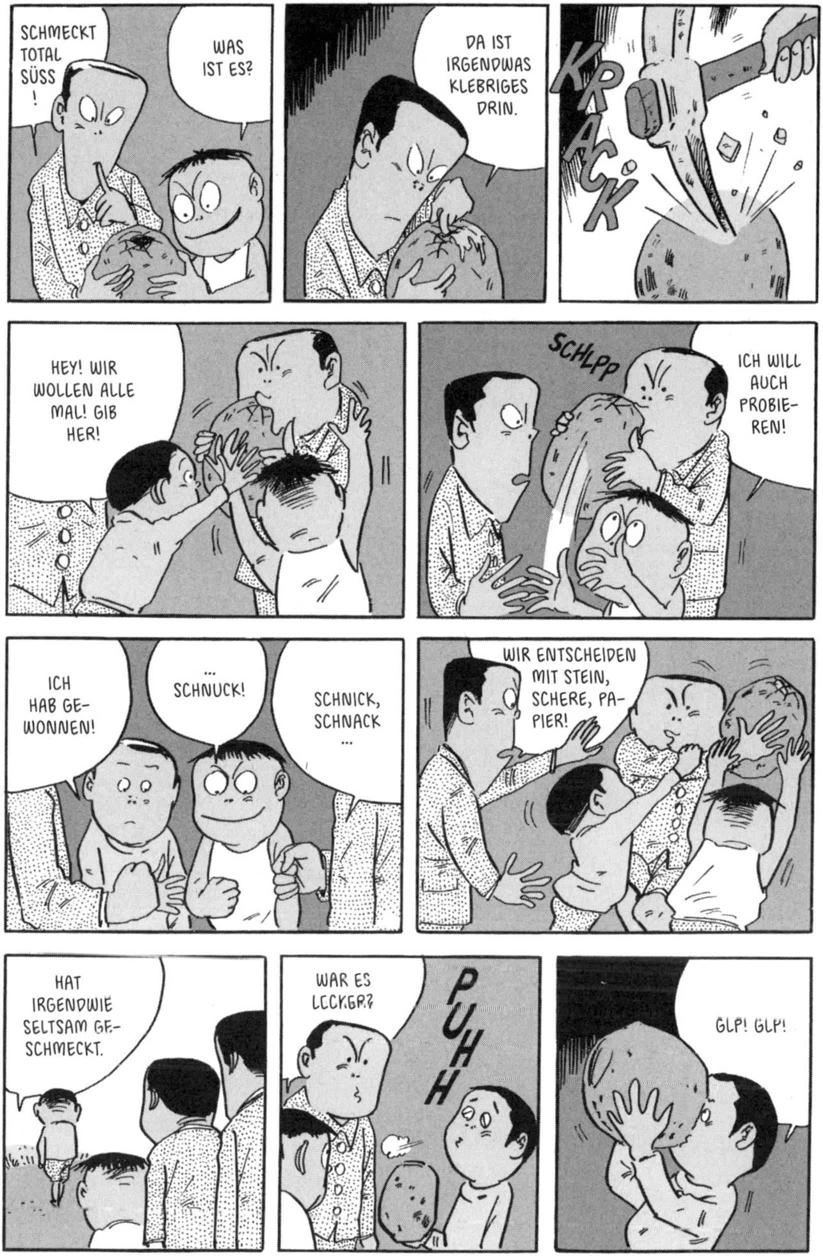
KRACK
DA IST IRGENDWAS KLEBRIGES DRIN.
WAS IST ES?
SCHMECKT TOTAL SÜSS !
SCHLPP
ICH WILL AUCH PROBIE-REN!
HEY! WIR WOLLEN ALLE MAL! GIB HER!
WIR ENTSCHEIDEN MIT STEIN, SCHERE, PA-PIER!
SCHNICK, SCHNACK ...
... SCHNUCK!
ICH HAB GE-WONNEN!
GLP! GLP!
PUHH
WAR ES LECKER?
HAT IRGENDWIE SELTSAM GE-SCHMECKT.

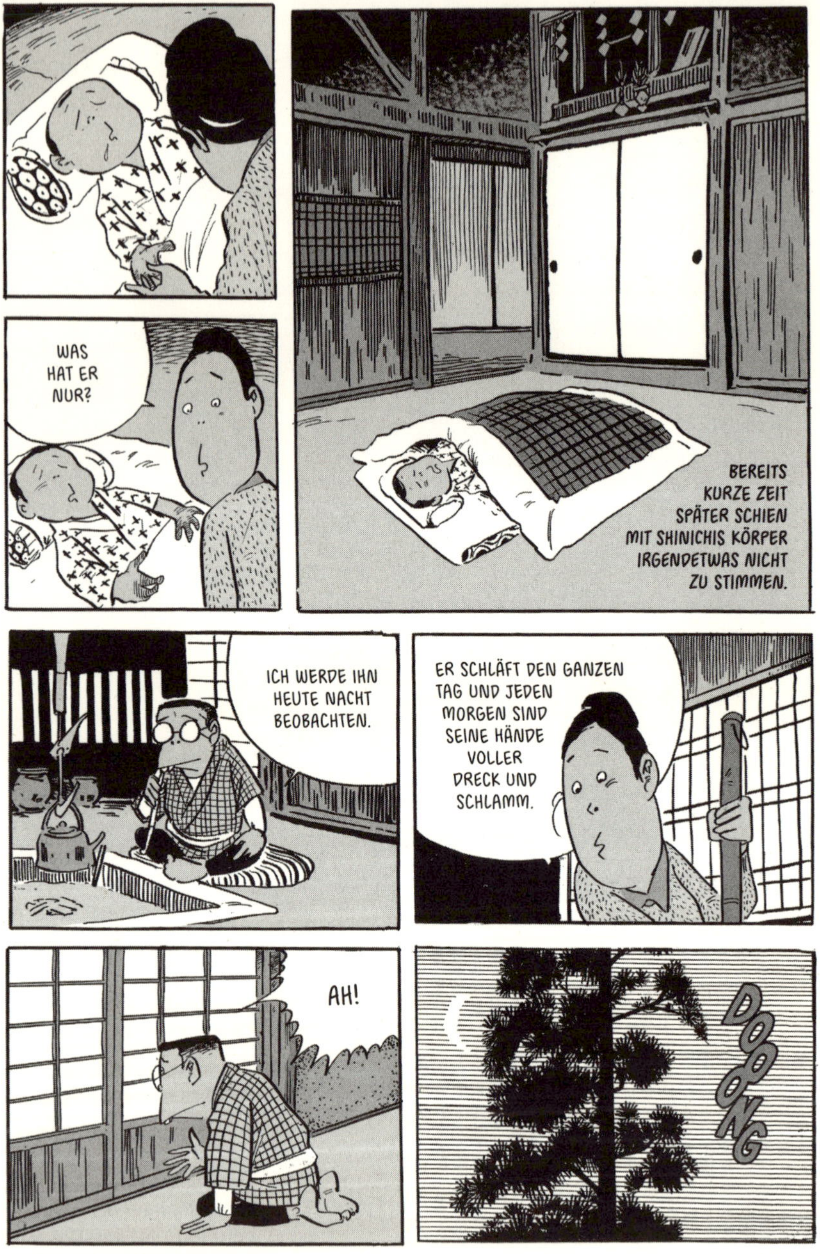
WAS HAT ER NUR?
BEREITS KURZE ZEIT SPÄTER SCHIEN MIT SHINICHIS KÖRPER IRGENDETWAS NICHT ZU STIMMEN.
ICH WERDE IHN HEUTE NACHT BEOBACHTEN.
ER SCHLÄFT DEN GANZEN TAG UND JEDEN MORGEN SIND SEINE HÄNDE VOLLER DRECK UND SCHLAMM.
AH!
DOOONG

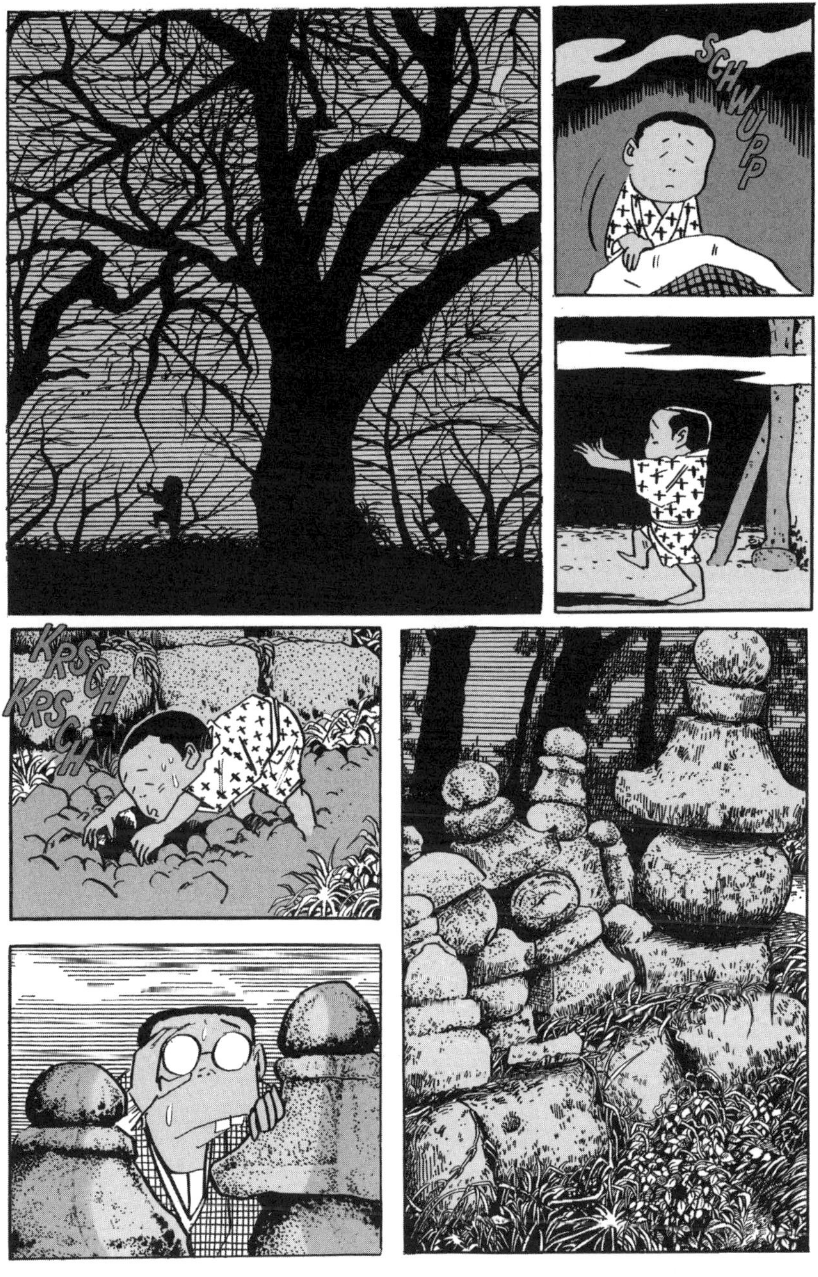
SCHWUPP
KRSCH
KRSCH

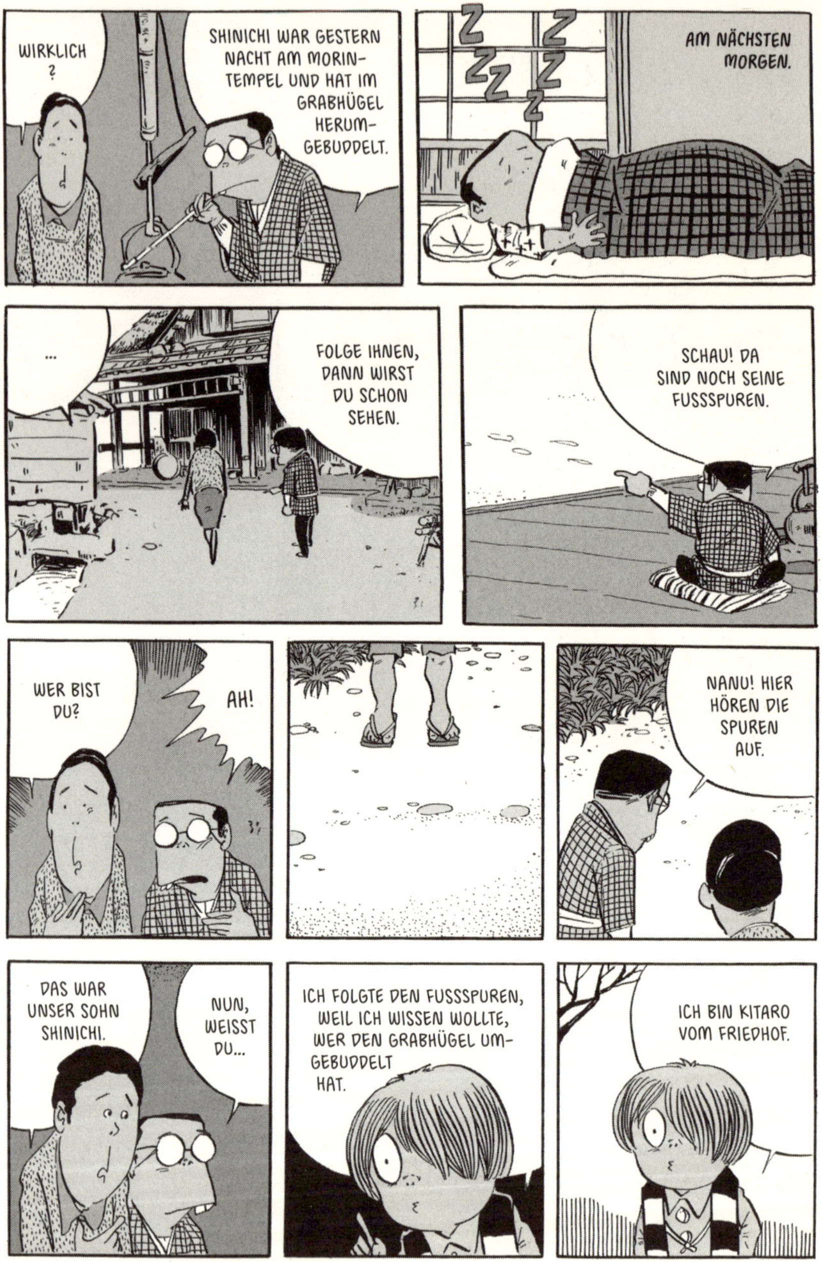
SHINICHI WAR GESTERN NACHT AM MORIN-TEMPEL UND HAT IM GRABHÜGEL HERUM-GEBUDDELT.
WIRKLICH?
AM NÄCHSTEN MORGEN.
FOLGE IHNEN, DANN WIRST DU SCHON SEHEN.
...
SCHAU! DA SIND NOCH SEINE FUSSSPUREN.
AH!
WER BIST DU?
NANU! HIER HÖREN DIE SPUREN AUF.
NUN, WEISST DU...
DAS WAR UNSER SOHN SHINICHI.
ICH FOLGTE DEN FUSSSPUREN, WEIL ICH WISSEN WOLLTE, WER DEN GRABHÜGEL UM-GEBUDDELT HAT.
ICH BIN KITARO VOM FRIEDHOF.

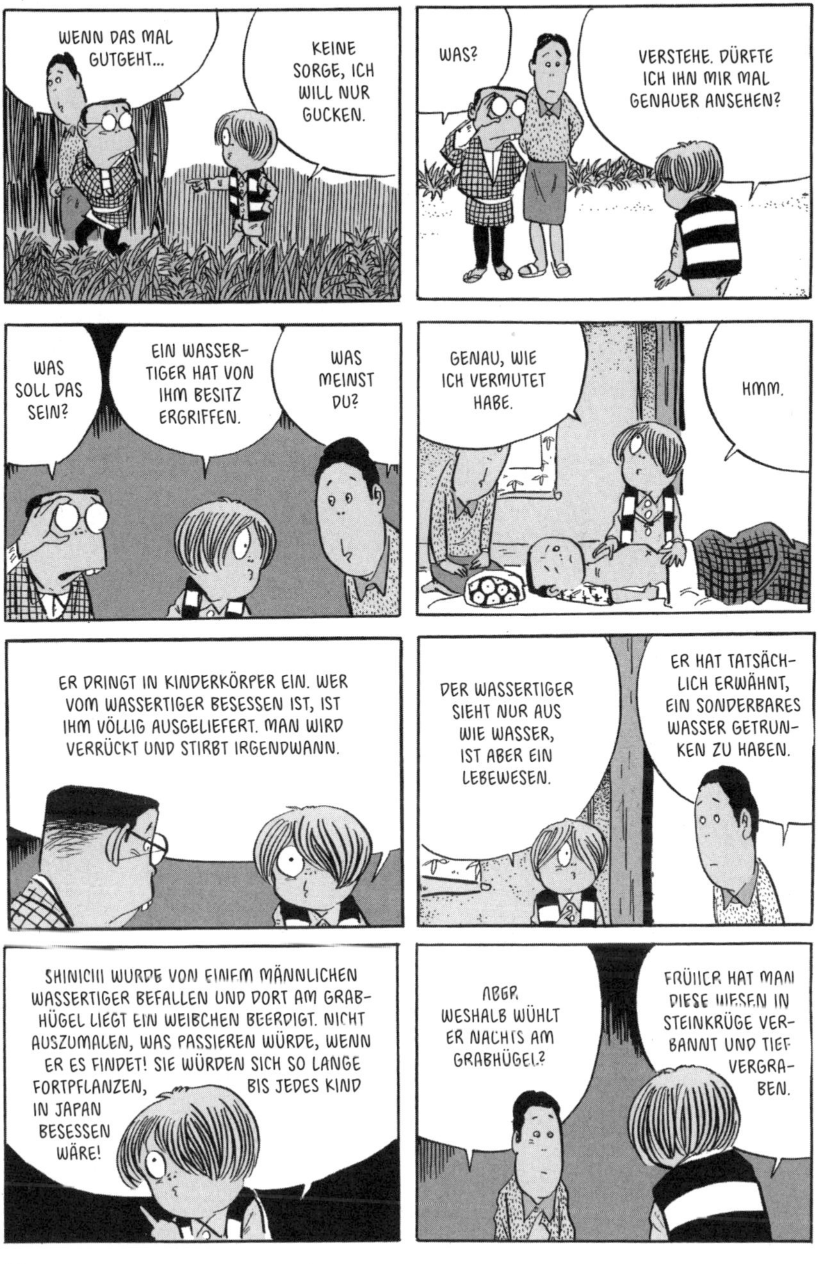
WENN DAS MAL GUTGEHT...
KEINE SORGE, ICH WILL NUR GUCKEN.
WAS?
VERSTEHE. DÜRFTE ICH IHN MIR MAL GENAUER ANSEHEN?
WAS SOLL DAS SEIN?
EIN WASSERTIGER HAT VON IHM BESITZ ERGRIFFEN.
WAS MEINST DU?
GENAU, WIE ICH VERMUTET HABE.
HMM.
ER DRINGT IN KINDERKÖRPER EIN. WER VOM WASSERTIGER BESESSEN IST, IST IHM VÖLLIG AUSGELIEFERT. MAN WIRD VERRÜCKT UND STIRBT IRGENDWANN.
DER WASSERTIGER SIEHT NUR AUS WIE WASSER, IST ABER EIN LEBEWESEN.
ER HAT TATSÄCHLICH ERWÄHNT, EIN SONDERBARES WASSER GETRUNKEN ZU HABEN.
SHINICHI WURDE VON EINEM MÄNNLICHEN WASSERTIGER BEFALLEN UND DORT AM GRABHÜGEL LIEGT EIN WEIBCHEN BEERDIGT. NICHT AUSZUMALEN, WAS PASSIEREN WÜRDE, WENN ER ES FINDET! SIE WÜRDEN SICH SO LANGE FORTPFLANZEN, BIS JEDES KIND IN JAPAN BESESSEN WÄRE!
ABER WESHALB WÜHLT ER NACHTS AM GRABHÜGEL?
FRÜHER HAT MAN DIESE WESEN IN STEINKRÜGE VERBANNT UND TIEF VERGRABEN.

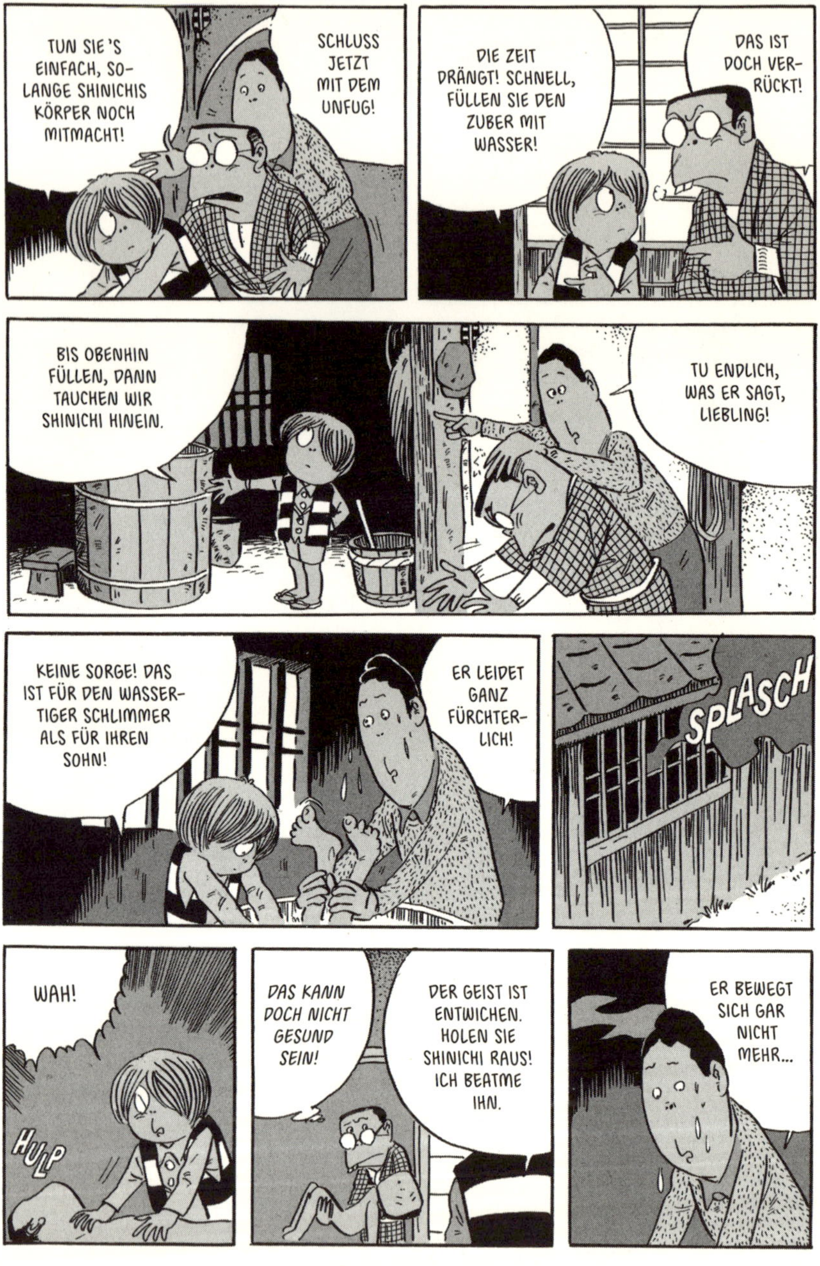
TUN SIE'S EINFACH, SOLANGE SHINICHIS KÖRPER NOCH MITMACHT!
SCHLUSS JETZT MIT DEM UNFUG!
DIE ZEIT DRÄNGT! SCHNELL, FÜLLEN SIE DEN ZUBER MIT WASSER!
DAS IST DOCH VERRÜCKT!
BIS OBENHIN FÜLLEN, DANN TAUCHEN WIR SHINICHI HINEIN.
TU ENDLICH, WAS ER SAGT, LIEBLING!
KEINE SORGE! DAS IST FÜR DEN WASSERTIGER SCHLIMMER ALS FÜR IHREN SOHN!
ER LEIDET GANZ FÜRCHTERLICH!
SPLASCH
WAH!
HULP
DAS KANN DOCH NICHT GESUND SEIN!
DER GEIST IST ENTWICHEN. HOLEN SIE SHINICHI RAUS! ICH BEATME IHN.
ER BEWEGT SICH GAR NICHT MEHR...

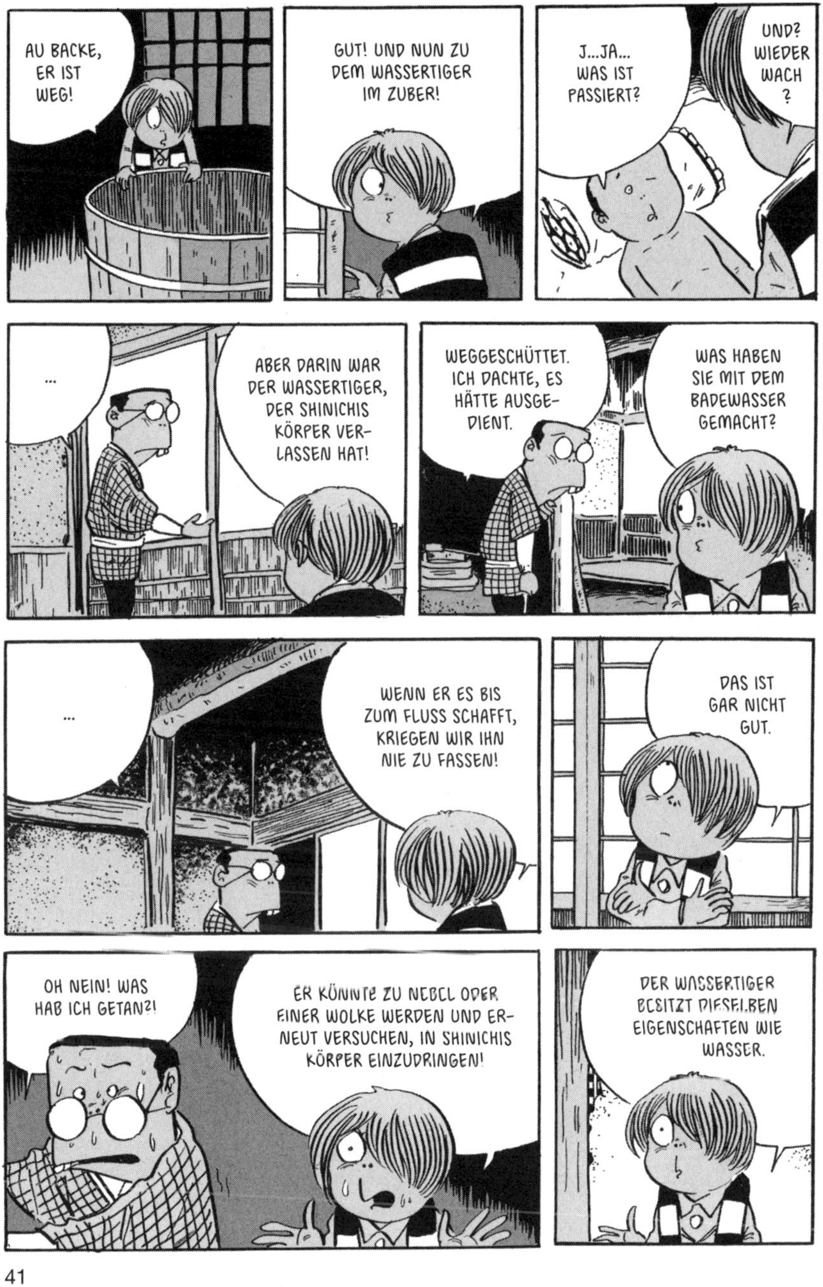
UND? WIEDER WACH?
J...JA... WAS IST PASSIERT?
GUT! UND NUN ZU DEM WASSERTIGER IM ZUBER!
AU BACKE, ER IST WEG!
WAS HABEN SIE MIT DEM BADEWASSER GEMACHT?
WEGGESCHÜTTET. ICH DACHTE, ES HÄTTE AUSGEDIENT.
ABER DARIN WAR DER WASSERTIGER, DER SHINICHIS KÖRPER VERLASSEN HAT!
...
DAS IST GAR NICHT GUT.
WENN ER ES BIS ZUM FLUSS SCHAFFT, KRIEGEN WIR IHN NIE ZU FASSEN!
...
DER WASSERTIGER BESITZT DIESELBEN EIGENSCHAFTEN WIE WASSER.
ER KÖNNTE ZU NEBEL ODER EINER WOLKE WERDEN UND ERNEUT VERSUCHEN, IN SHINICHIS KÖRPER EINZUDRINGEN!
OH NEIN! WAS HAB ICH GETAN?!

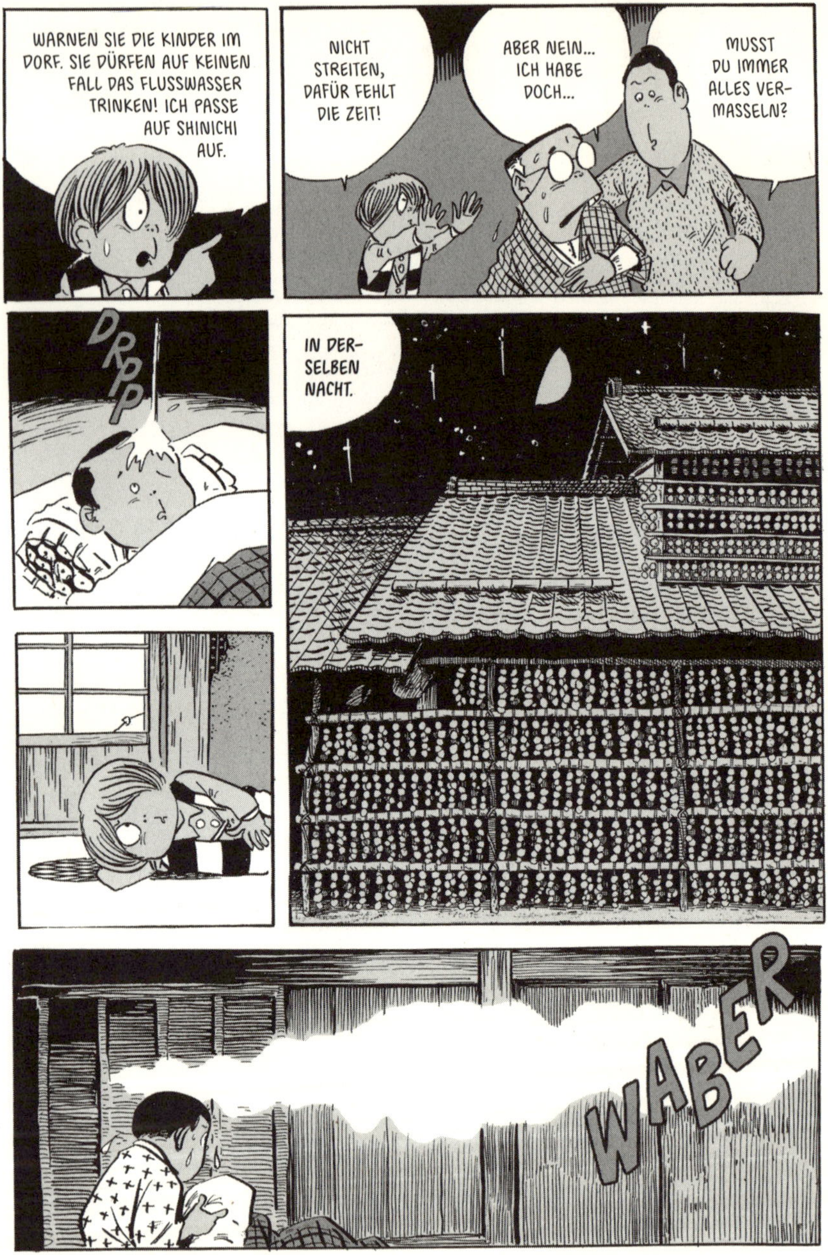
WARNEN SIE DIE KINDER IM DORF. SIE DÜRFEN AUF KEINEN FALL DAS FLUSSWASSER TRINKEN! ICH PASSE AUF SHINICHI AUF.
NICHT STREITEN, DAFÜR FEHLT DIE ZEIT!
ABER NEIN... ICH HABE DOCH...
MUSST DU IMMER ALLES VERMASSELN?
DRPP
IN DERSELBEN NACHT.
WABER

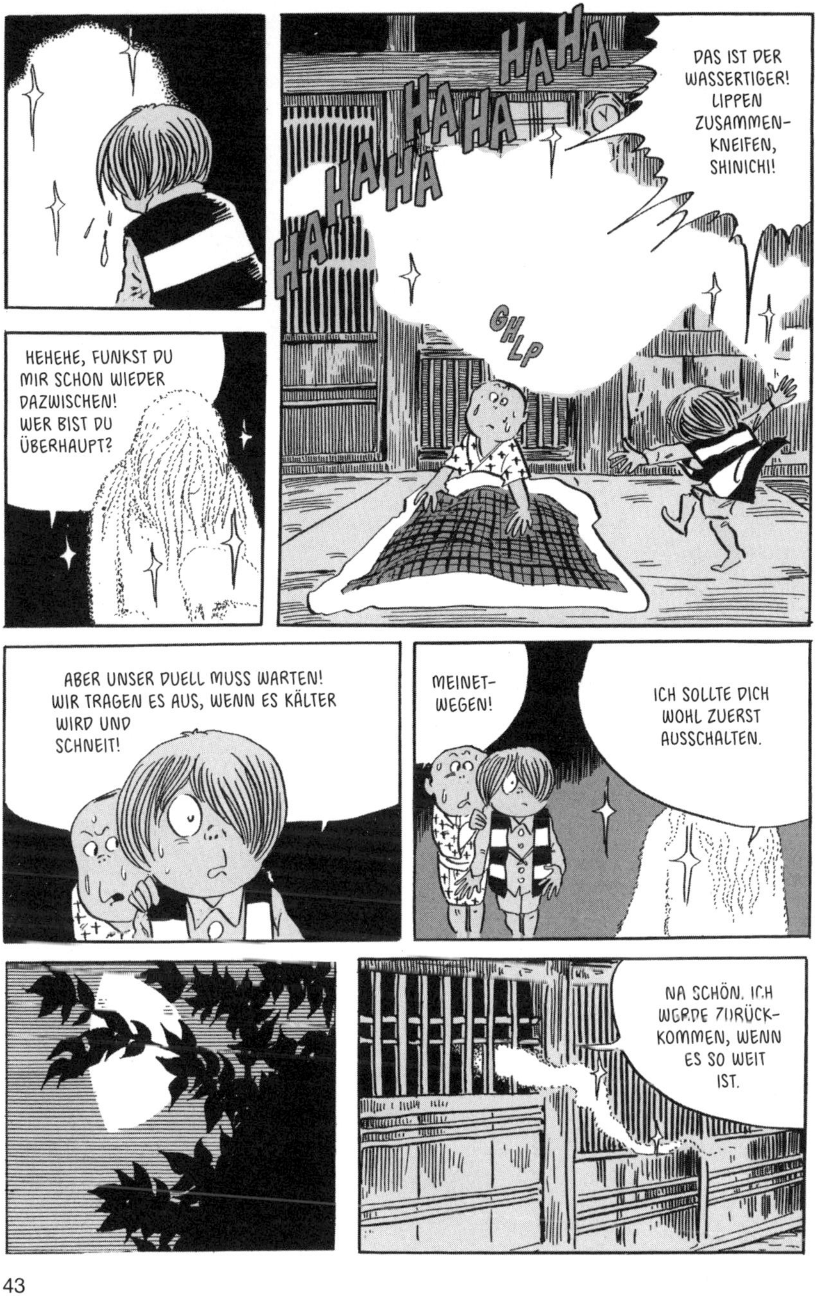
HAHA
HAHA
HAHA
HAHA
DAS IST DER WASSERTIGER! LIPPEN ZUSAMMEN-KNEIFEN, SHINICHI!
GHLP
HEHEHE, FUNKST DU MIR SCHON WIEDER DAZWISCHEN! WER BIST DU ÜBERHAUPT?
ICH SOLLTE DICH WOHL ZUERST AUSSCHALTEN.
MEINET-WEGEN!
ABER UNSER DUELL MUSS WARTEN! WIR TRAGEN ES AUS, WENN ES KÄLTER WIRD UND SCHNEIT!
NA SCHÖN. ICH WERDE ZURÜCK-KOMMEN, WENN ES SO WEIT IST.

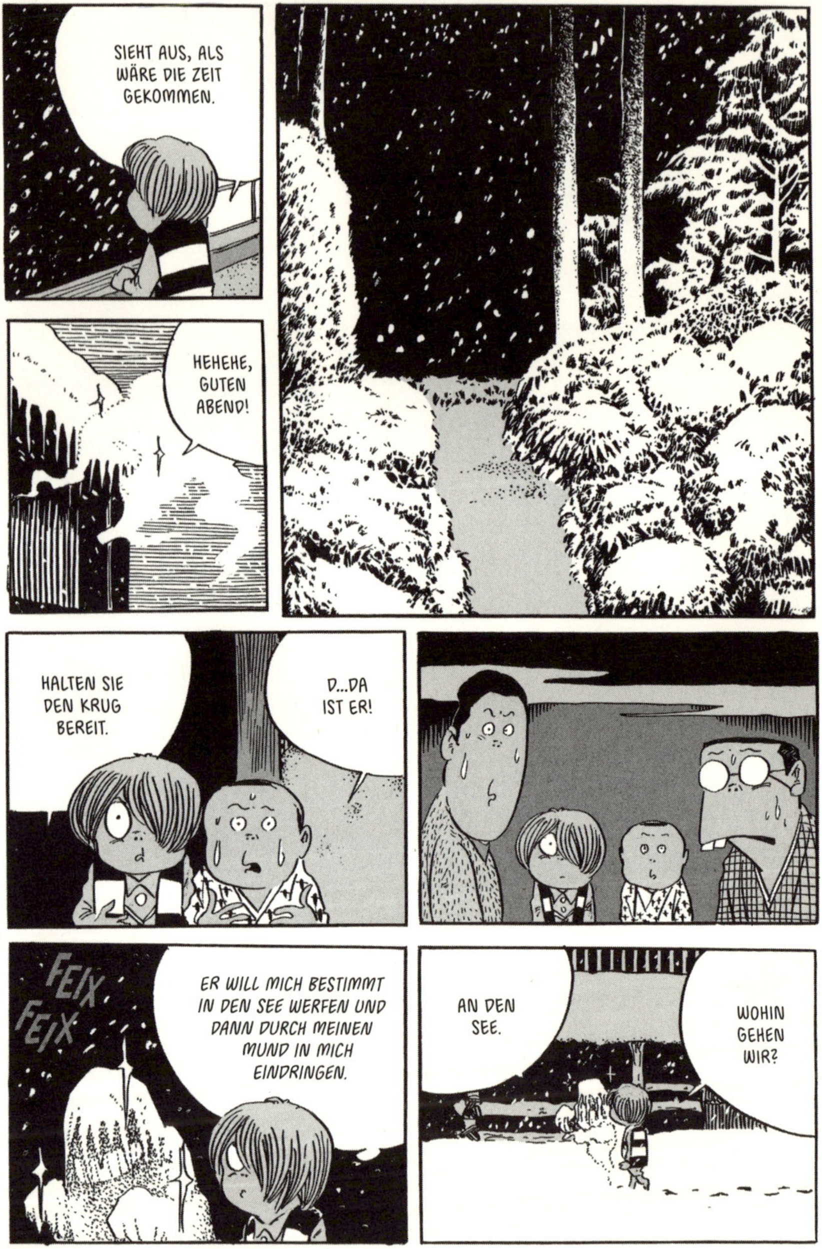
SIEHT AUS, ALS WÄRE DIE ZEIT GEKOMMEN.
HEHEHE, GUTEN ABEND!
HALTEN SIE DEN KRUG BEREIT.
D...DA IST ER!
FEIX FEIX
ER WILL MICH BESTIMMT IN DEN SEE WERFEN UND DANN DURCH MEINEN MUND IN MICH EINDRINGEN.
WOHIN GEHEN WIR?
AN DEN SEE.

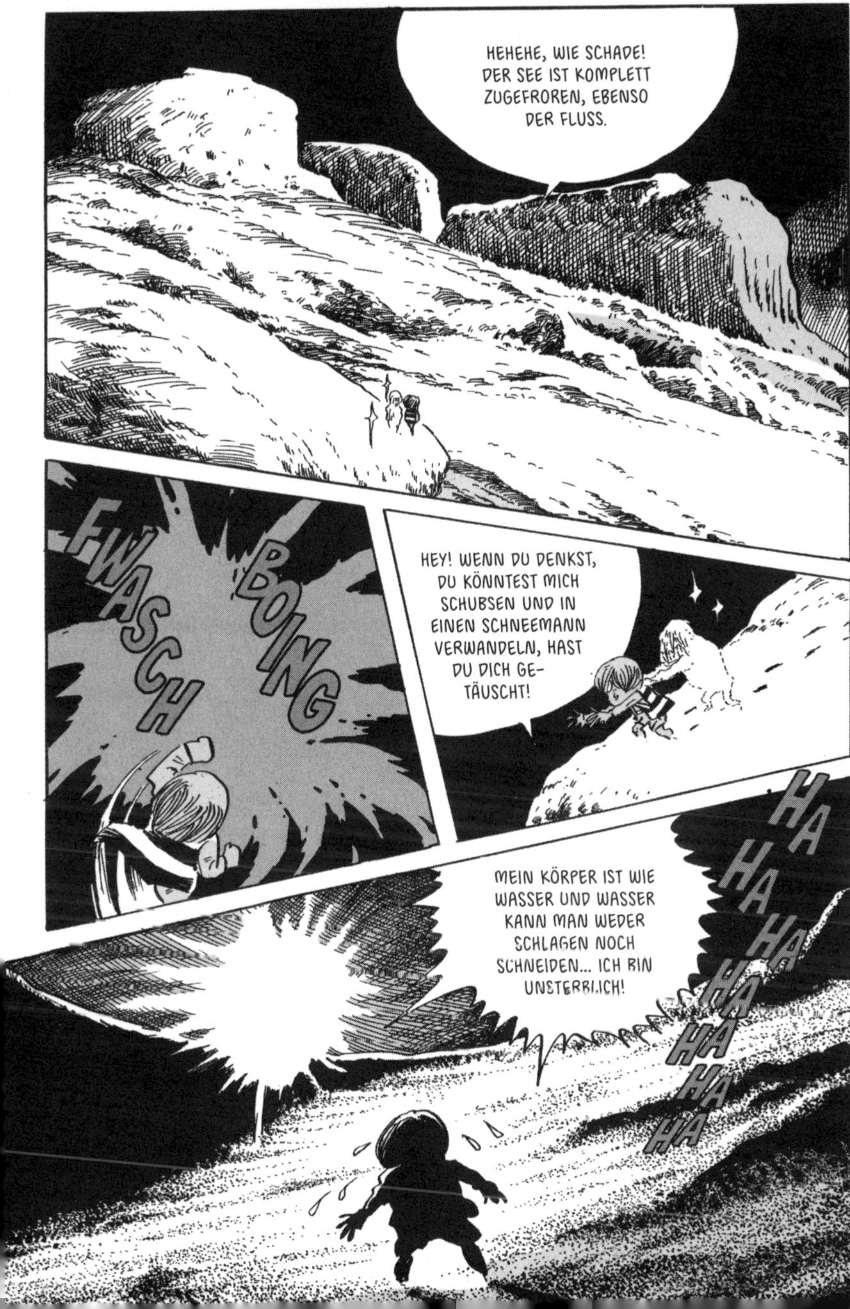
HEHEHE, WIE SCHADE! DER SEE IST KOMPLETT ZUGEFROREN, EBENSO DER FLUSS.
FWASCH
BOING
HEY! WENN DU DENKST, DU KÖNNTEST MICH SCHUBSEN UND IN EINEN SCHNEEMANN VERWANDELN, HAST DU DICH GETÄUSCHT!
MEIN KÖRPER IST WIE WASSER UND WASSER KANN MAN WEDER SCHLAGEN NOCH SCHNEIDEN... ICH BIN UNSTERBLICH!
HA HA HA HA HA HA HA HA

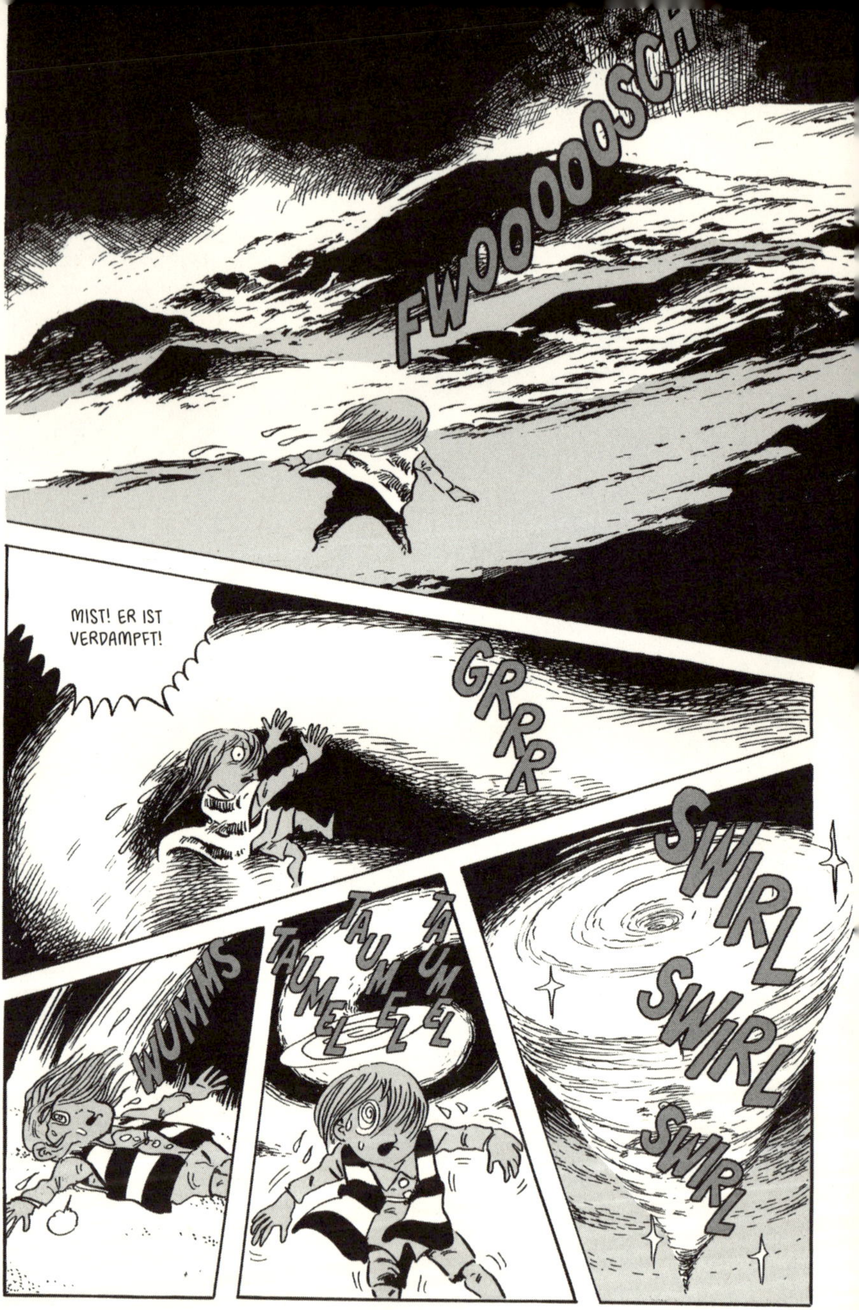
FWOOOOOSCH
MIST! ER IST VERDAMPFT!
GRRR
SWIRL
SWIRL
SWIRL
TAUMEL
TAUMEL
WUMMS

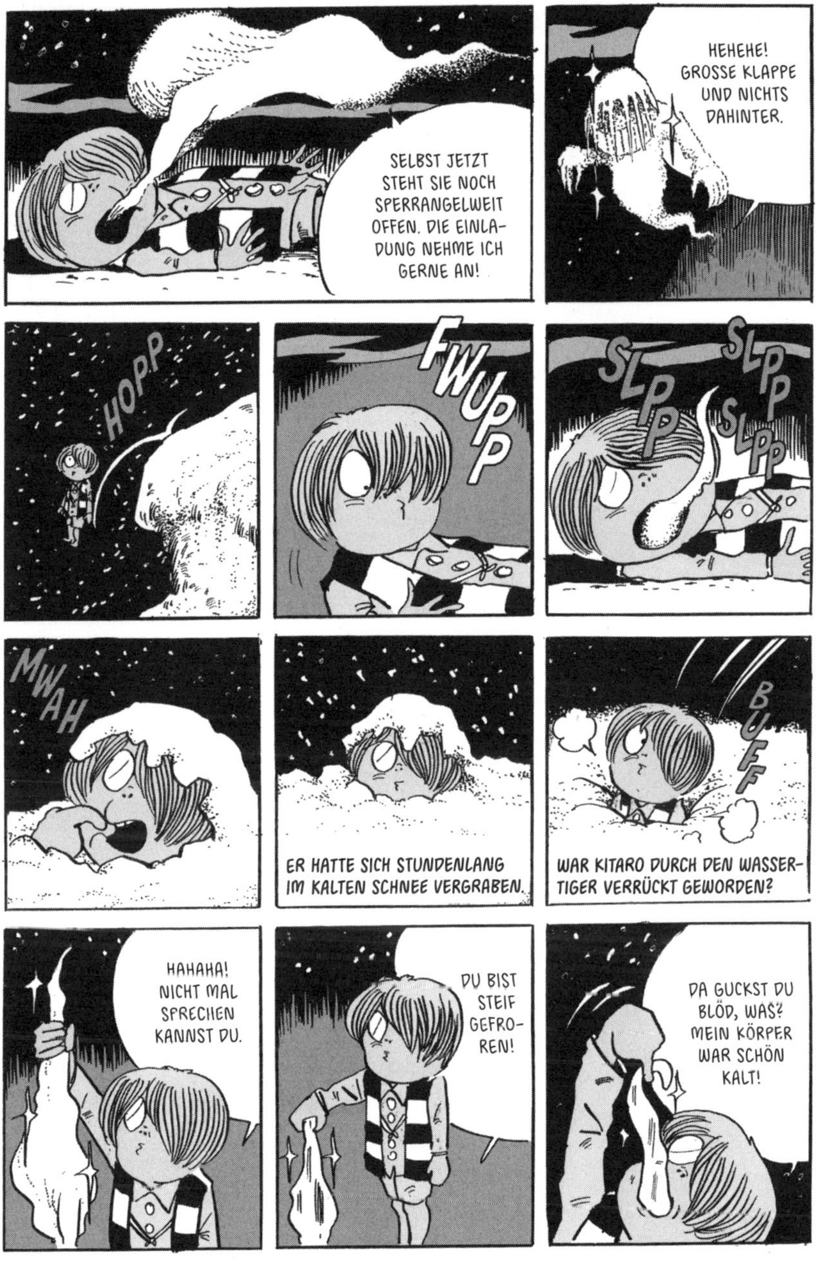

SELBST JETZT STEHT SIE NOCH SPERRANGELWEIT OFFEN. DIE EINLADUNG NEHME ICH GERNE AN!
HEHEHE! GROSSE KLAPPE UND NICHTS DAHINTER.
HOPP
FWUPP
SLPP
SLPP
SLPP
MWAH
ER HATTE SICH STUNDENLANG IM KALTEN SCHNEE VERGRABEN.
BUFF
WAR KITARO DURCH DEN WASSERTIGER VERRÜCKT GEWORDEN?
HAHAHA! NICHT MAL SPRECHEN KANNST DU.
DU BIST STEIF GEFROREN!
DA GUCKST DU BLÖD, WAS? MEIN KÖRPER WAR SCHÖN KALT!

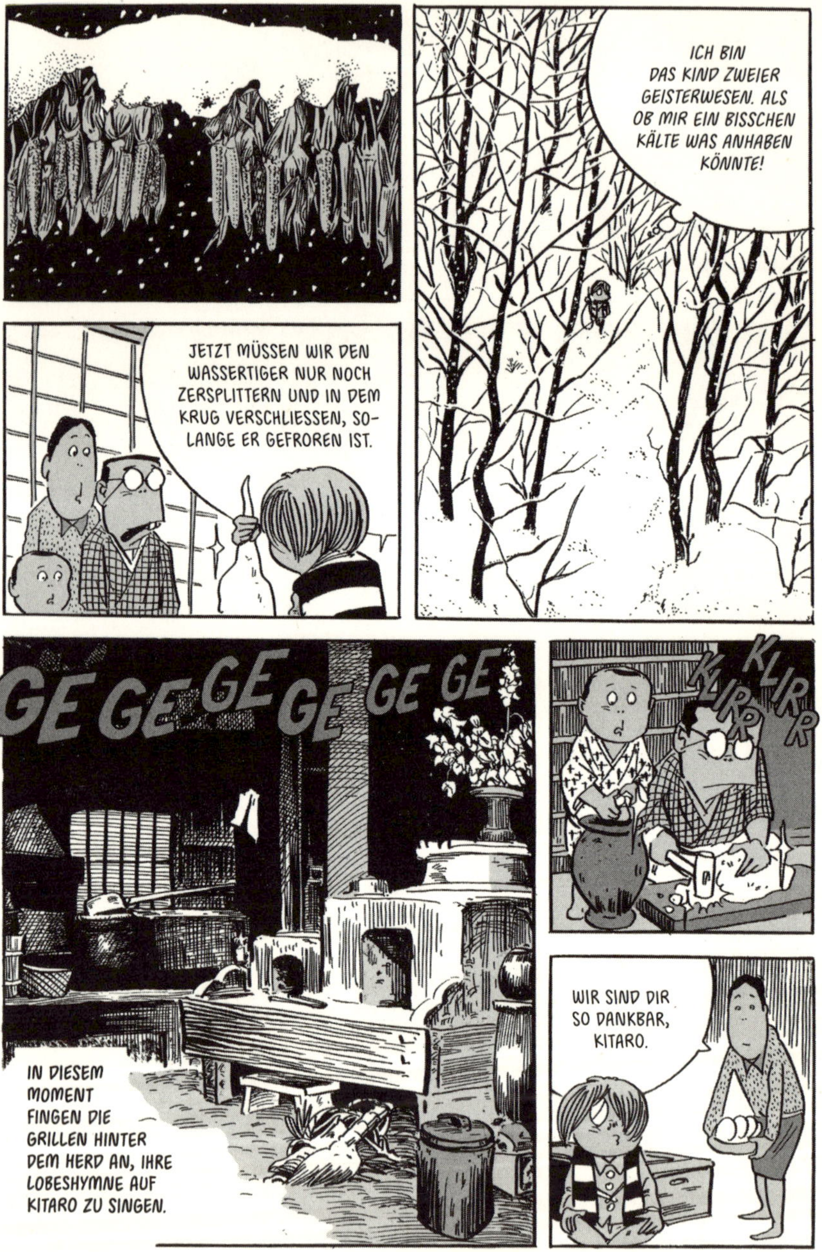
ICH BIN DAS KIND ZWEIER GEISTERWESEN. ALS OB MIR EIN BISSCHEN KÄLTE WAS ANHABEN KÖNNTE!
JETZT MÜSSEN WIR DEN WASSERTIGER NUR NOCH ZERSPLITTERN UND IN DEM KRUG VERSCHLIESSEN, SOLANGE ER GEFROREN IST.
GE GE GE GE GE GE GE
KLIRR KLIRR
WIR SIND DIR SO DANKBAR, KITARO.
IN DIESEM MOMENT FINGEN DIE GRILLEN HINTER DEM HERD AN, IHRE LOBESHYMNE AUF KITARO ZU SINGEN.

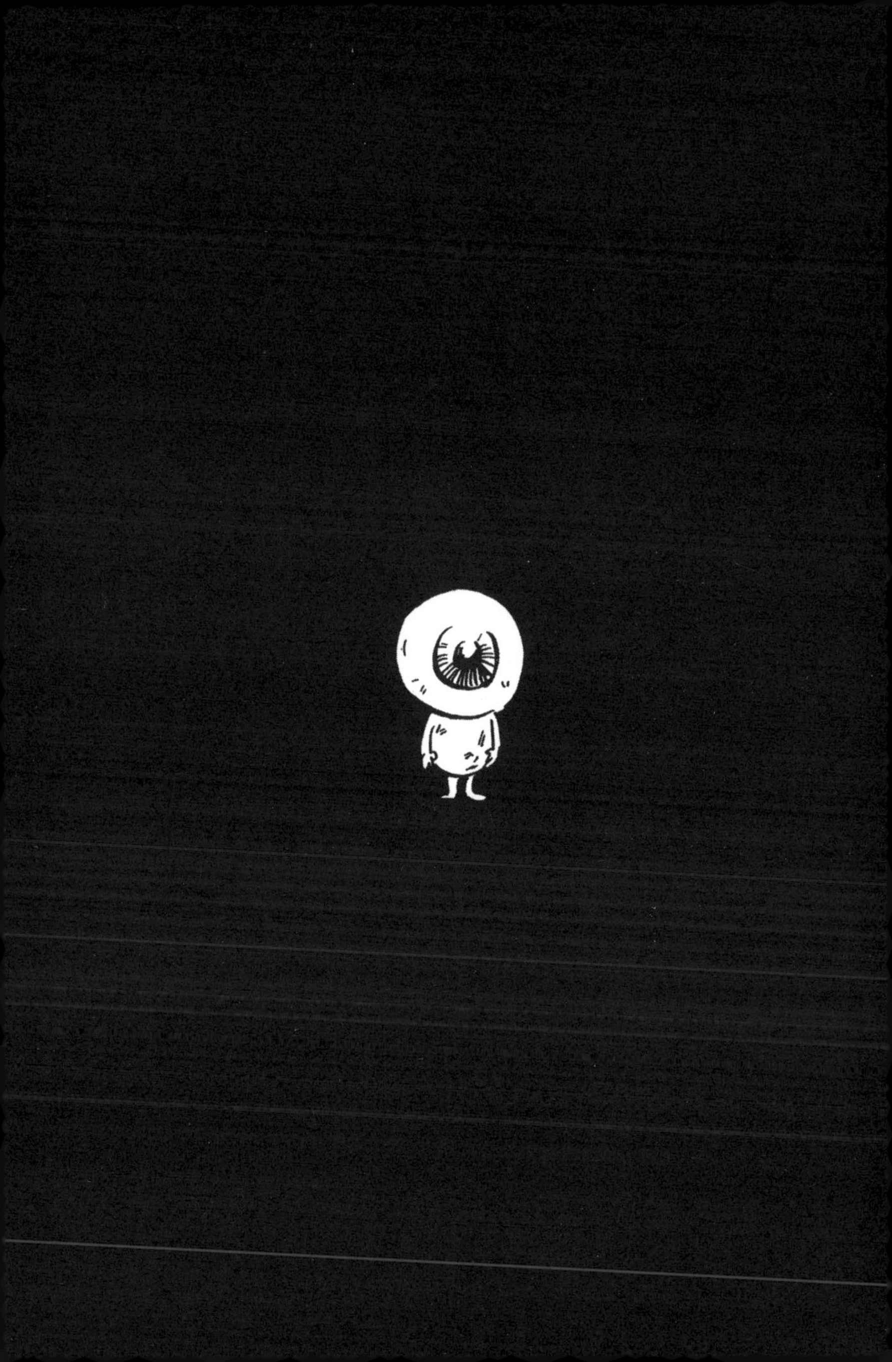

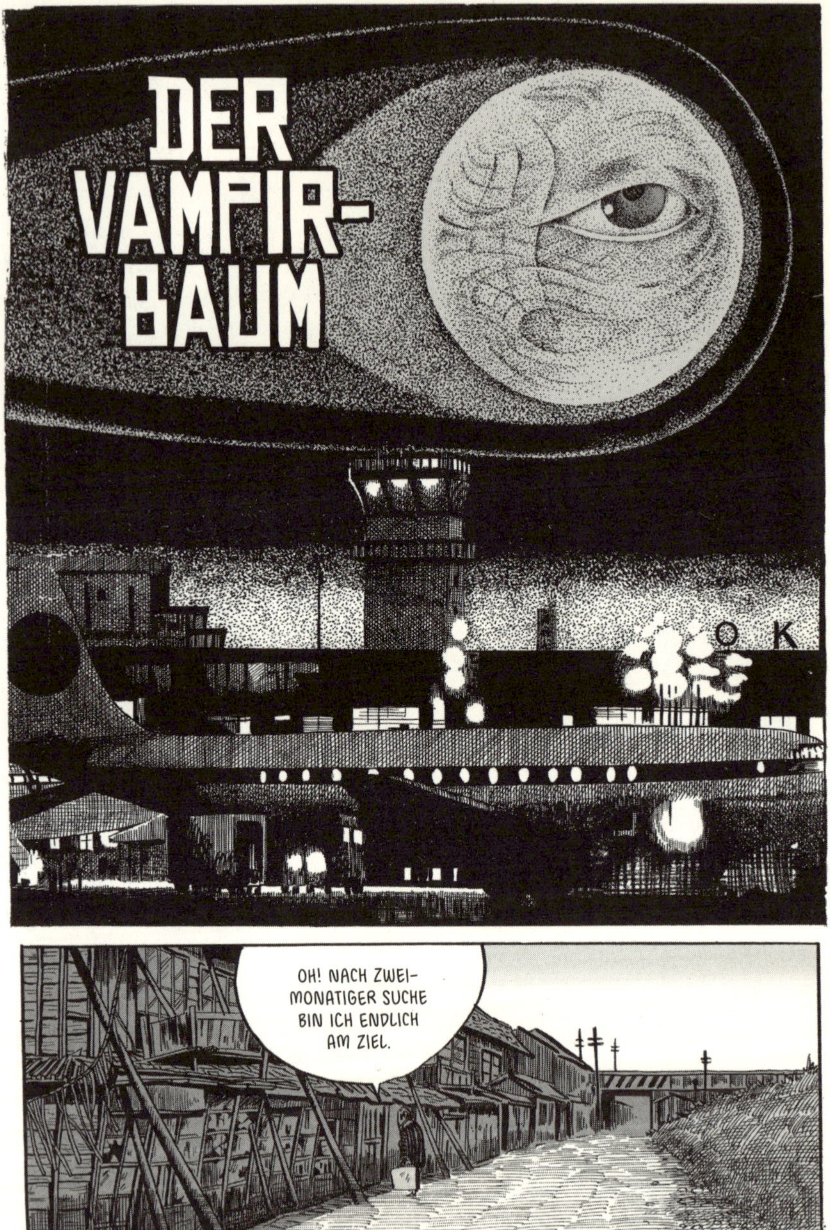
DER VAMPIR-BAUM
OK
OH! NACH ZWEIMONATIGER SUCHE BIN ICH ENDLICH AM ZIEL.

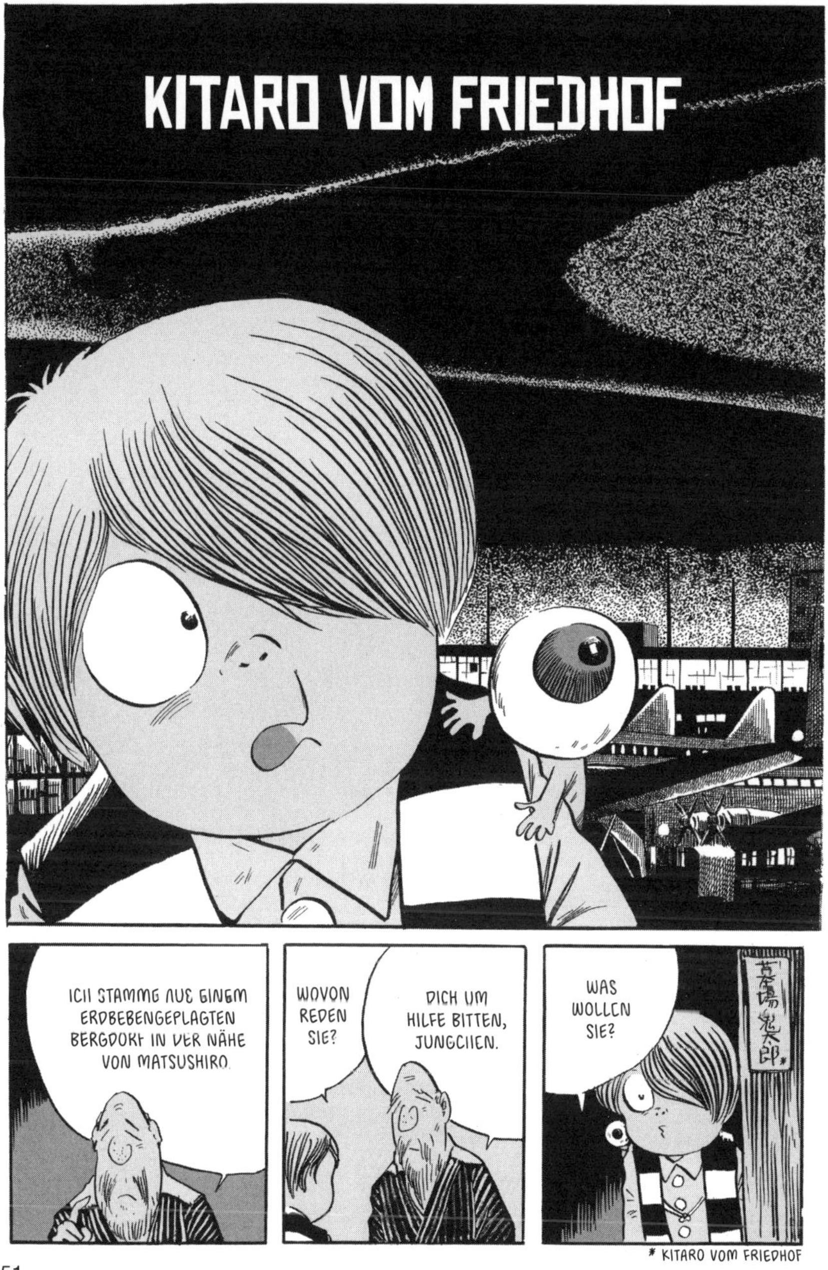

* KITARO VOM FRIEDHOF

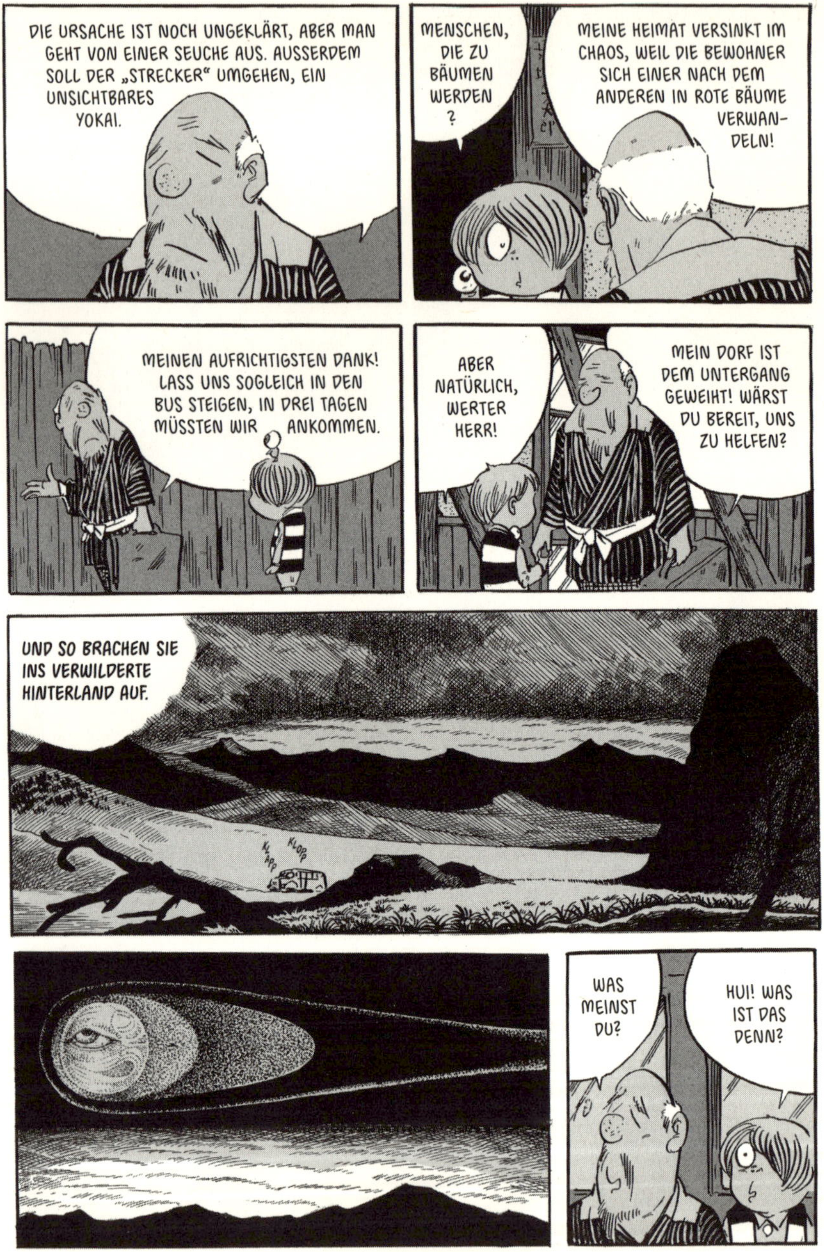
MEINE HEIMAT VERSINKT IM CHAOS, WEIL DIE BEWOHNER SICH EINER NACH DEM ANDEREN IN ROTE BÄUME VERWAN-DELN!
MENSCHEN, DIE ZU BÄUMEN WERDEN?
DIE URSACHE IST NOCH UNGEKLÄRT, ABER MAN GEHT VON EINER SEUCHE AUS. AUSSERDEM SOLL DER „STRECKER“ UMGEHEN, EIN UNSICHTBARES YOKAI.
MEIN DORF IST DEM UNTERGANG GEWEIHT! WÄRST DU BEREIT, UNS ZU HELFEN?
ABER NATÜRLICH, WERTER HERR!
MEINEN AUFRICHTIGSTEN DANK! LASS UNS SOGLEICH IN DEN BUS STEIGEN, IN DREI TAGEN MÜSSTEN WIR ANKOMMEN.
UND SO BRACHEN SIE INS VERWILDERTE HINTERLAND AUF.
KLAPP
KLOP
HUI! WAS IST DAS DENN?
WAS MEINST DU?

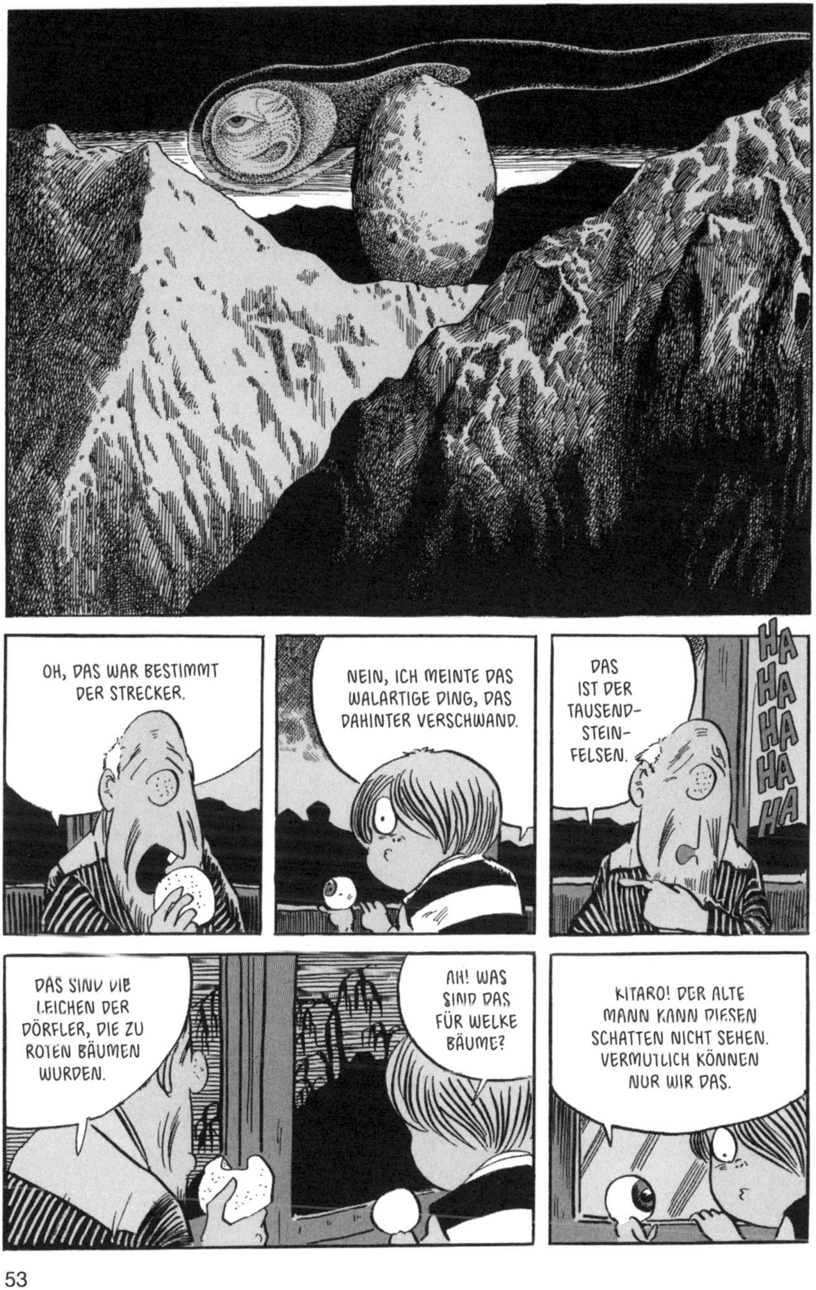
OH, DAS WAR BESTIMMT DER STRECKER.
NEIN, ICH MEINTE DAS WALARTIGE DING, DAS DAHINTER VERSCHWAND.
DAS IST DER TAUSEND-STEIN-FELSEN.
HA HA HA HA HA HA
DAS SIND DIE LEICHEN DER DÖRFLER, DIE ZU ROTEN BÄUMEN WURDEN.
AH! WAS SIND DAS FÜR WELKE BÄUME?
KITARO! DER ALTE MANN KANN DIESEN SCHATTEN NICHT SEHEN. VERMUTLICH KÖNNEN NUR WIR DAS.

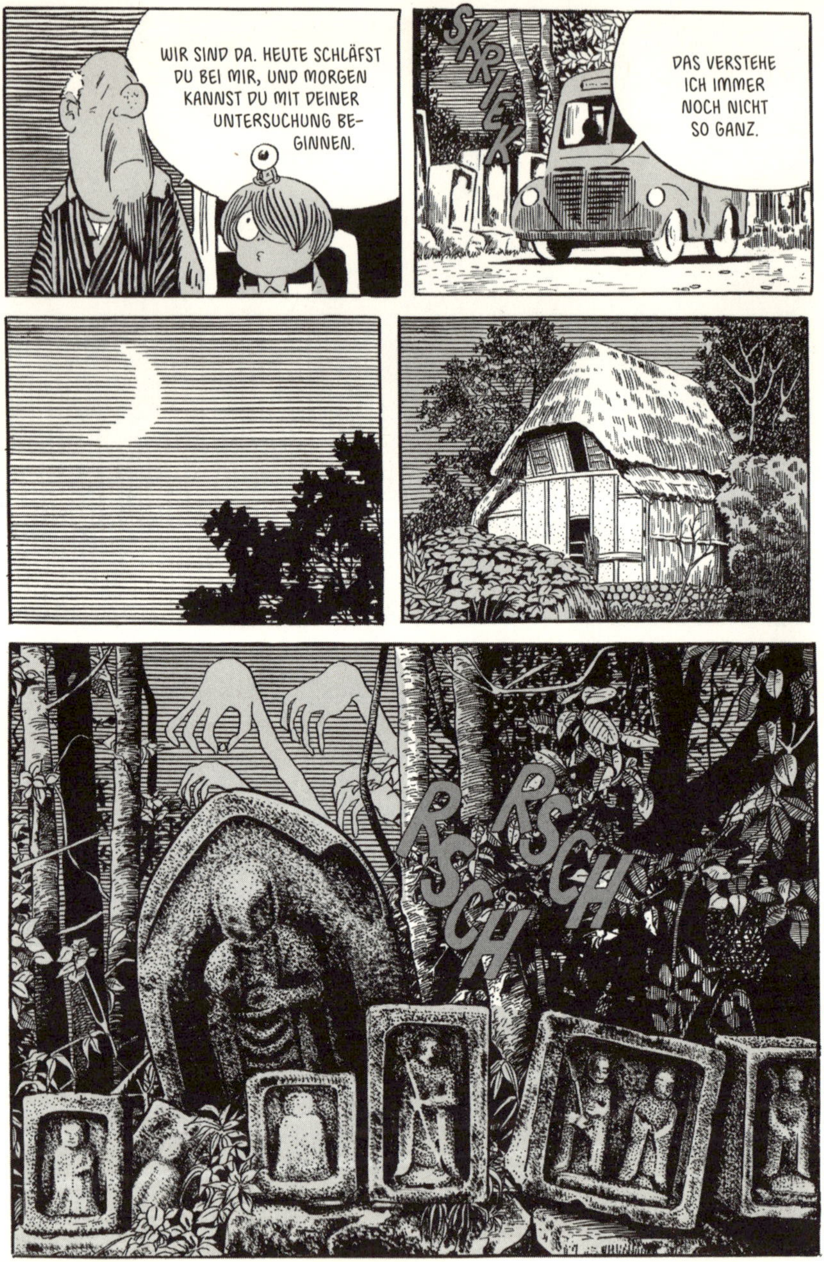
WIR SIND DA. HEUTE SCHLÄFST DU BEI MIR, UND MORGEN KANNST DU MIT DEINER UNTERSUCHUNG BEGINNEN.
SKRIEK
DAS VERSTEHE ICH IMMER NOCH NICHT SO GANZ.
RSCH
RSCH

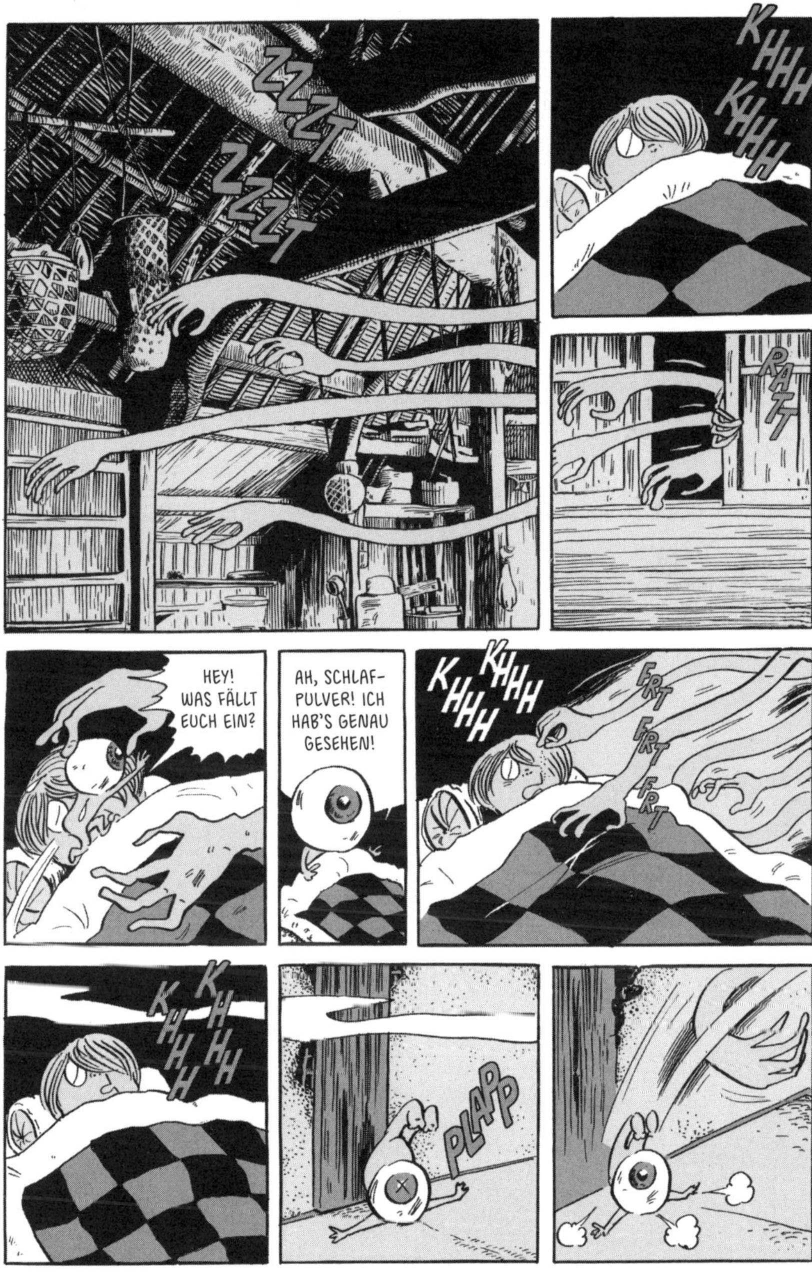
ZZZT
ZZZT
KHHH
KHHH
RATT
HEY! WAS FÄLLT EUCH EIN?
AH, SCHLAFPULVER! ICH HAB'S GENAU GESEHEN!
KHHH
KHHH
FRT
FRT
FRT
KHHH
KHHH
PLAPP

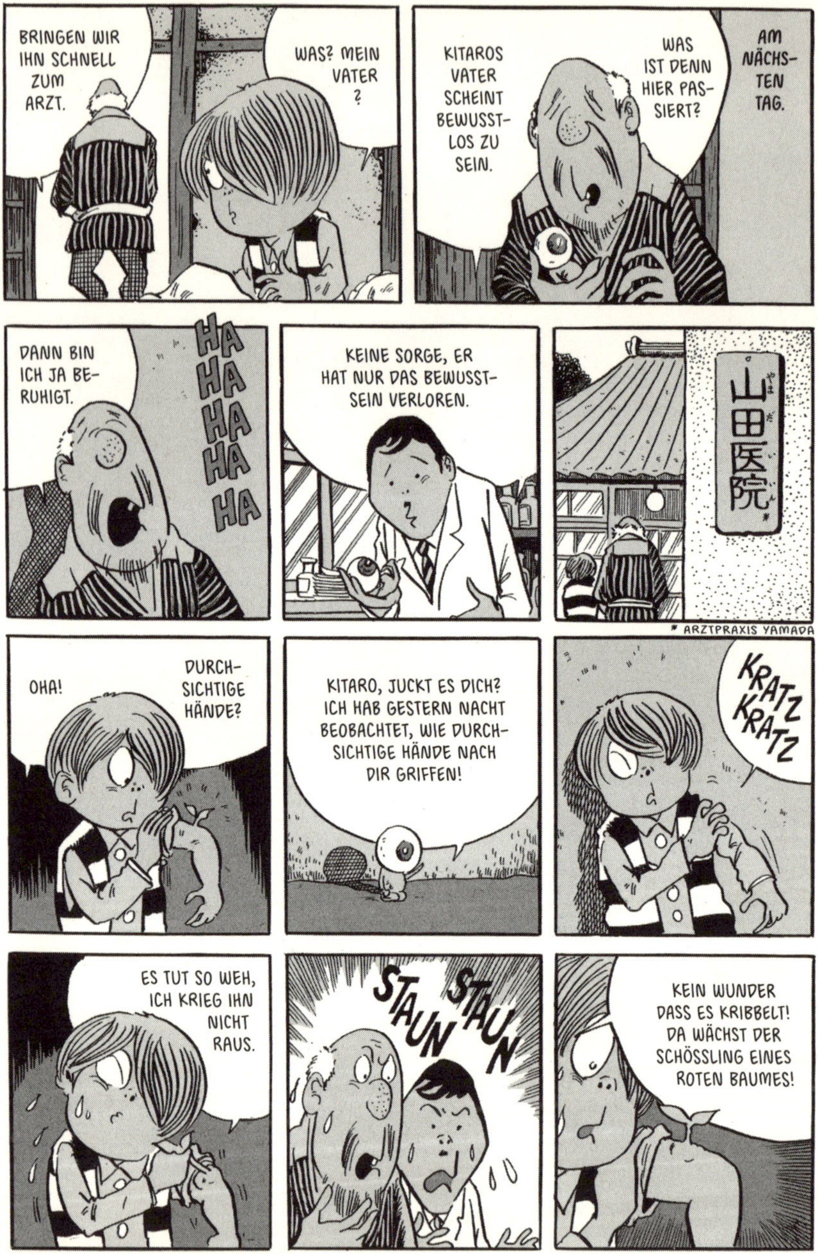
AM NÄCHSTEN TAG.
WAS IST DENN HIER PASSIERT?
KITAROS VATER SCHEINT BEWUSSTLOS ZU SEIN.
WAS? MEIN VATER?
BRINGEN WIR IHN SCHNELL ZUM ARZT.
山田医院*
* ARZTPRAXIS YAMADA
KEINE SORGE, ER HAT NUR DAS BEWUSSTSEIN VERLOREN.
HA HA HA HA HA HA
DANN BIN ICH JA BERUHIGT.
KRATZ KRATZ
KITARO, JUCKT ES DICH? ICH HAB GESTERN NACHT BEOBACHTET, WIE DURCHSICHTIGE HÄNDE NACH DIR GRIFFEN!
DURCHSICHTIGE HÄNDE?
OHA!
KEIN WUNDER DASS ES KRIBBELT! DA WÄCHST DER SCHÖSSLING EINES ROTEN BAUMES!
STAUN STAUN
ES TUT SO WEH, ICH KRIEG IHN NICHT RAUS.

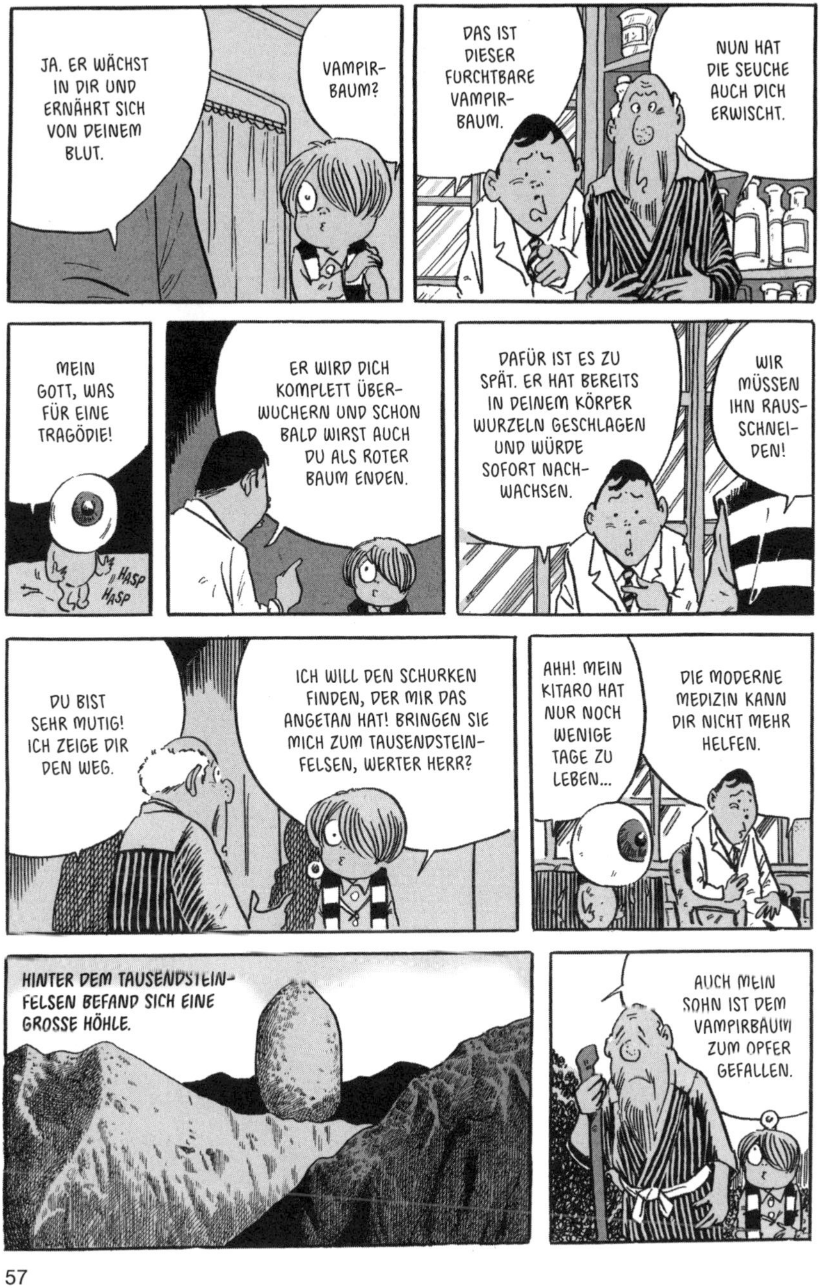
NUN HAT DIE SEUCHE AUCH DICH ERWISCHT.
DAS IST DIESER FURCHTBARE VAMPIRBAUM.
VAMPIRBAUM?
JA. ER WÄCHST IN DIR UND ERNÄHRT SICH VON DEINEM BLUT.
WIR MÜSSEN IHN RAUSSCHNEIDEN!
DAFÜR IST ES ZU SPÄT. ER HAT BEREITS IN DEINEM KÖRPER WURZELN GESCHLAGEN UND WÜRDE SOFORT NACHWACHSEN.
ER WIRD DICH KOMPLETT ÜBERWUCHERN UND SCHON BALD WIRST AUCH DU ALS ROTER BAUM ENDEN.
MEIN GOTT, WAS FÜR EINE TRAGÖDIE!
HASP HASP
DIE MODERNE MEDIZIN KANN DIR NICHT MEHR HELFEN.
AHH! MEIN KITARO HAT NUR NOCH WENIGE TAGE ZU LEBEN...
ICH WILL DEN SCHURKEN FINDEN, DER MIR DAS ANGETAN HAT! BRINGEN SIE MICH ZUM TAUSENDSTEINFELSEN, WERTER HERR?
DU BIST SEHR MUTIG! ICH ZEIGE DIR DEN WEG.
AUCH MEIN SOHN IST DEM VAMPIRBAUM ZUM OPFER GEFALLEN.
HINTER DEM TAUSENDSTEINFELSEN BEFAND SICH EINE GROSSE HÖHLE.

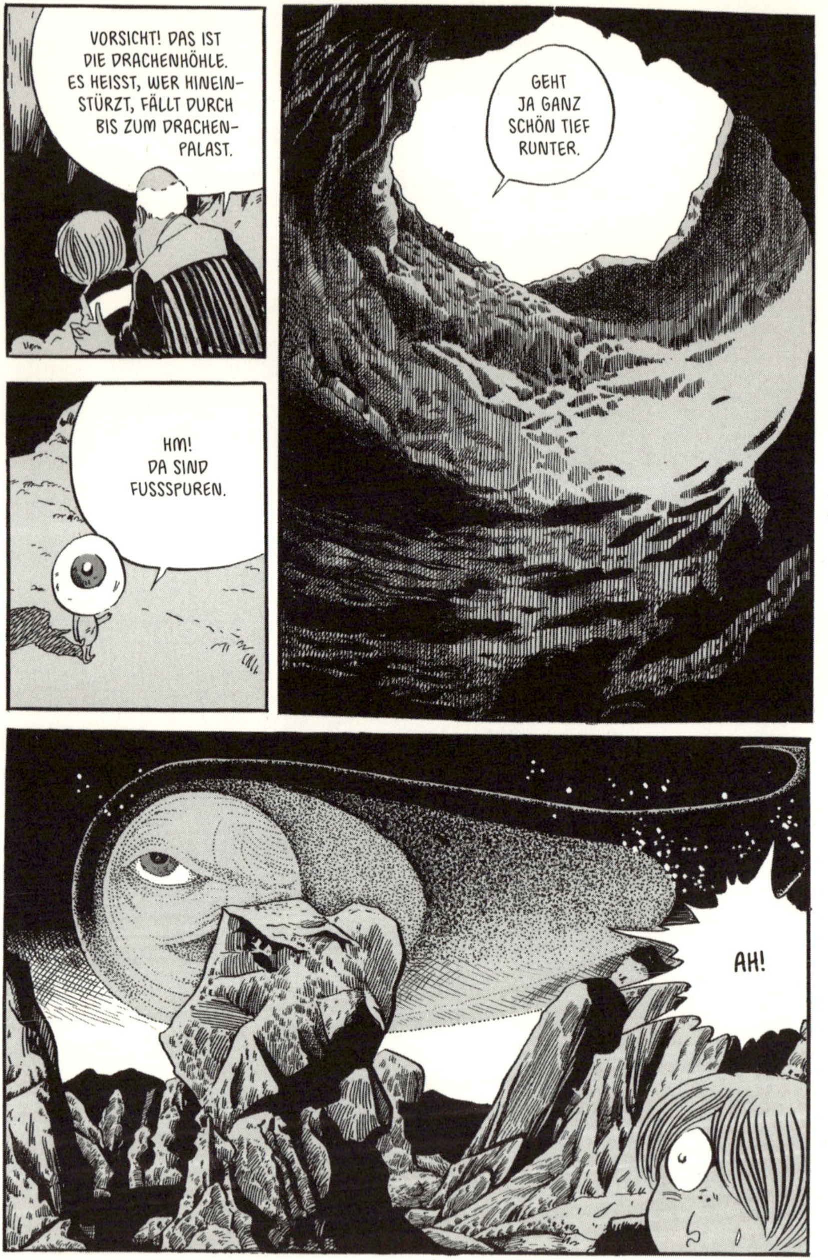
VORSICHT! DAS IST DIE DRACHENHÖHLE. ES HEISST, WER HINEINSTÜRZT, FÄLLT DURCH BIS ZUM DRACHENPALAST.
GEHT JA GANZ SCHÖN TIEF RUNTER.
HM! DA SIND FUSSSPUREN.
AH!

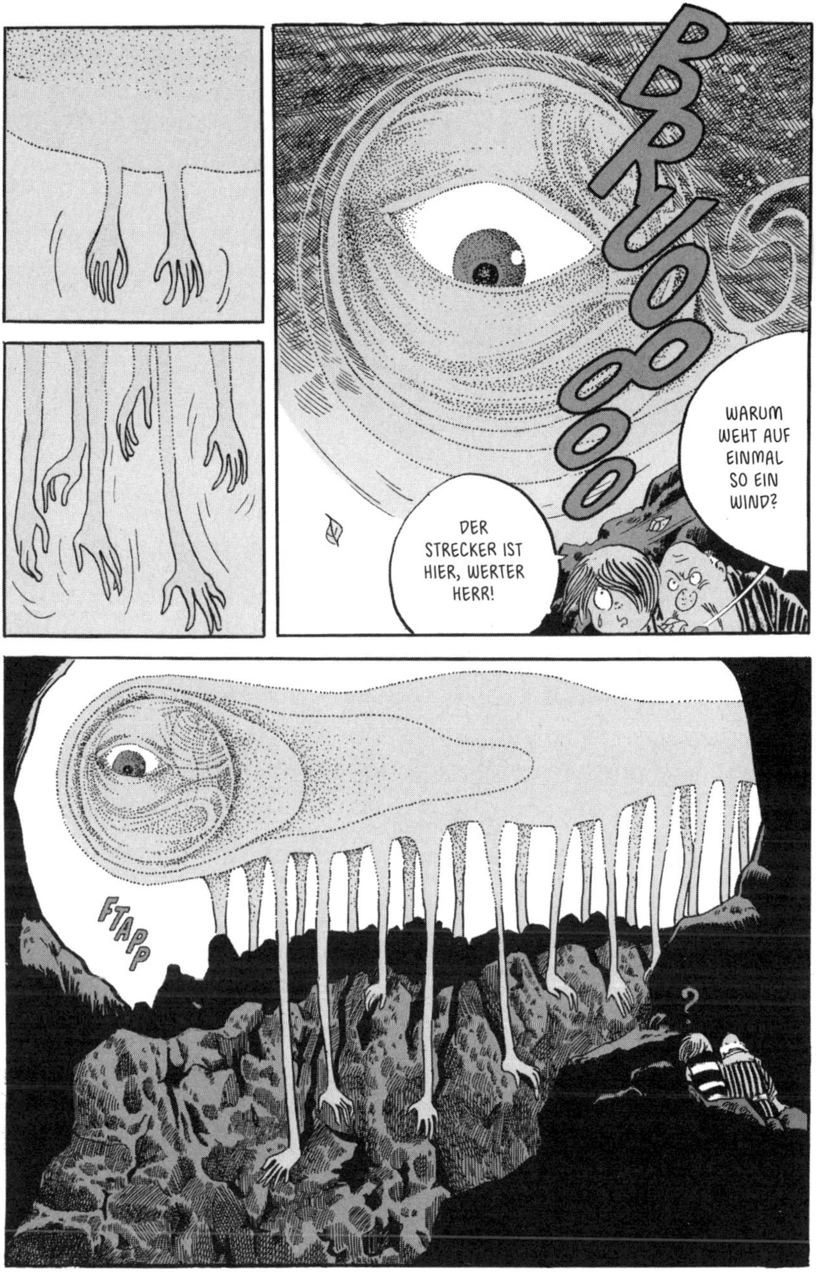
BRUOOOOO
WARUM WEHT AUF EINMAL SO EIN WIND?
DER STRECKER IST HIER, WERTER HERR!
FTAPP
?

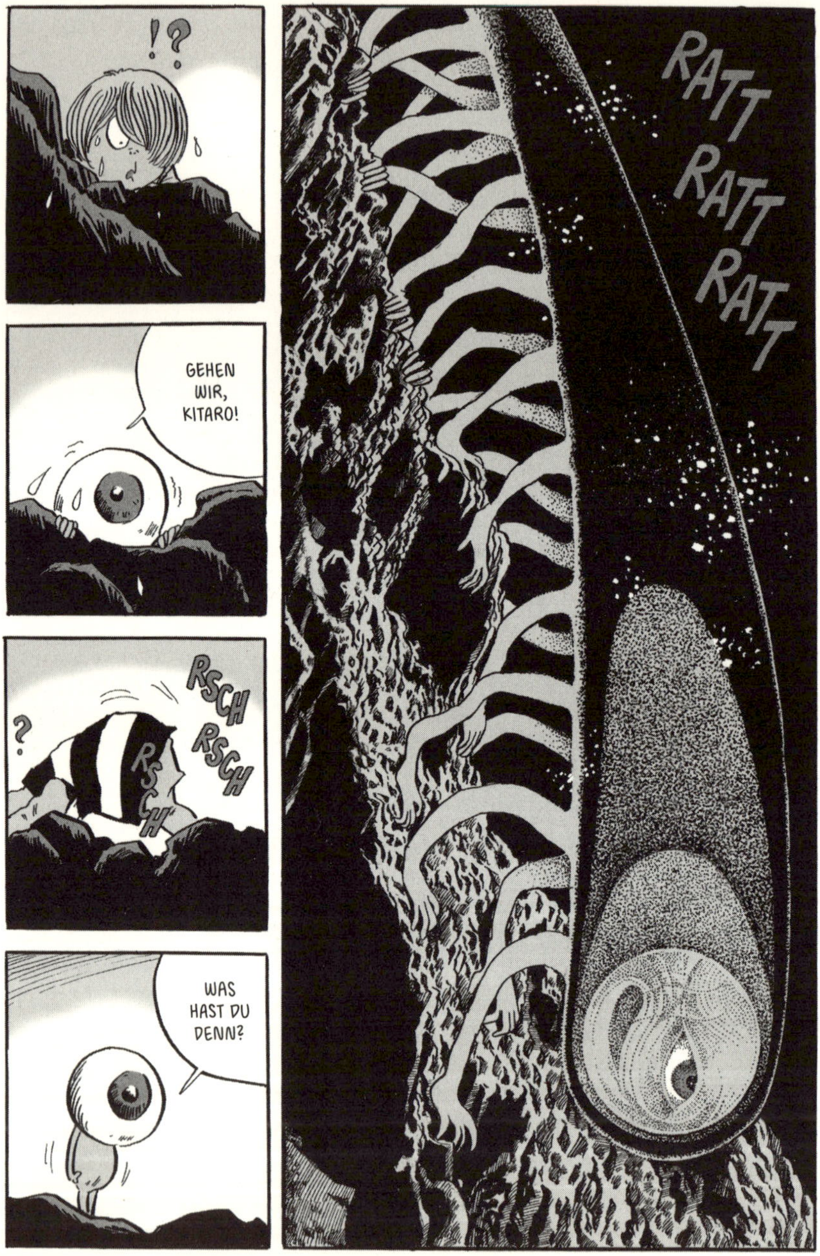
!?
GEHEN WIR, KITARO!
RSCH RSCH RSCH
?
WAS HAST DU DENN?
RATT RATT RATT

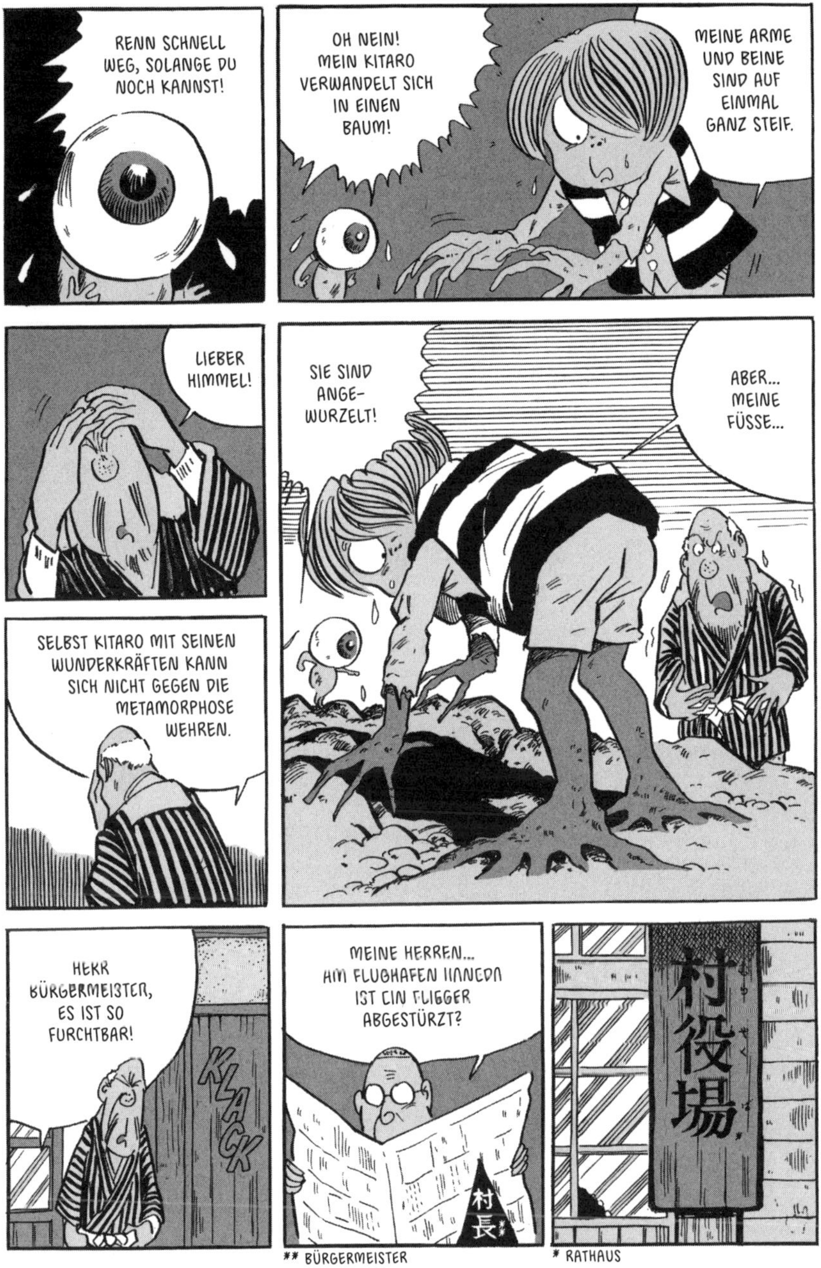

** BÜRGERMEISTER

* RATHAUS

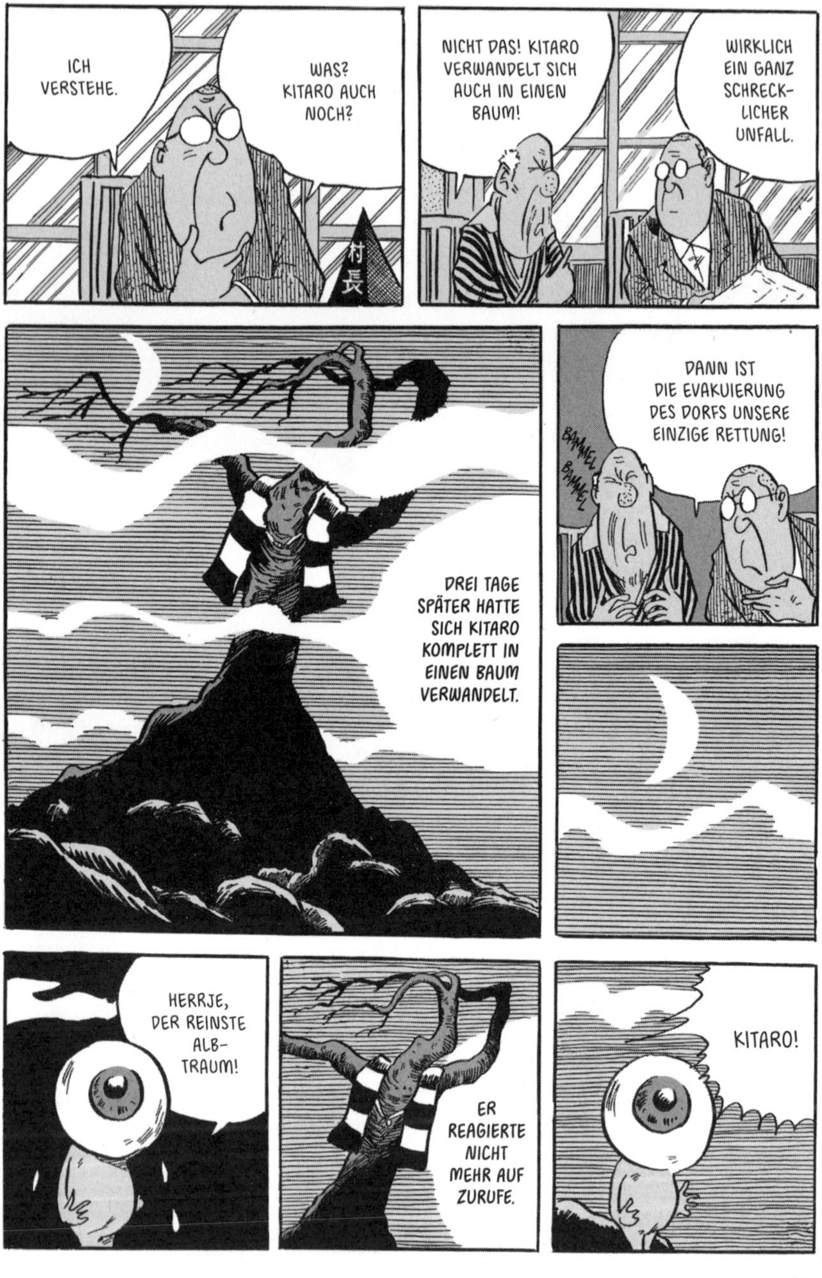
ICH VERSTEHE.
WAS? KITARO AUCH NOCH?
村長
NICHT DAS! KITARO VERWANDELT SICH AUCH IN EINEN BAUM!
WIRKLICH EIN GANZ SCHRECK-LICHER UNFALL.
DREI TAGE SPÄTER HATTE SICH KITARO KOMPLETT IN EINEN BAUM VERWANDELT.
DANN IST DIE EVAKUIERUNG DES DORFS UNSERE EINZIGE RETTUNG!
BAMMEL BAMMEL
HERRJE, DER REINSTE ALB-TRAUM!
ER REAGIERTE NICHT MEHR AUF ZURUFE.
KITARO!

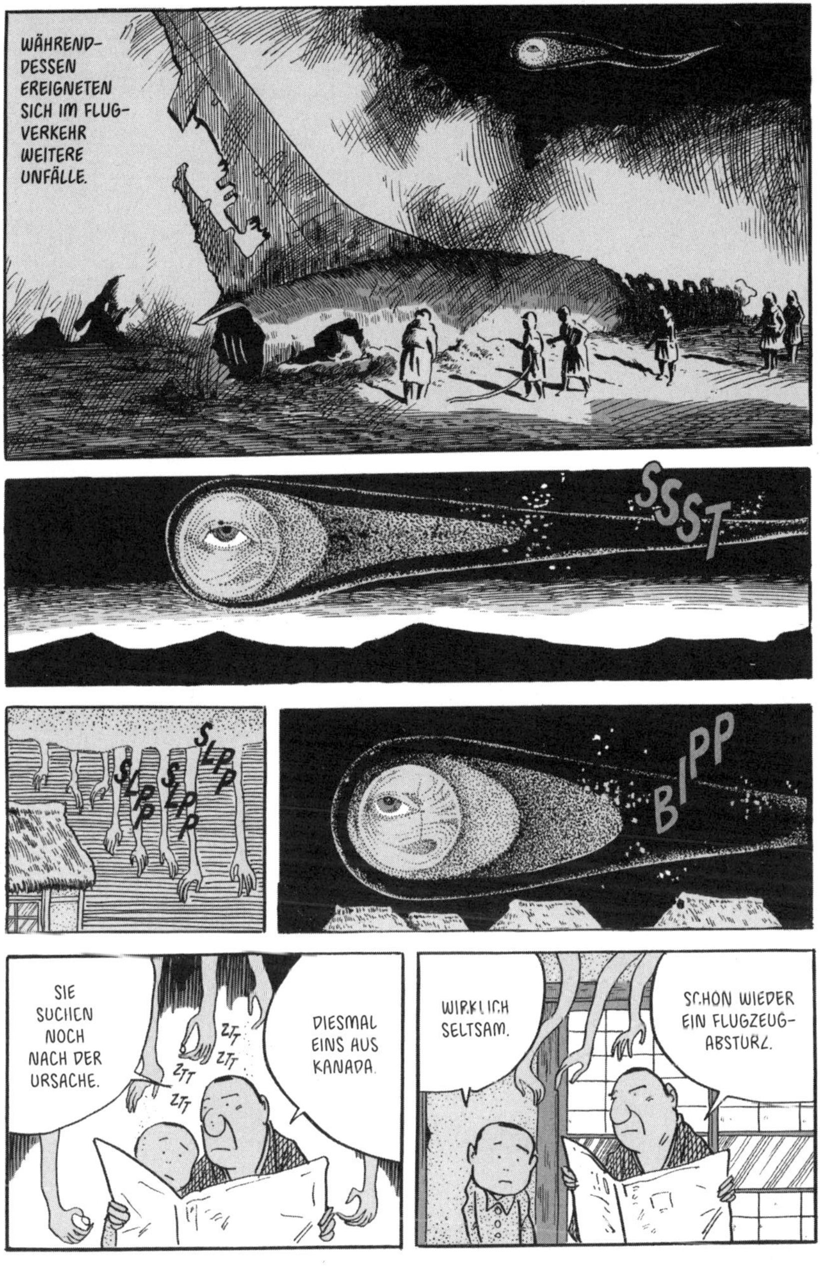
WÄHREND-DESSEN EREIGNETEN SICH IM FLUG-VERKEHR WEITERE UNFÄLLE.
SSST
SLPP
SLPP
SLPP
BIPP
SCHON WIEDER EIN FLUGZEUG-ABSTURZ.
WIRKLICH SELTSAM.
DIESMAL EINS AUS KANADA.
SIE SUCHEN NOCH NACH DER URSACHE.
ZTT
ZTT
ZTT
ZTT

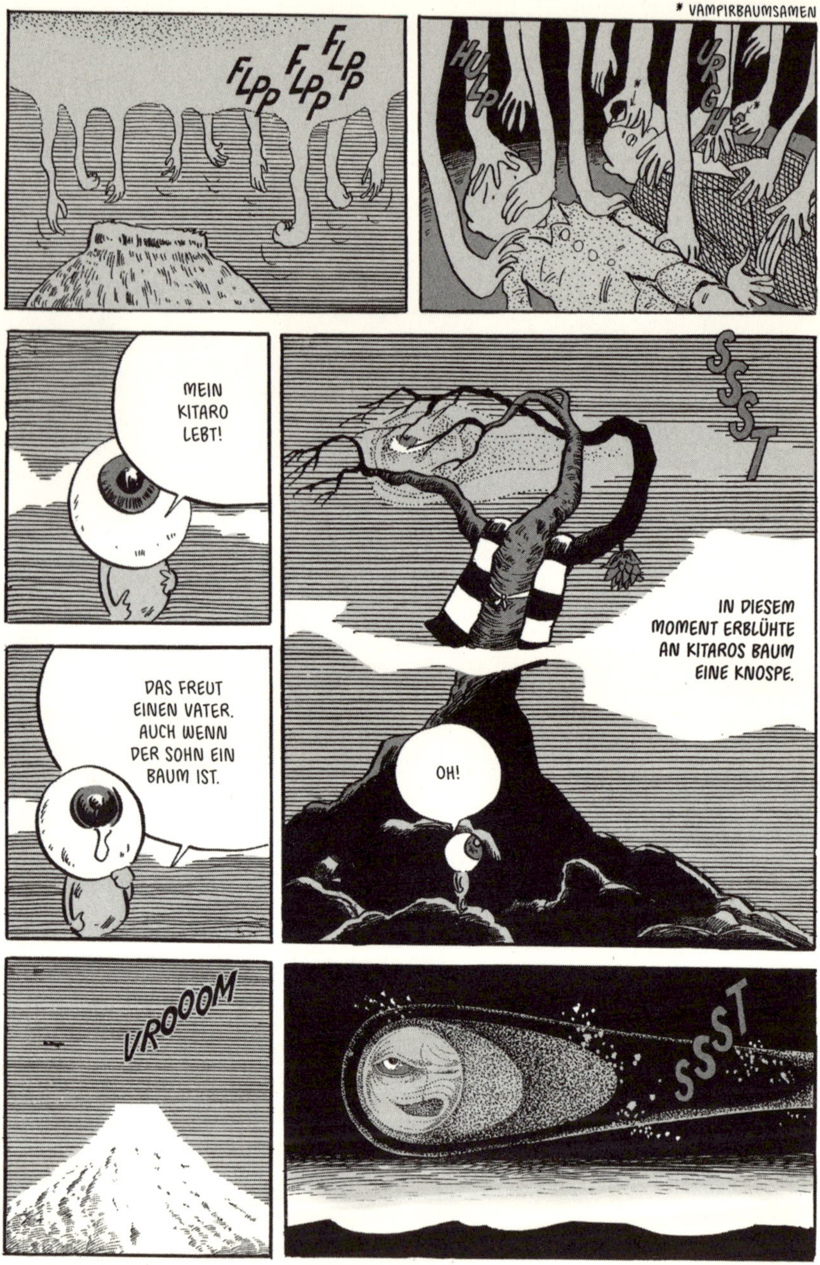
FLPP FLPP FLPP
HULP
URGH
MEIN KITARO LEBT!
SSST
IN DIESEM MOMENT ERBLÜHTE AN KITAROS BAUM EINE KNOSPE.
DAS FREUT EINEN VATER. AUCH WENN DER SOHN EIN BAUM IST.
OH!
VROOOM
SSST

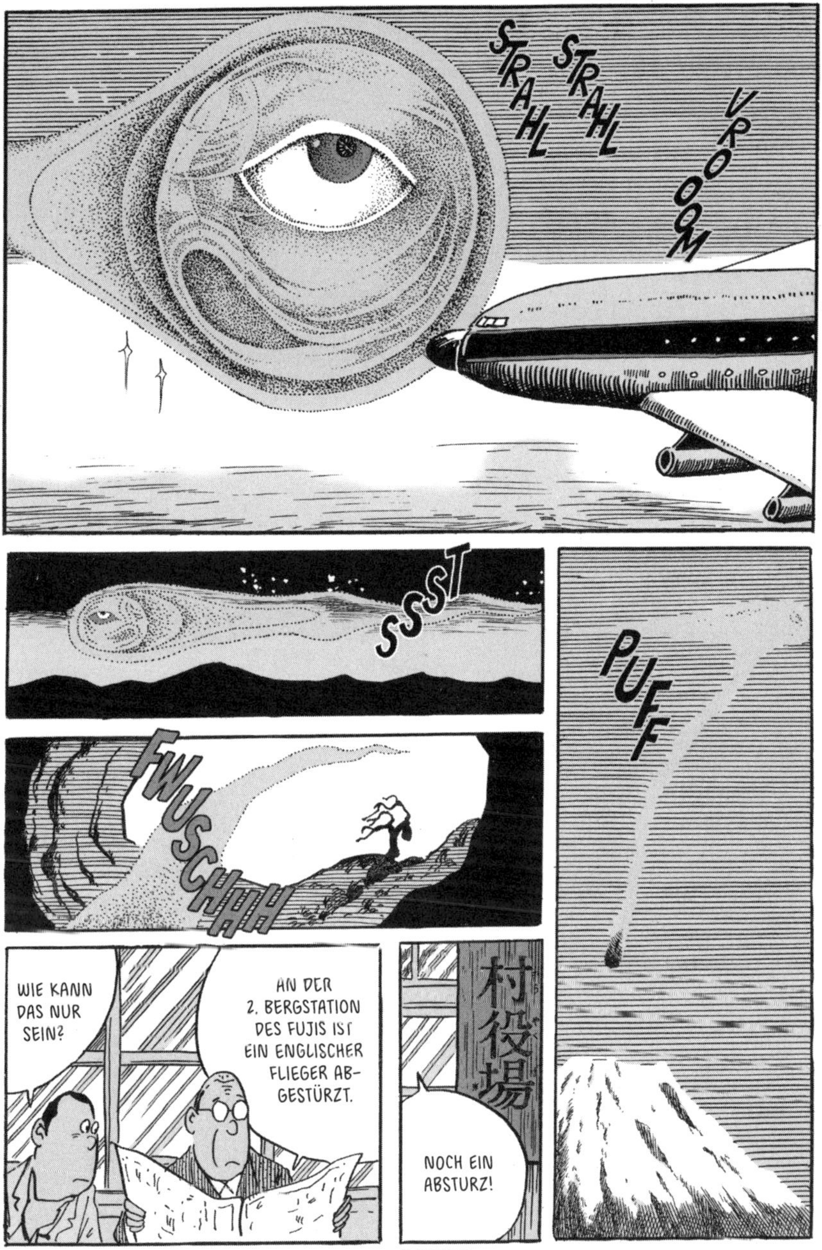
STRAHL
STRAHL
VROOOOM
SSST
PUFF
FWUSCHHH
WIE KANN DAS NUR SEIN?
AN DER 2. BERGSTATION DES FUJIS IST EIN ENGLISCHER FLIEGER ABGESTÜRZT.
村役場
NOCH EIN ABSTURZ!
* RATHAUS

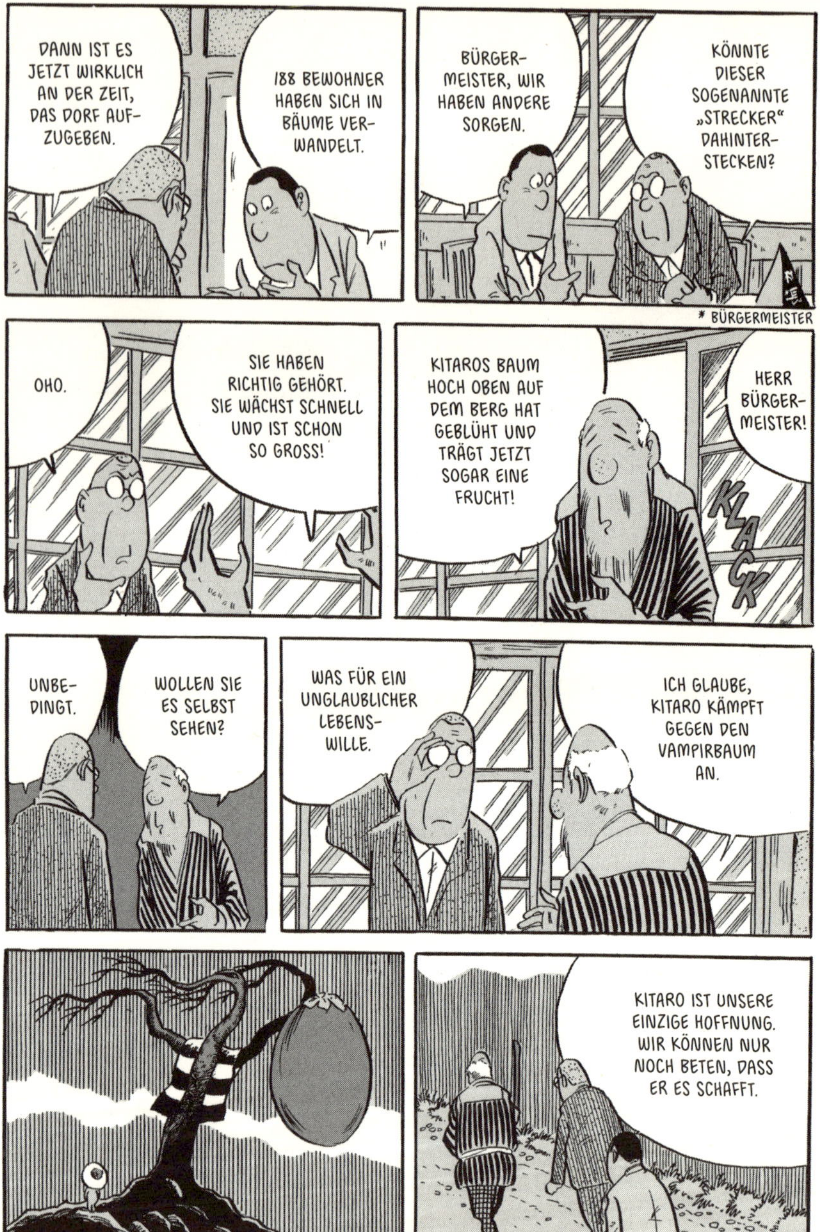
DANN IST ES JETZT WIRKLICH AN DER ZEIT, DAS DORF AUFZUGEBEN.
188 BEWOHNER HABEN SICH IN BÄUME VERWANDELT.
BÜRGERMEISTER, WIR HABEN ANDERE SORGEN.
KÖNNTE DIESER SOGENANNTE „STRECKER“ DAHINTERSTECKEN?
* BÜRGERMEISTER
OHO.
SIE HABEN RICHTIG GEHÖRT. SIE WÄCHST SCHNELL UND IST SCHON SO GROSS!
KITAROS BAUM HOCH OBEN AUF DEM BERG HAT GEBLÜHT UND TRÄGT JETZT SOGAR EINE FRUCHT!
HERR BÜRGERMEISTER!
KLACK
UNBEDINGT.
WOLLEN SIE ES SELBST SEHEN?
WAS FÜR EIN UNGLAUBLICHER LEBENSWILLE.
ICH GLAUBE, KITARO KÄMPFT GEGEN DEN VAMPIRBAUM AN.
KITARO IST UNSERE EINZIGE HOFFNUNG. WIR KÖNNEN NUR NOCH BETEN, DASS ER ES SCHAFFT.

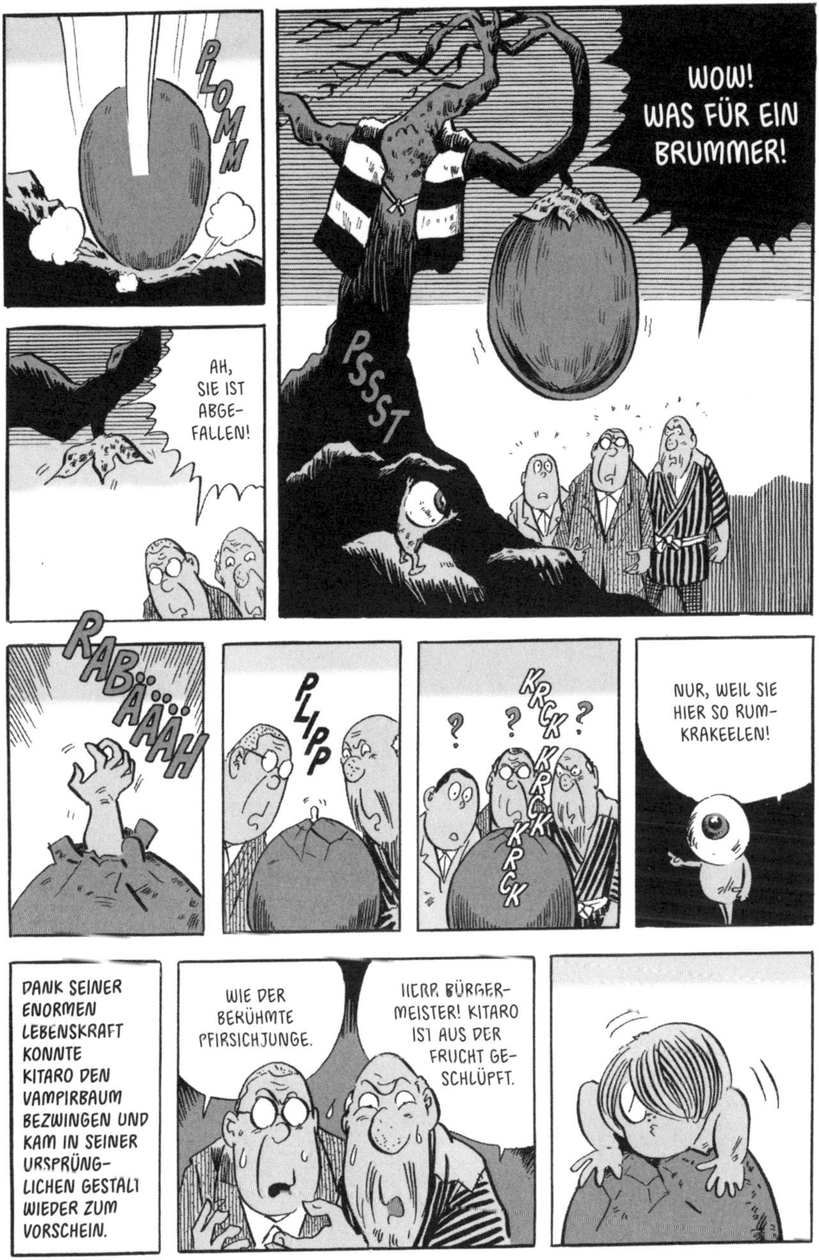
WOW! WAS FÜR EIN BRUMMER!
PSSST
PLOMM
AH, SIE IST ABGEFALLEN!
NUR, WEIL SIE HIER SO RUMKRAKEELEN!
KRCK KRCK KRCK KRCK
?
?
?
PLIPP
RABÄÄÄH
HERR BÜRGERMEISTER! KITARO IST AUS DER FRUCHT GESCHLÜPFT.
WIE DER BERÜHMTE PFIRSICHJUNGE.
DANK SEINER ENORMEN LEBENSKRAFT KONNTE KITARO DEN VAMPIRBAUM BEZWINGEN UND KAM IN SEINER URSPRÜNGLICHEN GESTALT WIEDER ZUM VORSCHEIN.

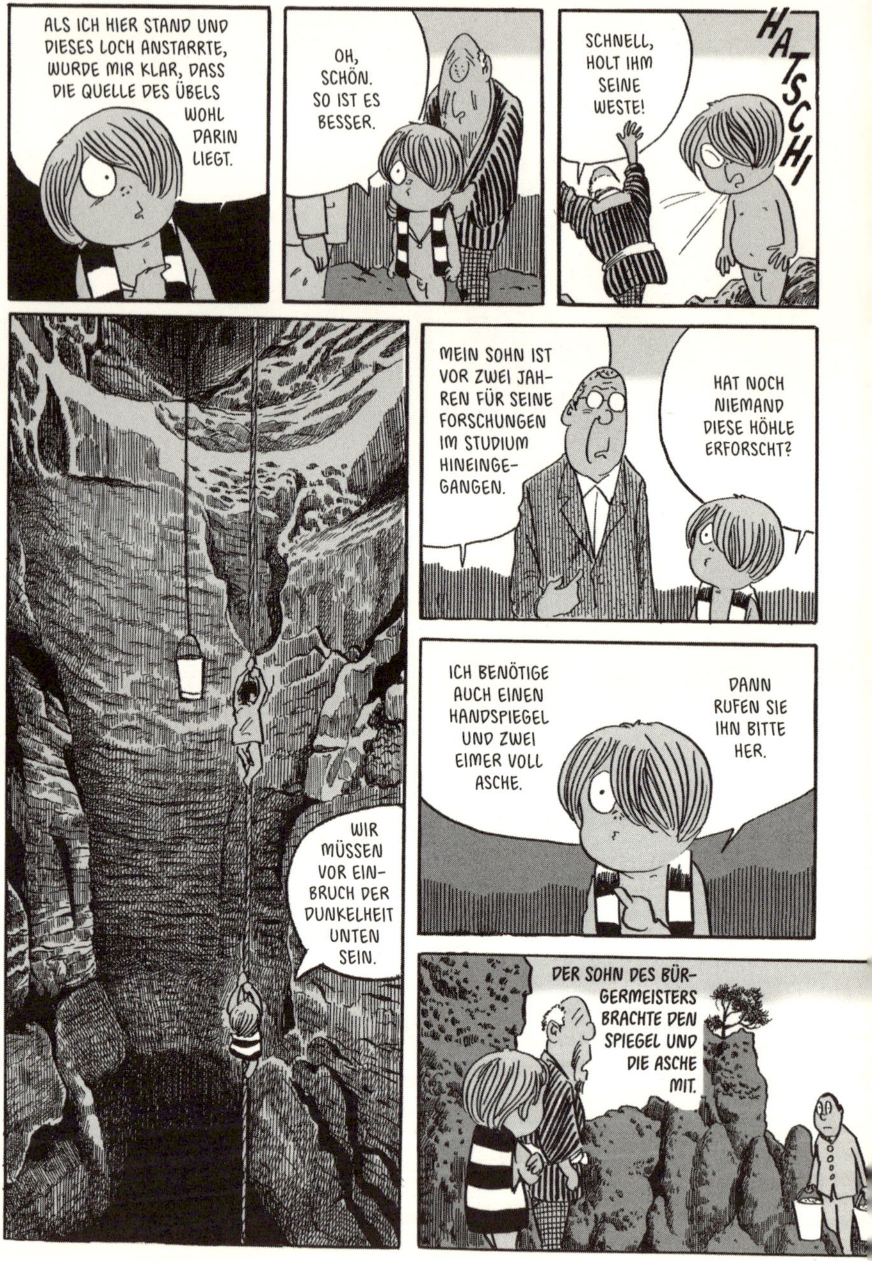
ALS ICH HIER STAND UND DIESES LOCH ANSTARRTE, WURDE MIR KLAR, DASS DIE QUELLE DES ÜBELS WOHL DARIN LIEGT.
OH, SCHÖN. SO IST ES BESSER.
SCHNELL, HOLT IHM SEINE WESTE!
HATSCHI
MEIN SOHN IST VOR ZWEI JAHREN FÜR SEINE FORSCHUNGEN IM STUDIUM HINEINGEGANGEN.
HAT NOCH NIEMAND DIESE HÖHLE ERFORSCHT?
DANN RUFEN SIE IHN BITTE HER.
ICH BENÖTIGE AUCH EINEN HANDSPIEGEL UND ZWEI EIMER VOLL ASCHE.
DER SOHN DES BÜRGERMEISTERS BRACHTE DEN SPIEGEL UND DIE ASCHE MIT.
WIR MÜSSEN VOR EINBRUCH DER DUNKELHEIT UNTEN SEIN.

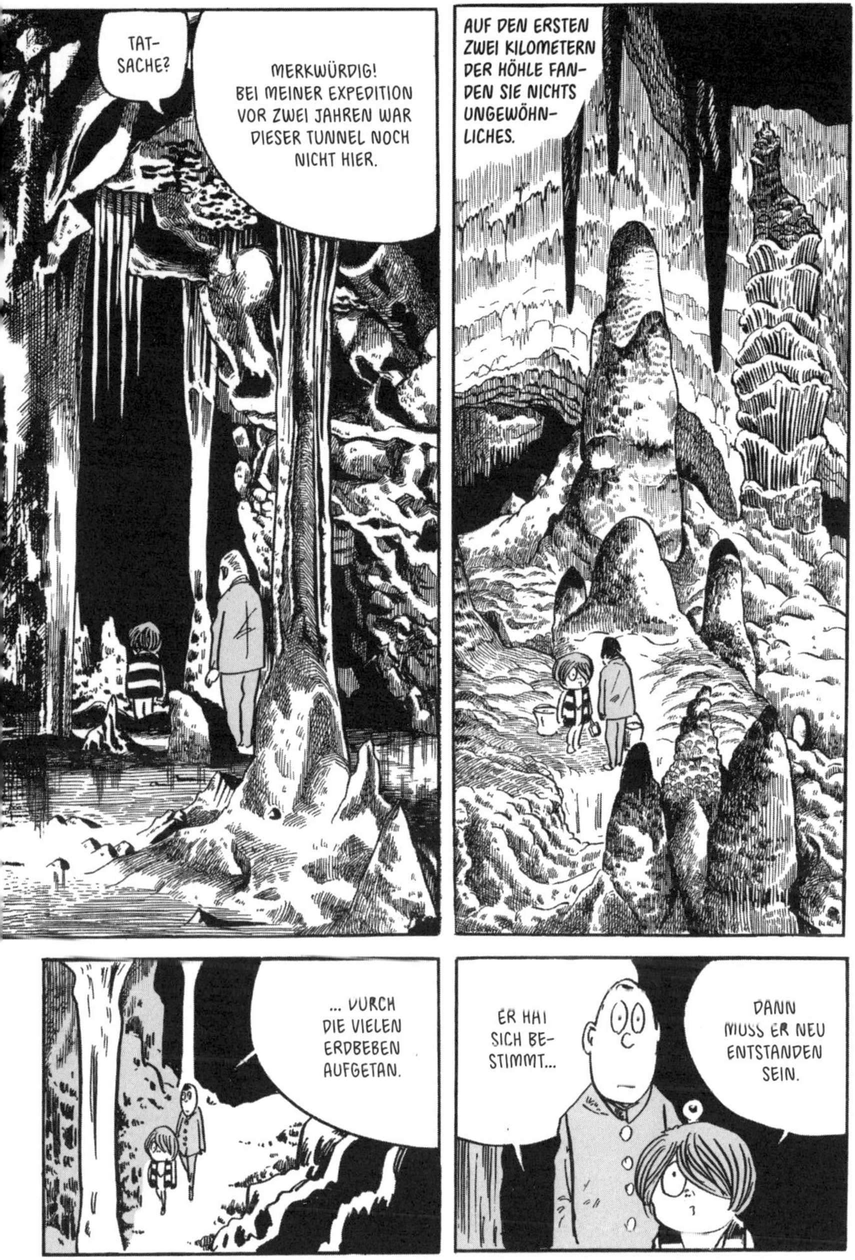
AUF DEN ERSTEN ZWEI KILOMETERN DER HÖHLE FANDEN SIE NICHTS UNGEWÖHNLICHES.
MERKWÜRDIG! BEI MEINER EXPEDITION VOR ZWEI JAHREN WAR DIESER TUNNEL NOCH NICHT HIER.
TATSACHE?
DANN MUSS ER NEU ENTSTANDEN SEIN.
ER HAT SICH BESTIMMT...
... DURCH DIE VIELEN ERDBEBEN AUFGETAN.

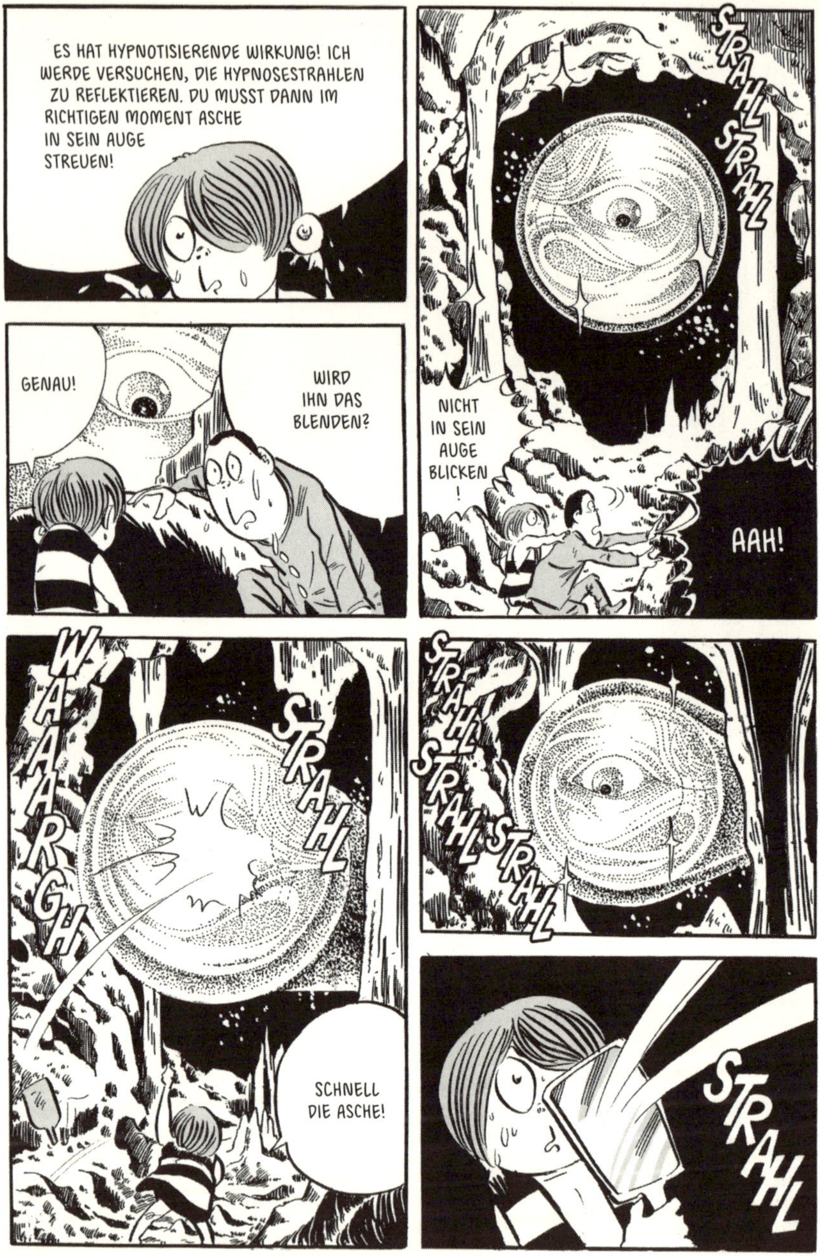
STRAHL STRAHL
NICHT IN SEIN AUGE BLICKEN!
AAH!
ES HAT HYPNOTISIERENDE WIRKUNG! ICH WERDE VERSUCHEN, DIE HYPNOSESTRAHLEN ZU REFLEKTIEREN. DU MUSST DANN IM RICHTIGEN MOMENT ASCHE IN SEIN AUGE STREUEN!
WIRD IHN DAS BLENDEN?
GENAU!
STRAHL STRAHL STRAHL
STRAHL
WAAARGH
STRAHL
SCHNELL DIE ASCHE!

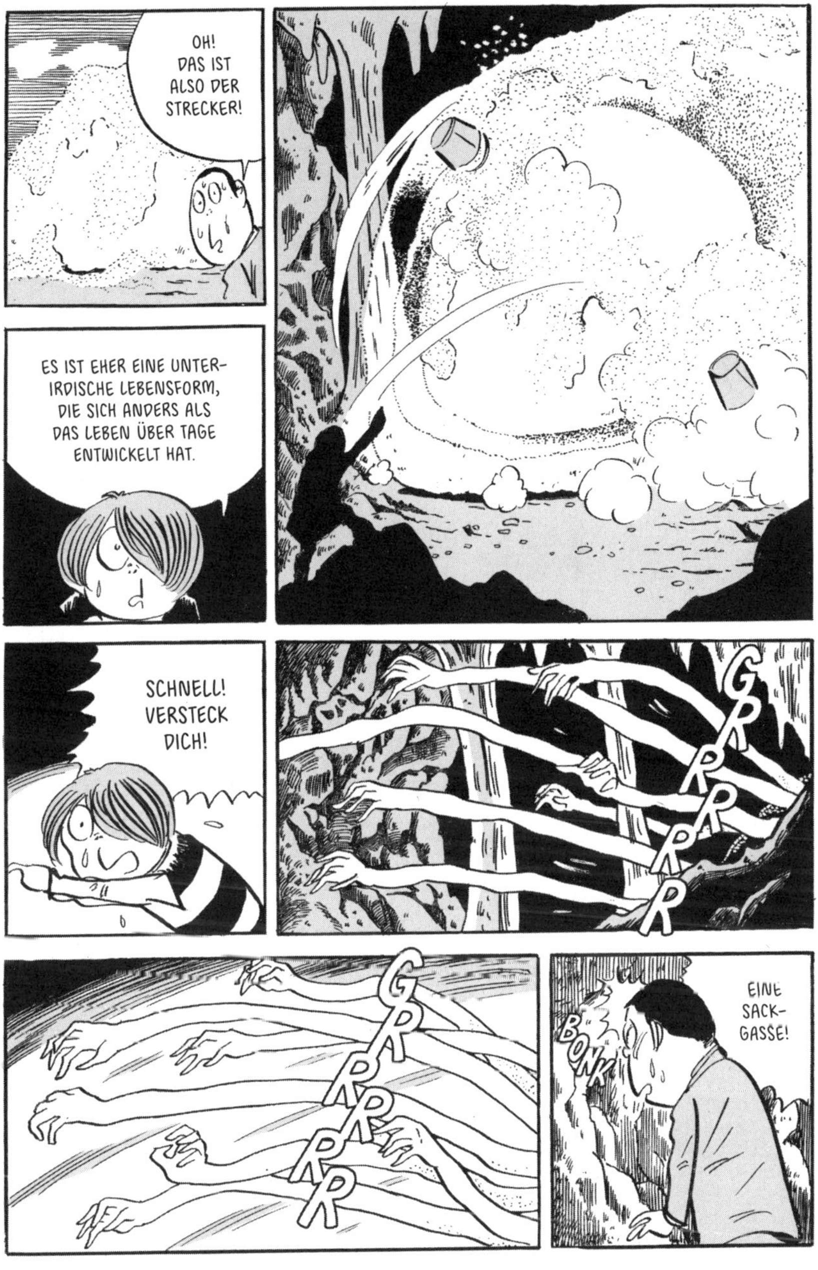

OH! DAS IST ALSO DER STRECKER!
ES IST EHER EINE UNTERIRDISCHE LEBENSFORM, DIE SICH ANDERS ALS DAS LEBEN ÜBER TAGE ENTWICKELT HAT.
SCHNELL! VERSTECK DICH!
GRRRRRR
GRRRRRR
BONK
EINE SACKGASSE!

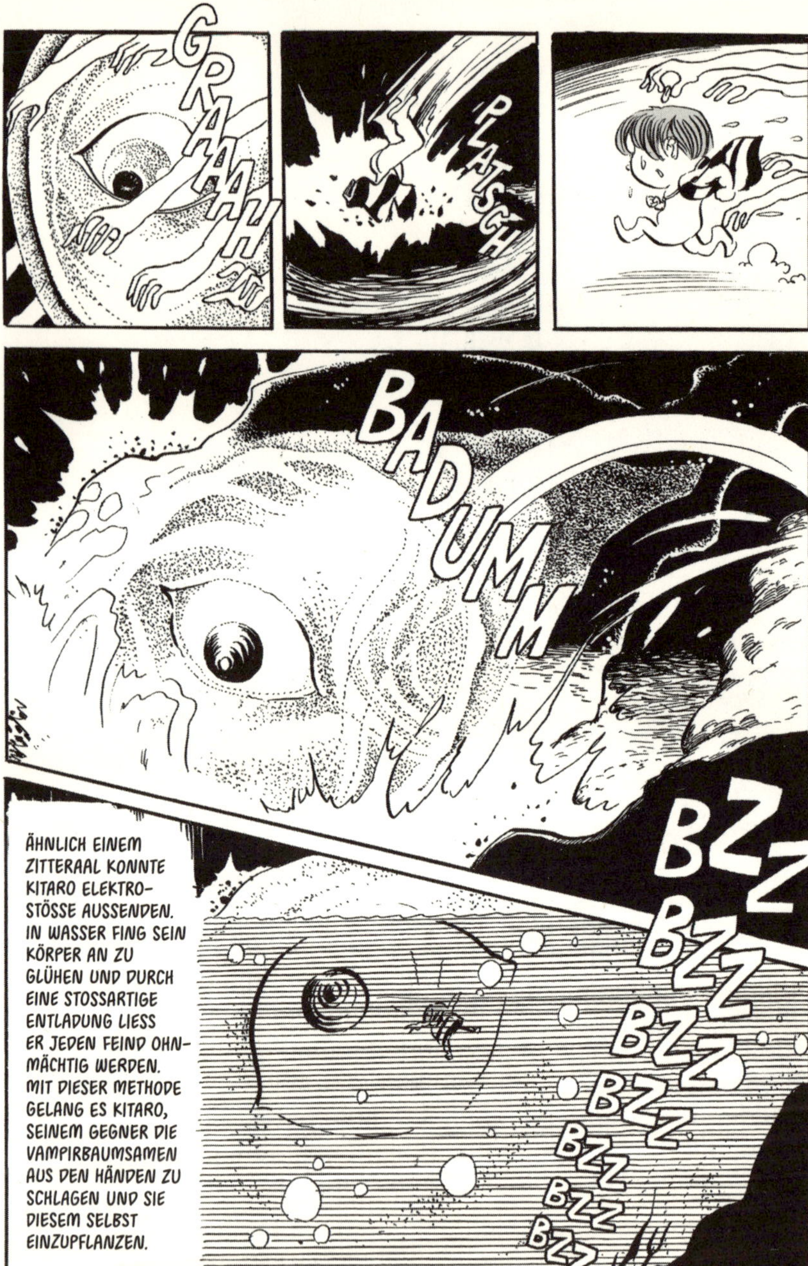
GRAAAHH
PLATSCH
BADUMMM
ÄHNLICH EINEM ZITTERAAL KONNTE KITARO ELEKTRO-STÖSSE AUSSENDEN. IN WASSER FING SEIN KÖRPER AN ZU GLÜHEN UND DURCH EINE STOSSARTIGE ENTLADUNG LIESS ER JEDEN FEIND OHN-MÄCHTIG WERDEN. MIT DIESER METHODE GELANG ES KITARO, SEINEM GEGNER DIE VAMPIRBAUMSAMEN AUS DEN HÄNDEN ZU SCHLAGEN UND SIE DIESEM SELBST EINZUPFLANZEN.
BZZ
BZZ
BZZ
BZZ
BZZ
BZZ
BZZ
BZZ
BZZ

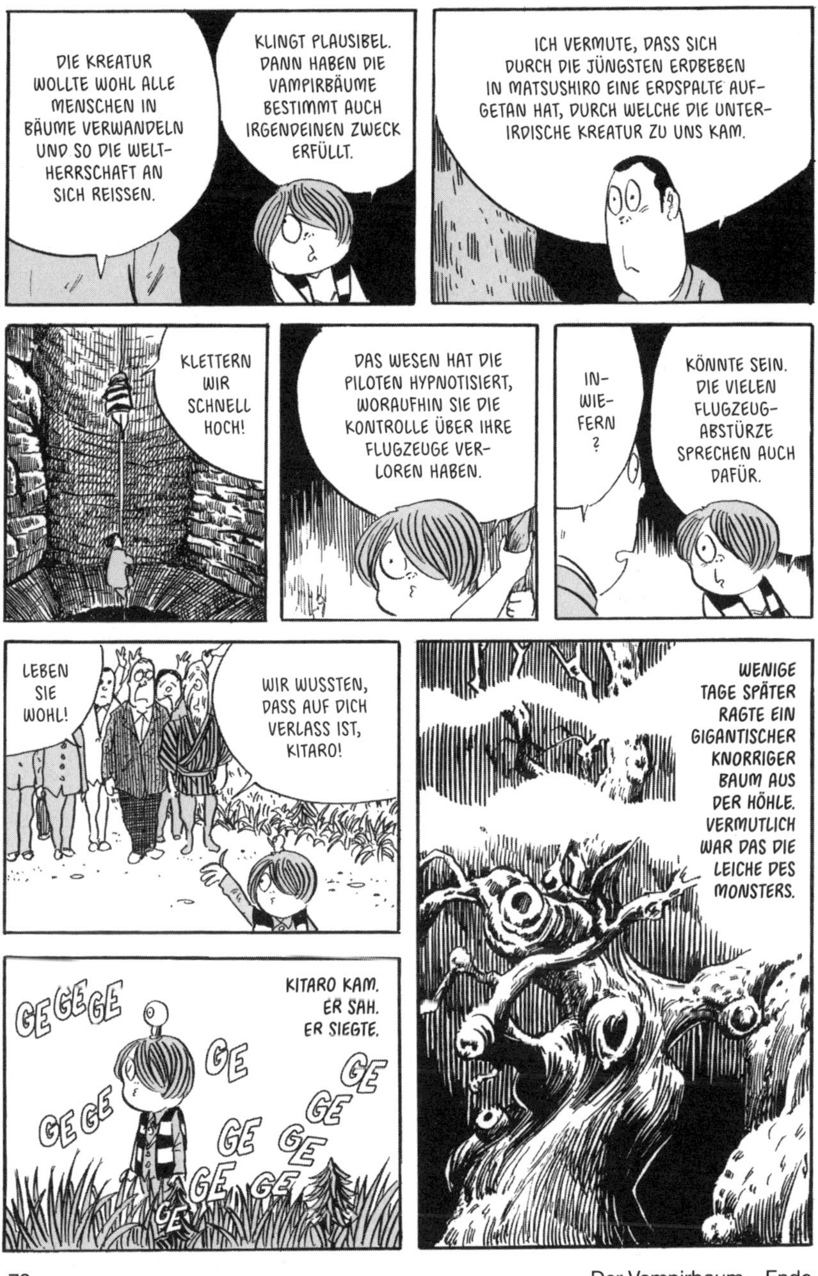
DIE KREATUR WOLLTE WOHL ALLE MENSCHEN IN BÄUME VERWANDELN UND SO DIE WELT-HERRSCHAFT AN SICH REISSEN.
KLINGT PLAUSIBEL. DANN HABEN DIE VAMPIRBÄUME BESTIMMT AUCH IRGENDEINEN ZWECK ERFÜLLT.
ICH VERMUTE, DASS SICH DURCH DIE JÜNGSTEN ERDBEBEN IN MATSUSHIRO EINE ERDSPALTE AUFGETAN HAT, DURCH WELCHE DIE UNTERIRDISCHE KREATUR ZU UNS KAM.
KLETTERN WIR SCHNELL HOCH!
DAS WESEN HAT DIE PILOTEN HYPNOTISIERT, WORAUFHIN SIE DIE KONTROLLE ÜBER IHRE FLUGZEUGE VERLOREN HABEN.
INWIEFERN?
KÖNNTE SEIN. DIE VIELEN FLUGZEUGABSTÜRZE SPRECHEN AUCH DAFÜR.
LEBEN SIE WOHL!
WIR WUSSTEN, DASS AUF DICH VERLASS IST, KITARO!
WENIGE TAGE SPÄTER RAGTE EIN GIGANTISCHER KNORRIGER BAUM AUS DER HÖHLE. VERMUTLICH WAR DAS DIE LEICHE DES MONSTERS.
KITARO KAM. ER SAH. ER SIEGTE.
GEGEGE
GE
GE
GEGE
GE
GE
GE
GE
GE
GE
GE

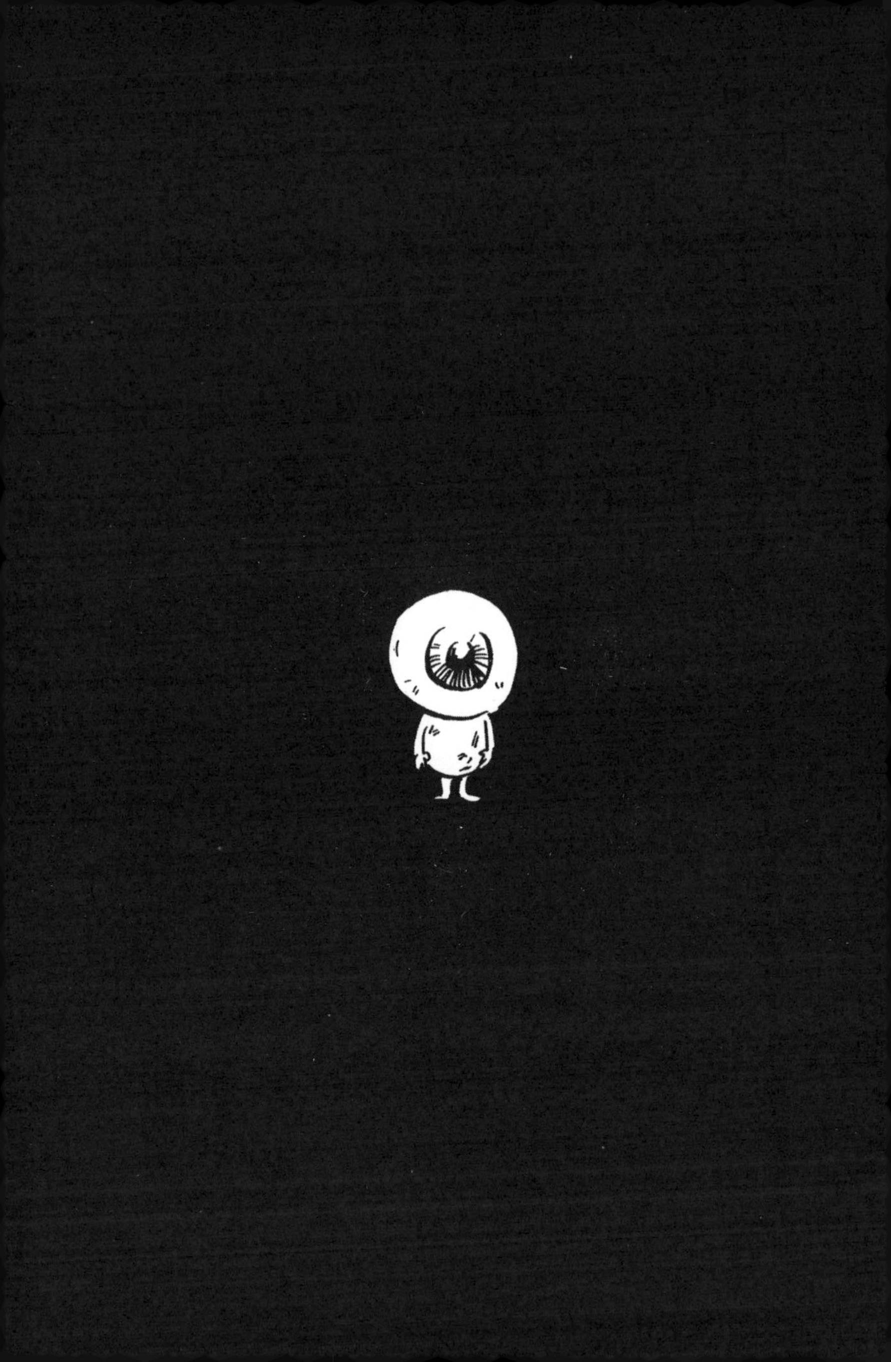

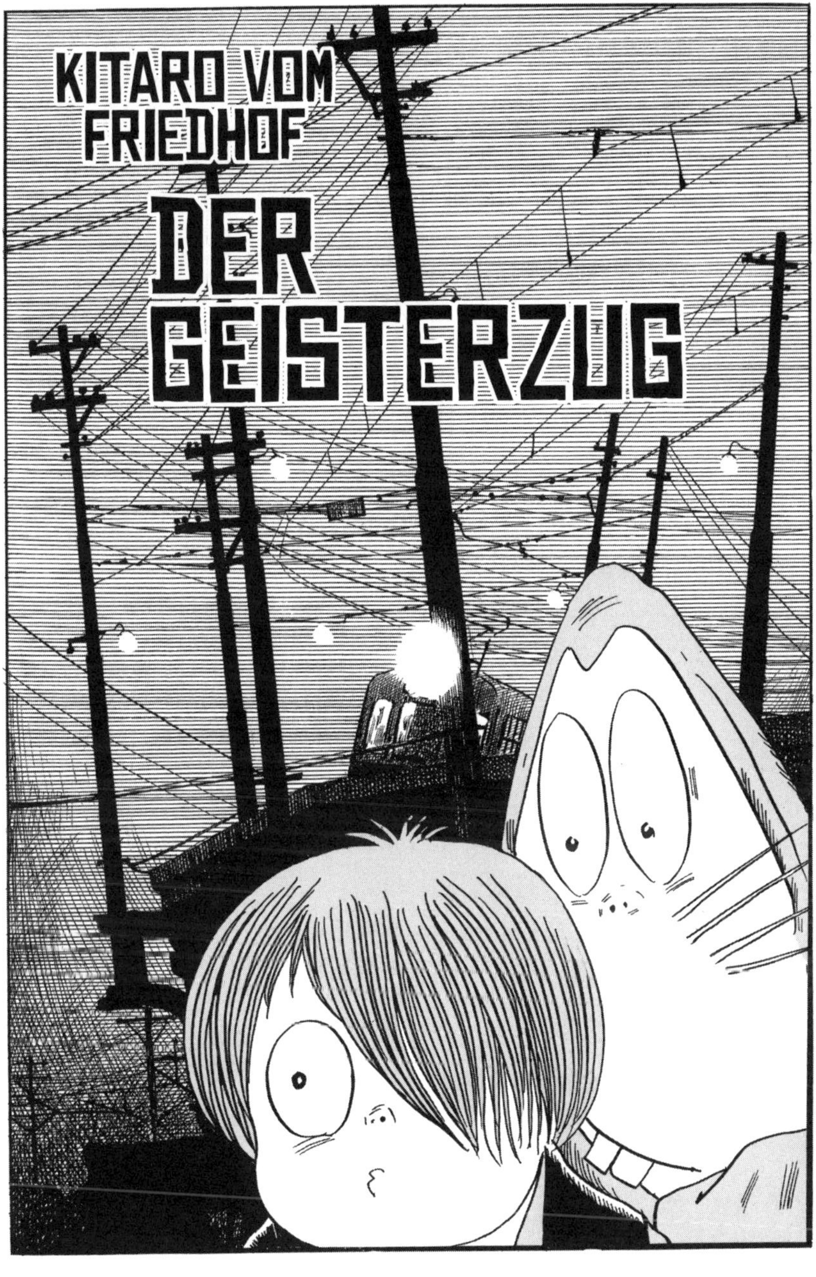
KITARO VOM FRIEDHOF
DER GEISTERZUG

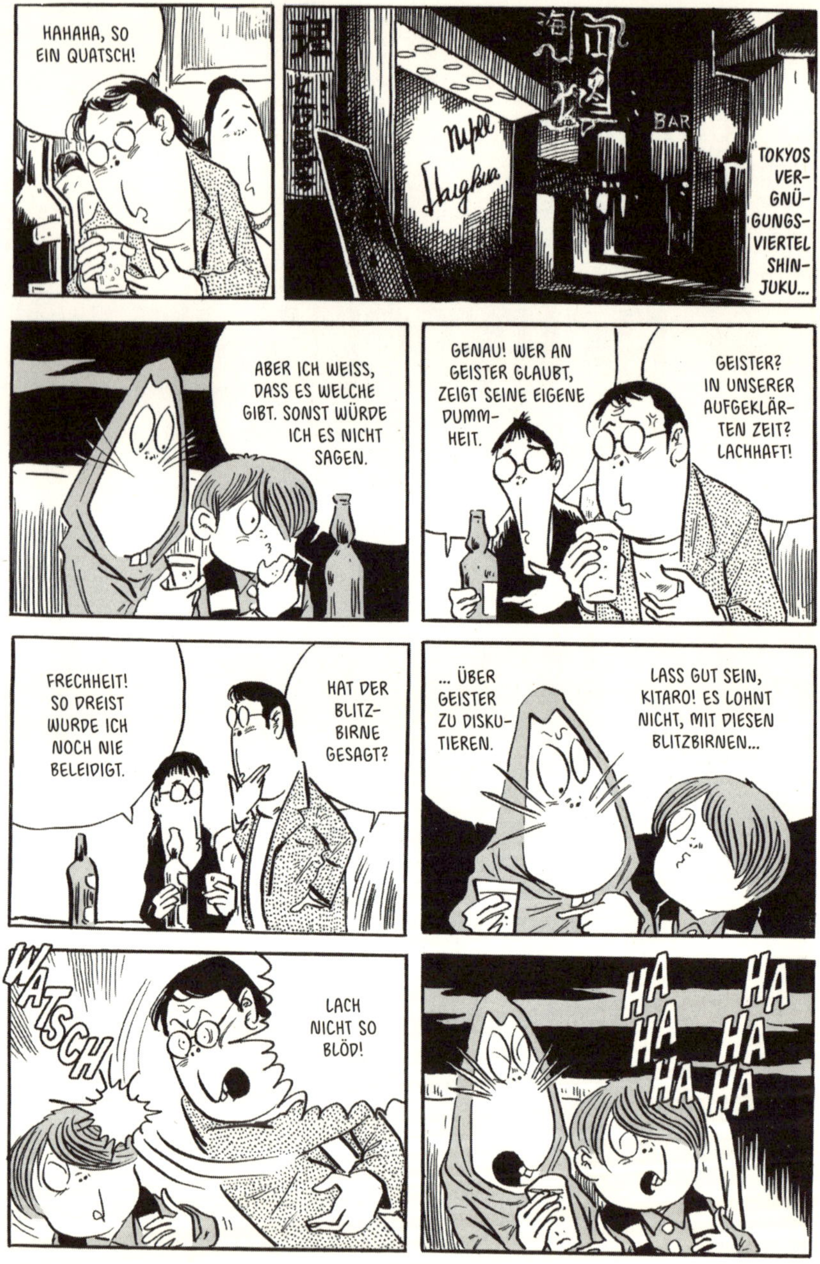

HAHAHA, SO EIN QUATSCH!
TOKYOS VERGNÜGUNGSVIERTEL SHINJUKU...
BAR
ABER ICH WEISS, DASS ES WELCHE GIBT. SONST WÜRDE ICH ES NICHT SAGEN.
GEISTER? IN UNSERER AUFGEKLÄRTEN ZEIT? LACHHAFT!
GENAU! WER AN GEISTER GLAUBT, ZEIGT SEINE EIGENE DUMMHEIT.
HAT DER BLITZBIRNE GESAGT?
FRECHHEIT! SO DREIST WURDE ICH NOCH NIE BELEIDIGT.
LASS GUT SEIN, KITARO! ES LOHNT NICHT, MIT DIESEN BLITZBIRNEN...
... ÜBER GEISTER ZU DISKUTIEREN.
WATSCH
LACH NICHT SO BLÖD!
HA HA HA
HA HA HA

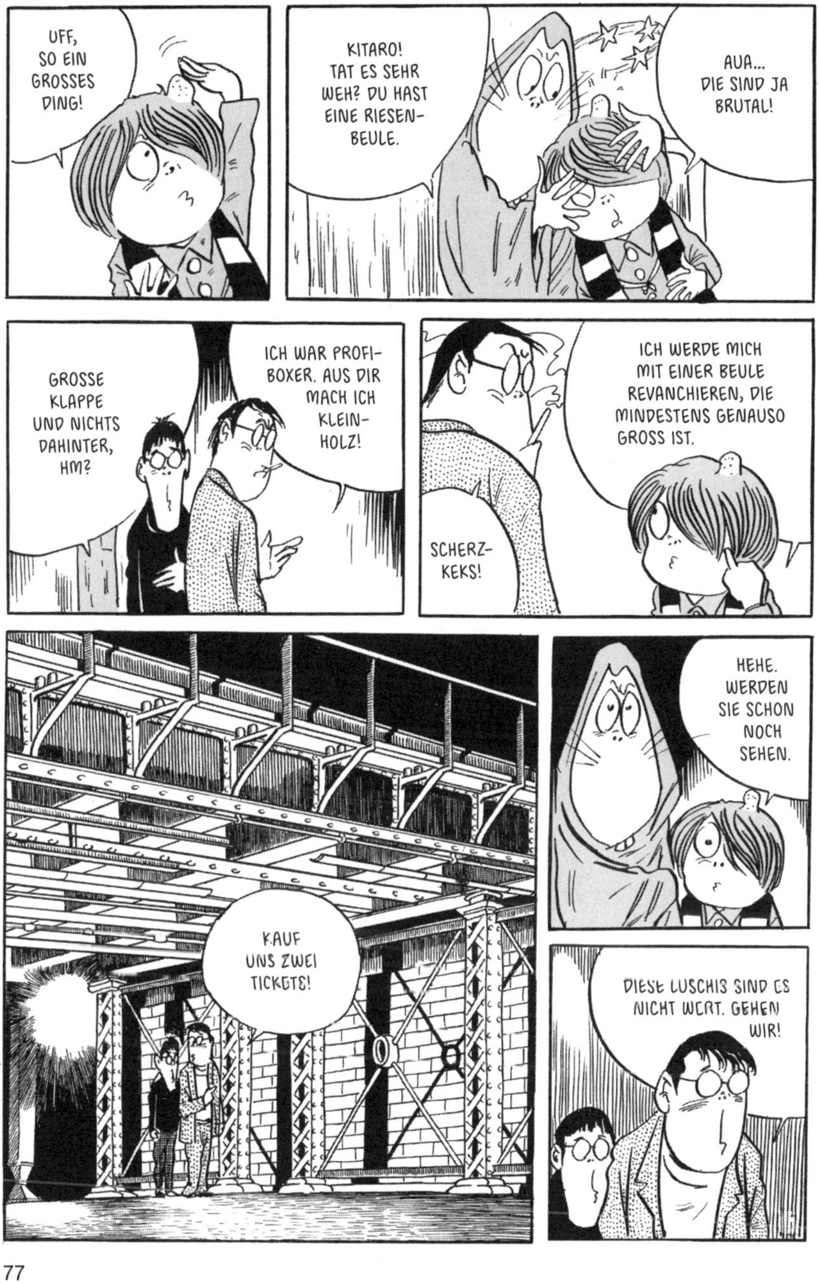
UFF, SO EIN GROSSES DING!
KITARO! TAT ES SEHR WEH? DU HAST EINE RIESENBEULE.
AUA... DIE SIND JA BRUTAL!
GROSSE KLAPPE UND NICHTS DAHINTER, HM?
ICH WAR PROFIBOXER. AUS DIR MACH ICH KLEINHOLZ!
ICH WERDE MICH MIT EINER BEULE REVANCHIEREN, DIE MINDESTENS GENAUSO GROSS IST.
SCHERZKEKS!
KAUF UNS ZWEI TICKETS!
HEHE. WERDEN SIE SCHON NOCH SEHEN.
DIESE LUSCHIS SIND ES NICHT WERT. GEHEN WIR!

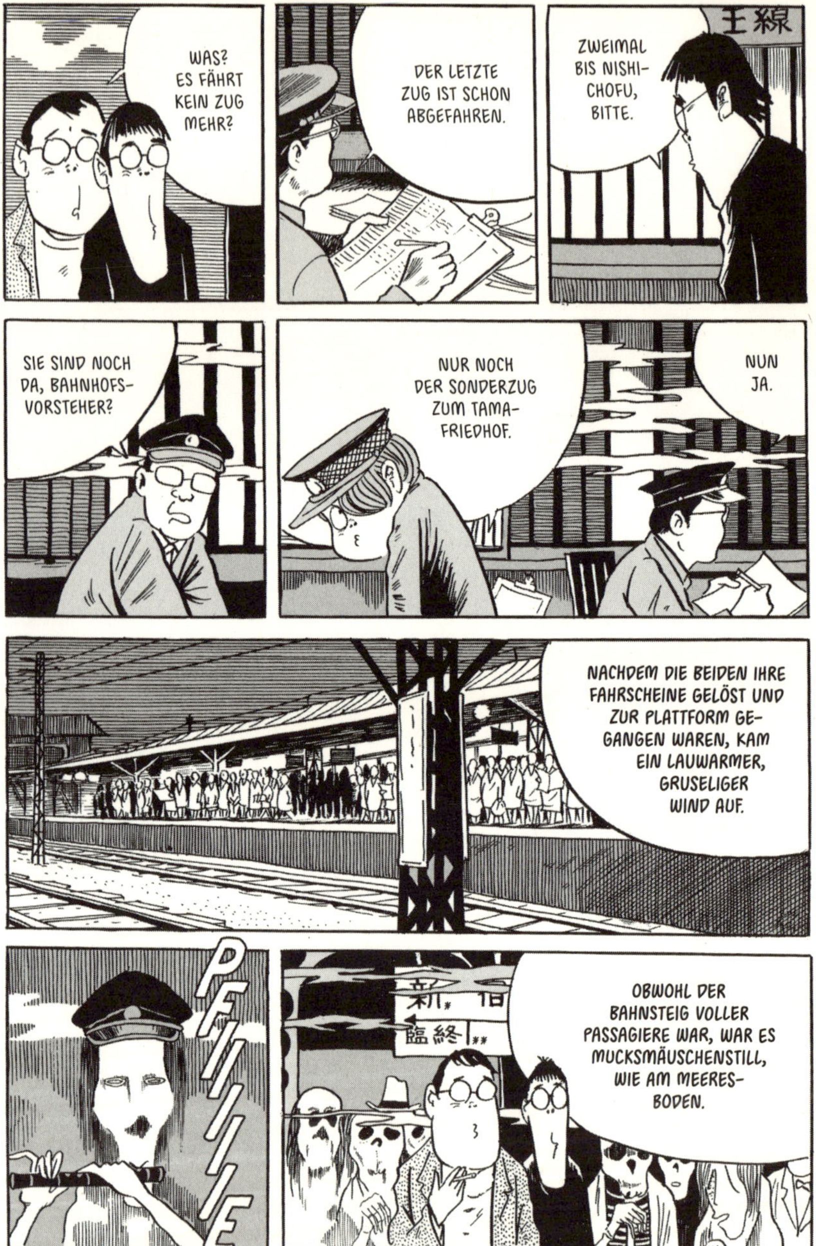

* SHINJUKU ** NIRWANA

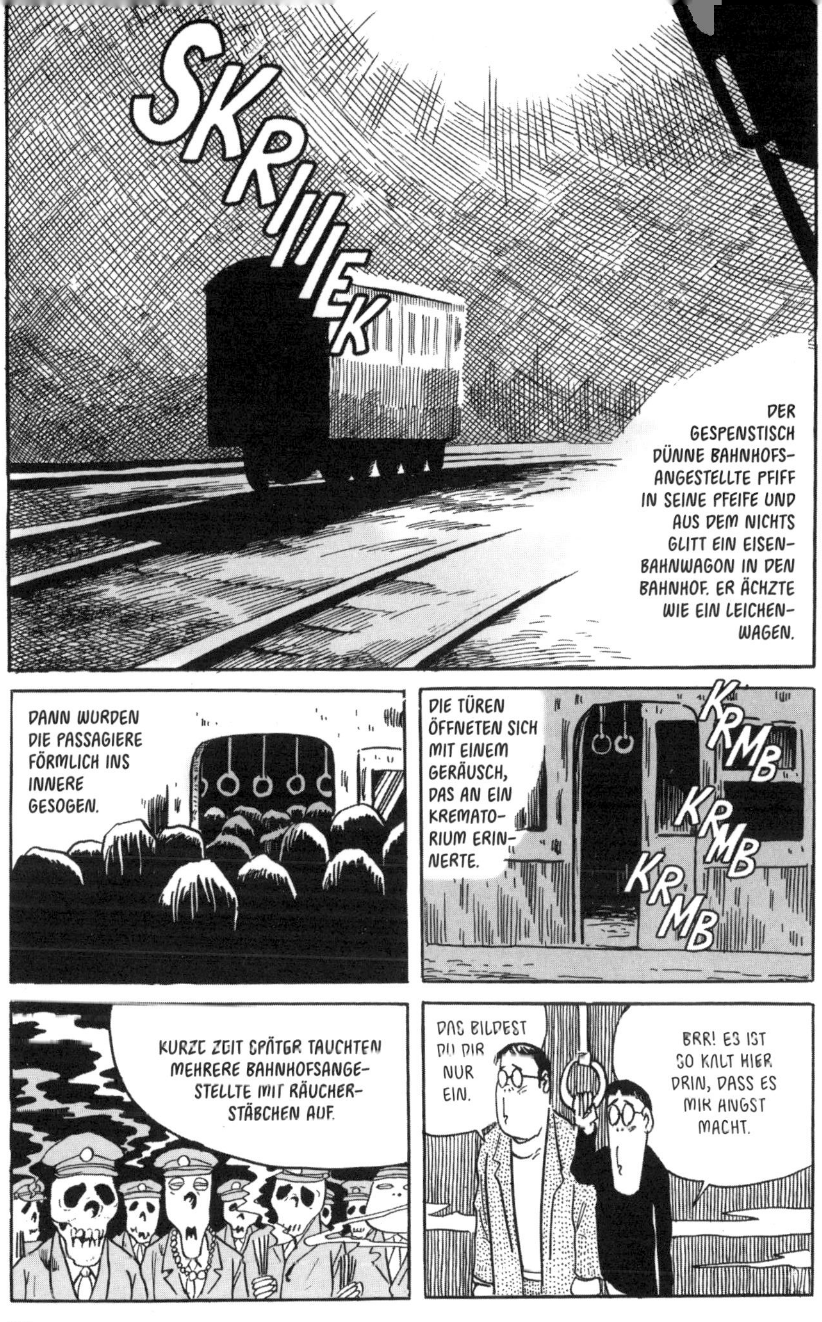
SKRIIIIEK
DER GESPENSTISCH DÜNNE BAHNHOFS-ANGESTELLTE PFIFF IN SEINE PFEIFE UND AUS DEM NICHTS GLITT EIN EISEN-BAHNWAGON IN DEN BAHNHOF. ER ÄCHZTE WIE EIN LEICHEN-WAGEN.
DANN WURDEN DIE PASSAGIERE FÖRMLICH INS INNERE GESOGEN.
DIE TÜREN ÖFFNETEN SICH MIT EINEM GERÄUSCH, DAS AN EIN KREMATO-RIUM ERIN-NERTE.
KRMB
KRMB
KRMB
KURZE ZEIT SPÄTER TAUCHTEN MEHRERE BAHNHOFSANGE-STELLTE MIT RÄUCHER-STÄBCHEN AUF.
BRR! ES IST SO KALT HIER DRIN, DASS ES MIR ANGST MACHT.
DAS BILDEST DU DIR NUR EIN.

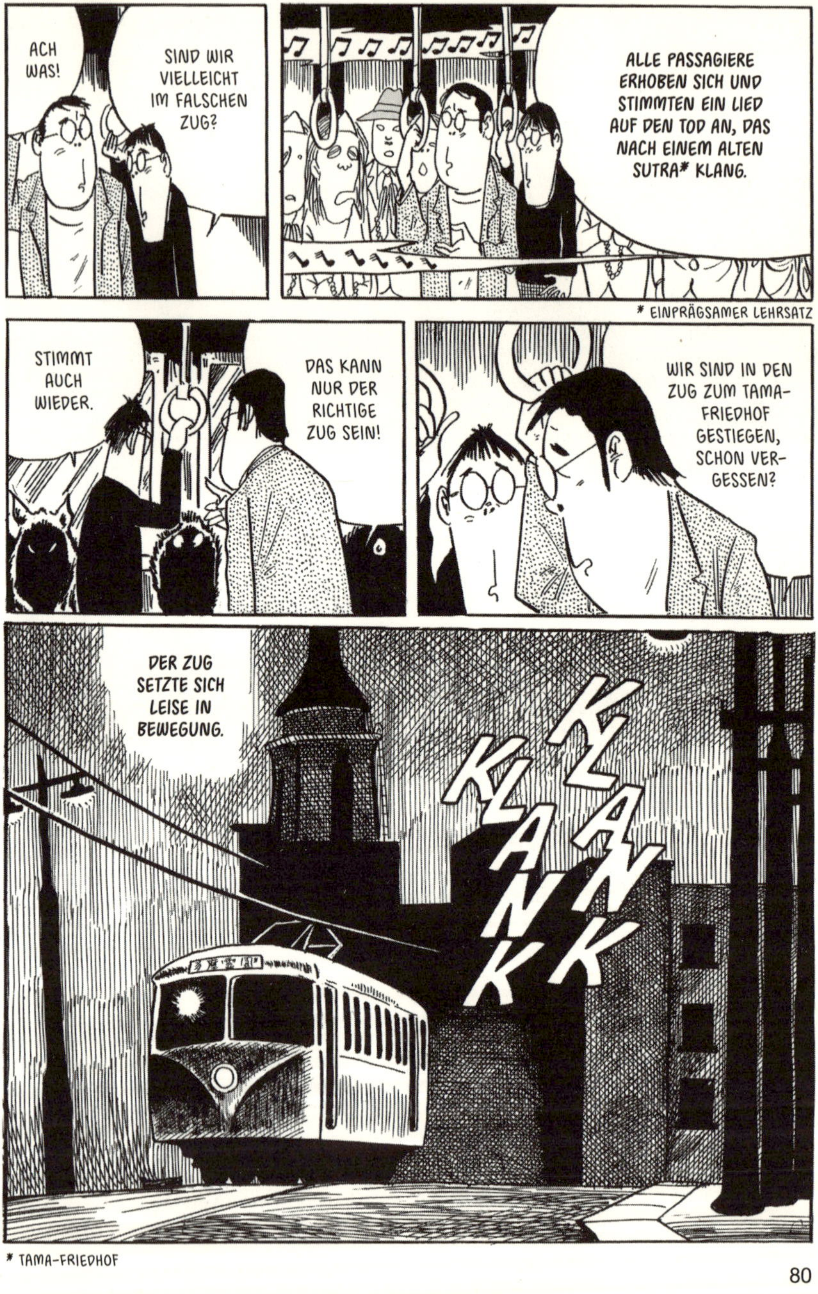

* TAMA-FRIEDHOF

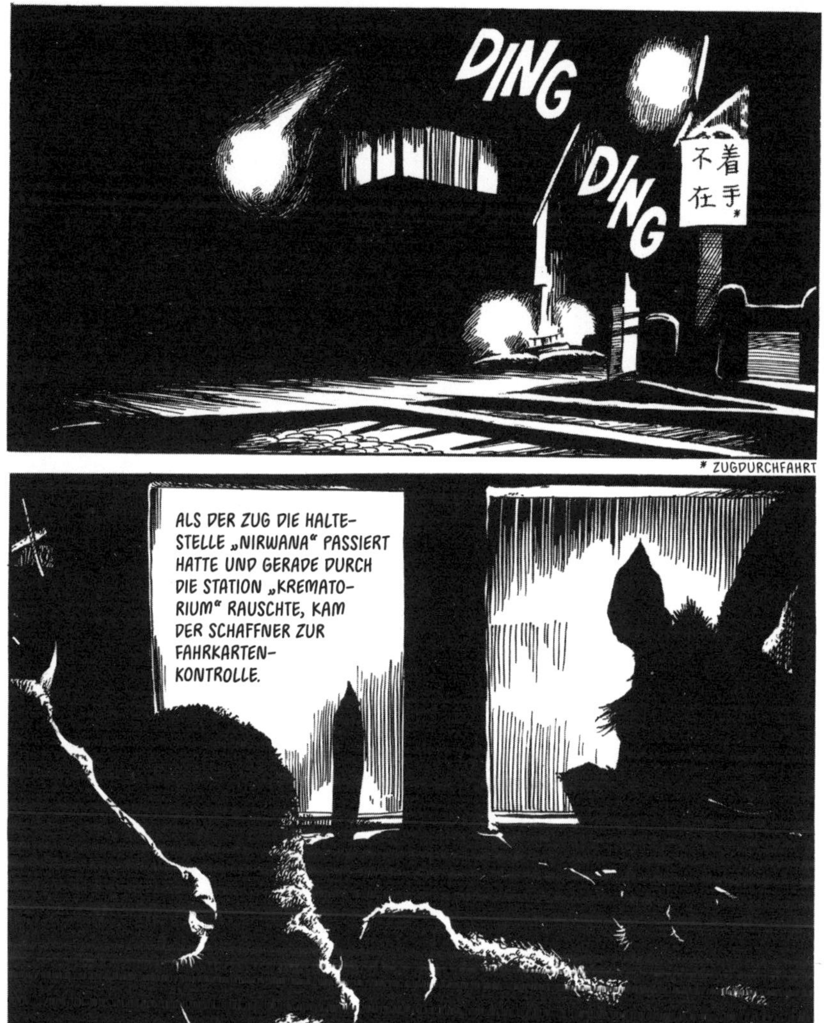
DING
DING
着手不在*
* ZUGDURCHFAHRT
ALS DER ZUG DIE HALTESTELLE „NIRWANA“ PASSIERT HATTE UND GERADE DURCH DIE STATION „KREMATORIUM“ RAUSCHTE, KAM DER SCHAFFNER ZUR FAHRKARTENKONTROLLE.
LAUTER GRUSELIGE NAMEN.
DER NÄCHSTE HALT IST „KNOCHENURNE“.
VIELEN DANK FÜR IHRE FAHRT MIT UNSERER BAHN.

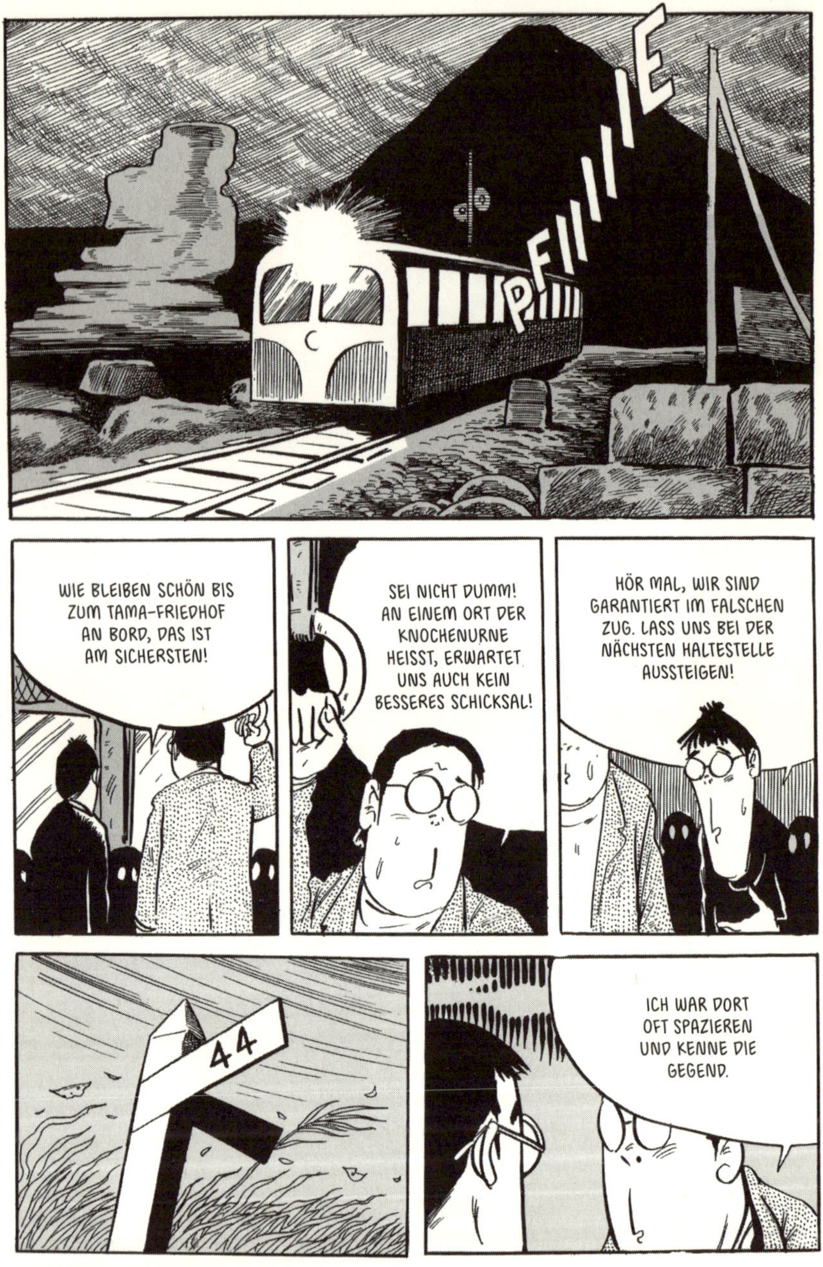

PFIIIIIE
WIE BLEIBEN SCHÖN BIS ZUM TAMA-FRIEDHOF AN BORD, DAS IST AM SICHERSTEN!
SEI NICHT DUMM! AN EINEM ORT DER KNOCHENURNE HEISST, ERWARTET UNS AUCH KEIN BESSERES SCHICKSAL!
HÖR MAL, WIR SIND GARANTIERT IM FALSCHEN ZUG. LASS UNS BEI DER NÄCHSTEN HALTESTELLE AUSSTEIGEN!
44
ICH WAR DORT OFT SPAZIEREN UND KENNE DIE GEGEND.

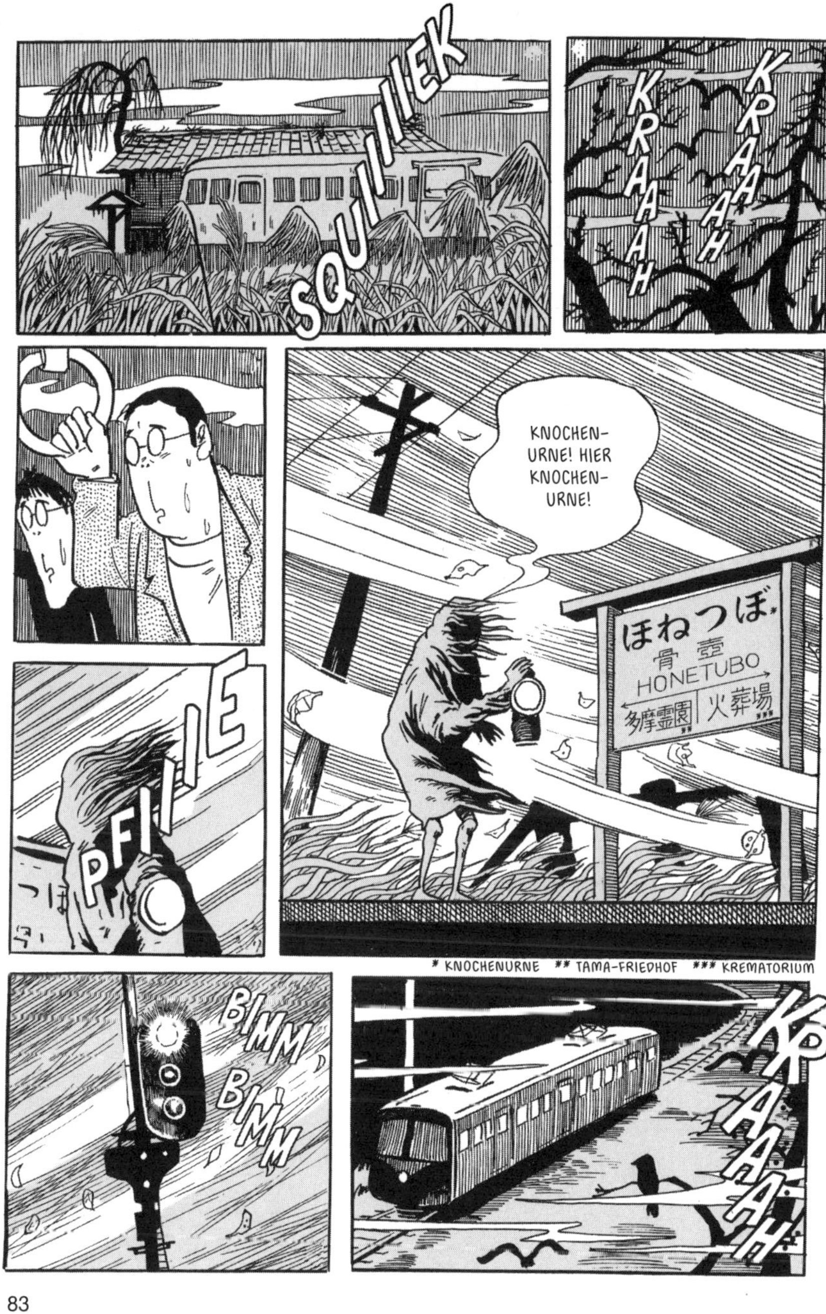

* KNOCHENURNE ** TAMA-FRIEDHOF *** KREMATORIUM

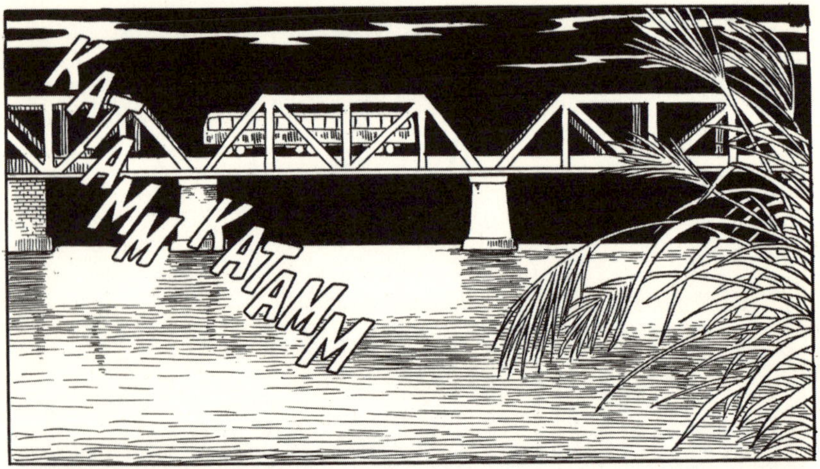
KATAMM KATAMM

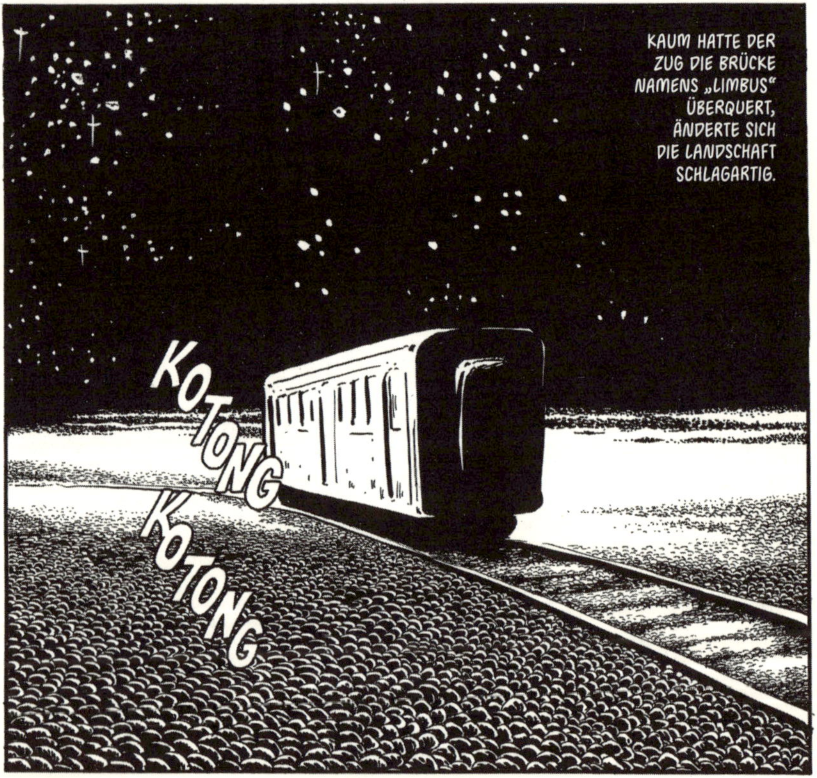
KAUM HATTE DER ZUG DIE BRÜCKE NAMENS „LIMBUS“ ÜBERQUERT, ÄNDERTE SICH DIE LANDSCHAFT SCHLAGARTIG.
KOTONG KOTONG

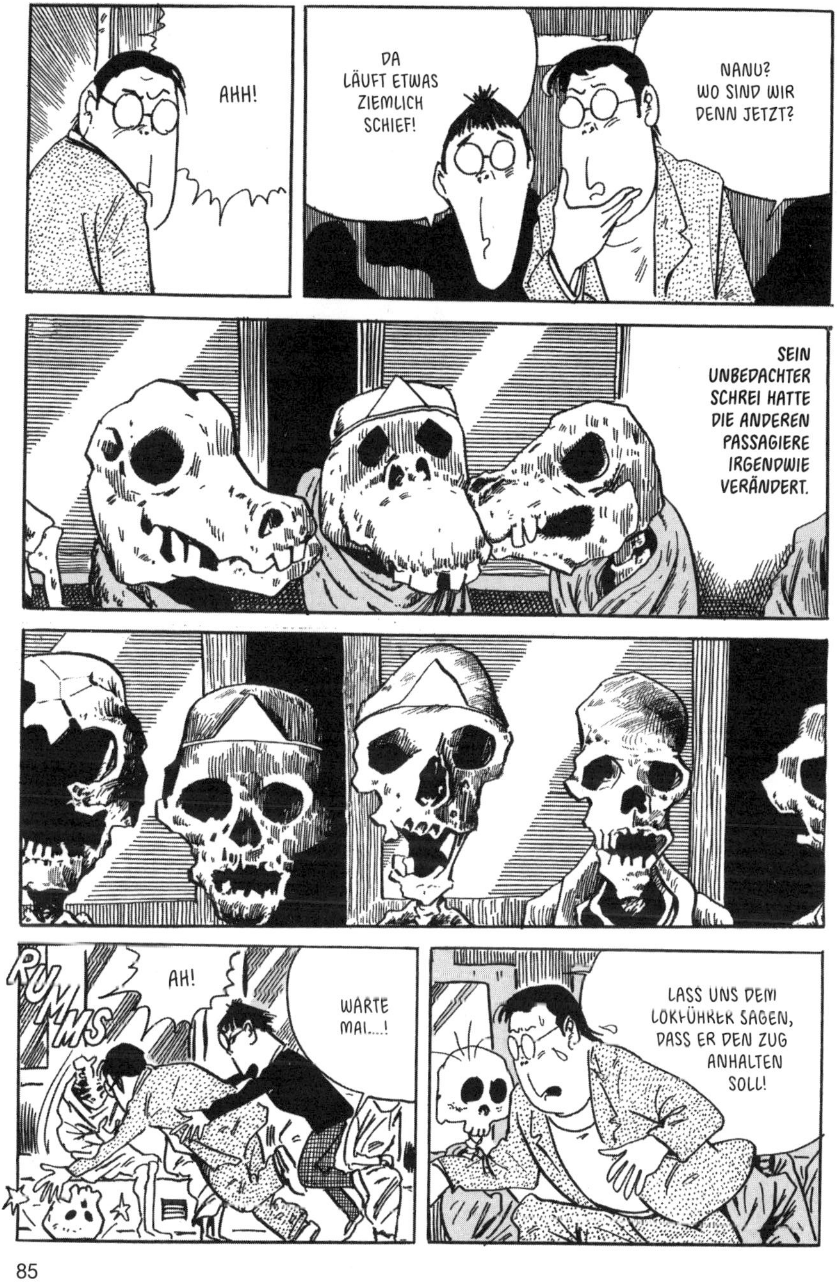
AHH!
DA LÄUFT ETWAS ZIEMLICH SCHIEF!
NANU? WO SIND WIR DENN JETZT?
SEIN UNBEDACHTER SCHREI HATTE DIE ANDEREN PASSAGIERE IRGENDWIE VERÄNDERT.
RUMMS
AH!
WARTE MAL…!
LASS UNS DEM LOKFÜHRER SAGEN, DASS ER DEN ZUG ANHALTEN SOLL!

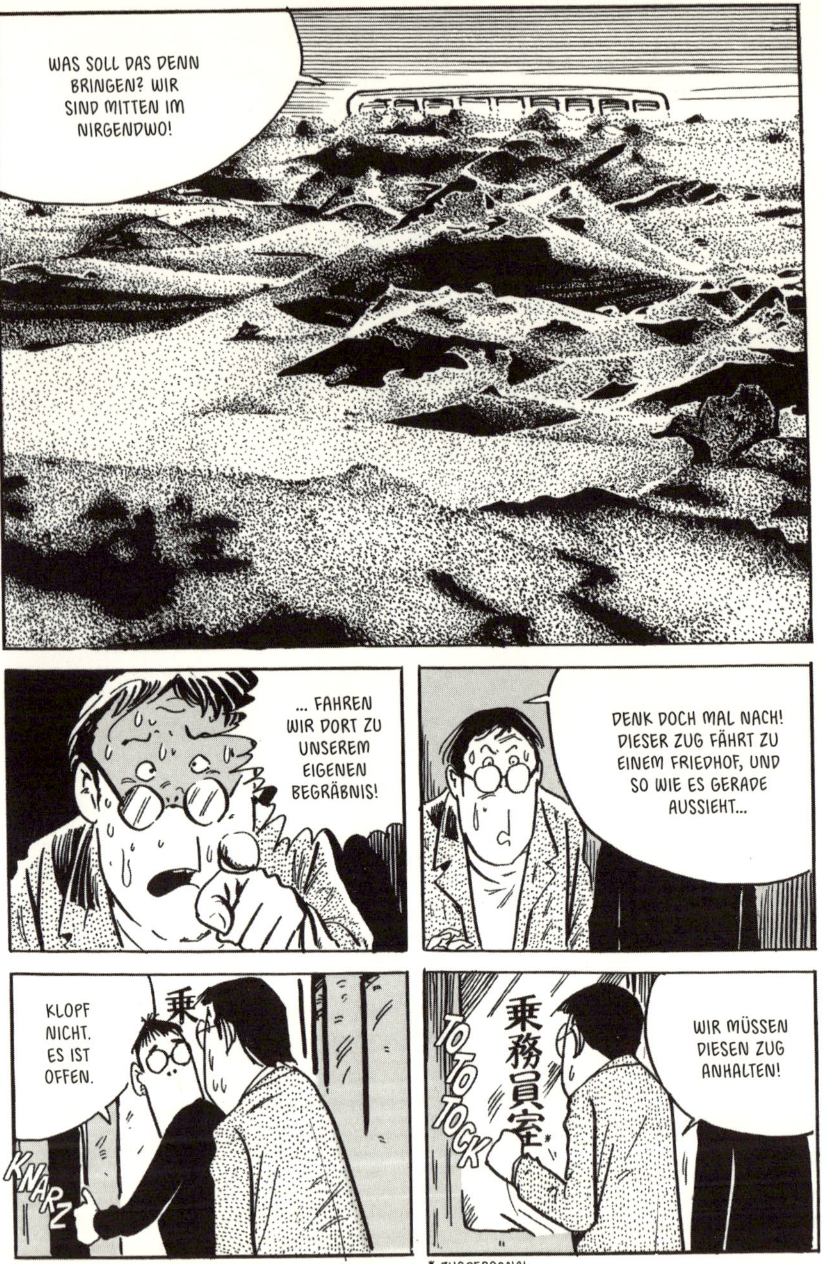

* ZUGPERSONAL

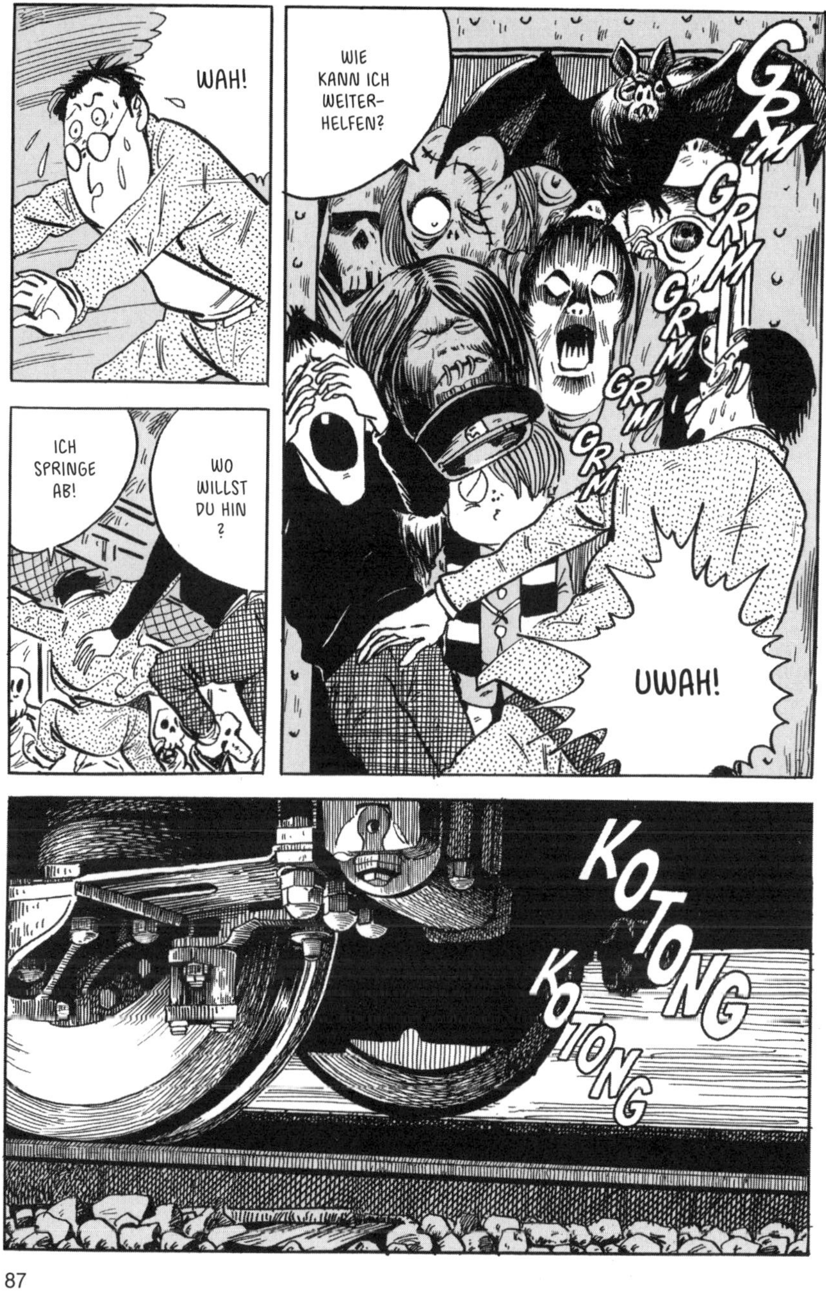
WAH!
WIE KANN ICH WEITER-HELFEN?
GRM
GRM
GRM
GRM
GRM
GRM
ICH SPRINGE AB!
WO WILLST DU HIN ?
UWAH!
KOTONG
KOTONG

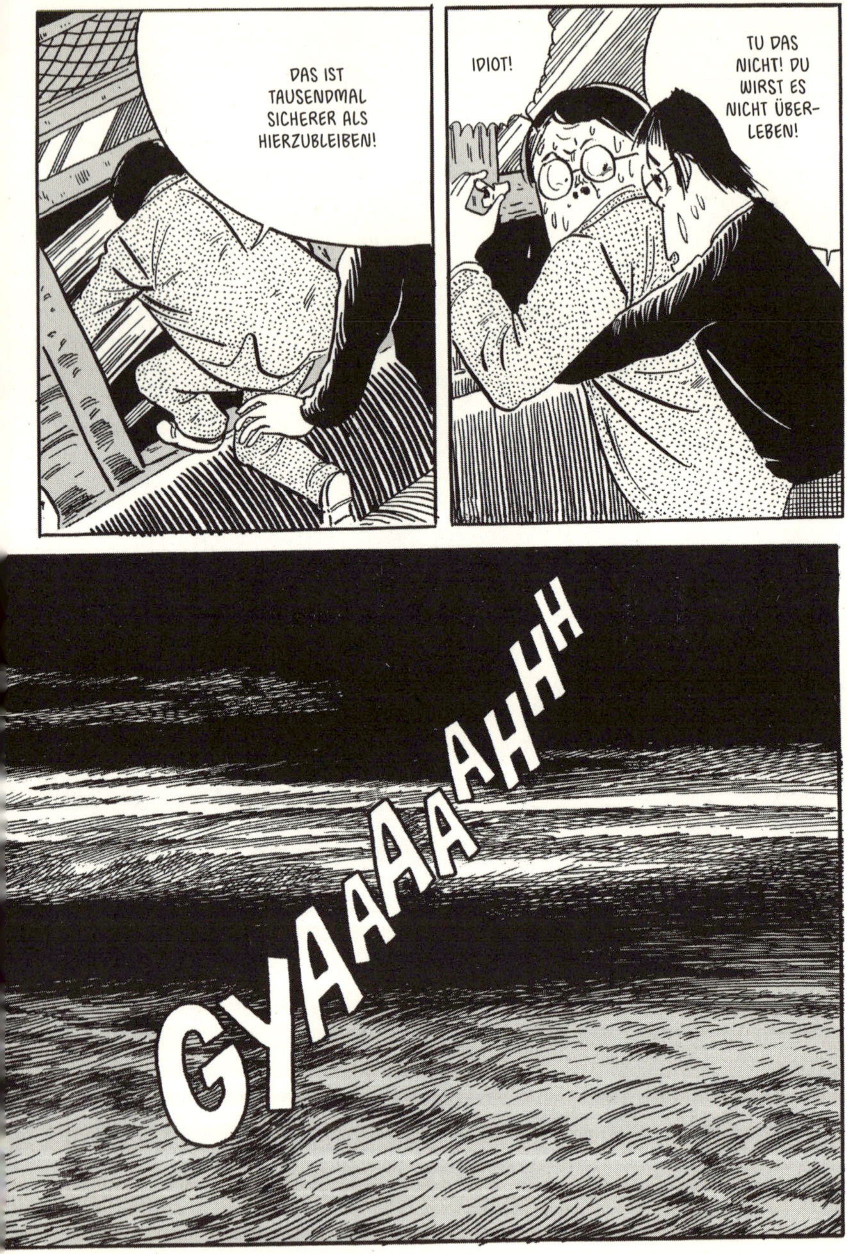
DAS IST TAUSENDMAL SICHERER ALS HIERZUBLEIBEN!
TU DAS NICHT! DU WIRST ES NICHT ÜBER-LEBEN!
IDIOT!
GYAAAAAHHH

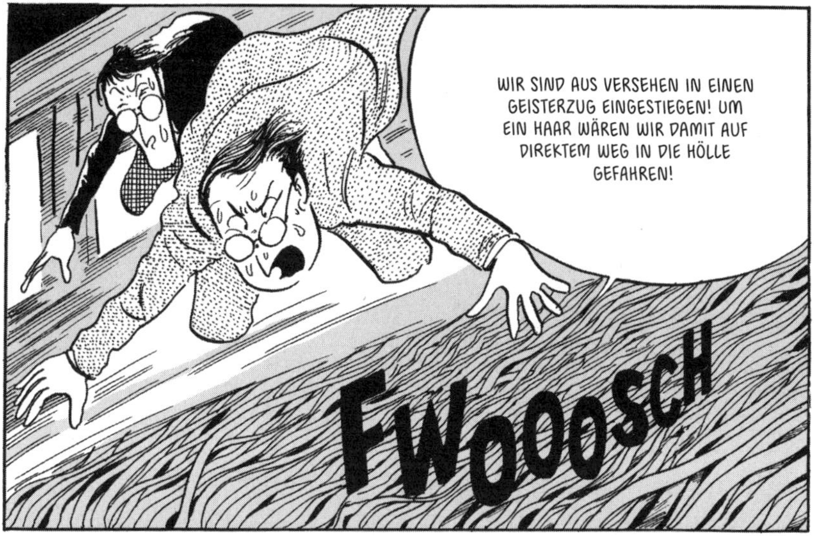
WIR SIND AUS VERSEHEN IN EINEN GEISTERZUG EINGESTIEGEN! UM EIN HAAR WÄREN WIR DAMIT AUF DIREKTEM WEG IN DIE HÖLLE GEFAHREN!
FWOOOSCH
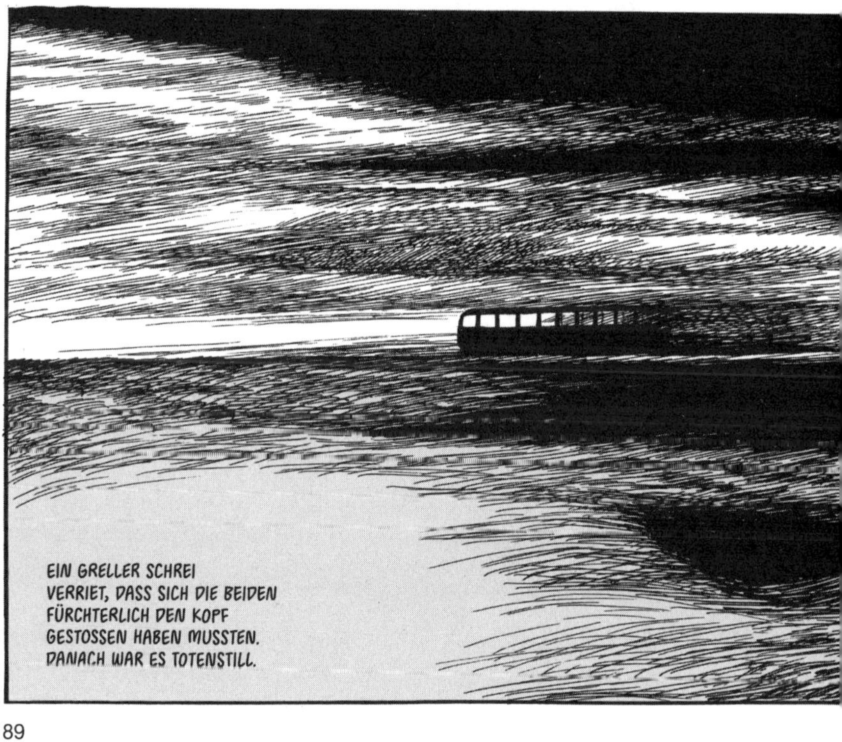
EIN GRELLER SCHREI VERRIET, DASS SICH DIE BEIDEN FÜRCHTERLICH DEN KOPF GESTOSSEN HABEN MUSSTEN. DANACH WAR ES TOTENSTILL.

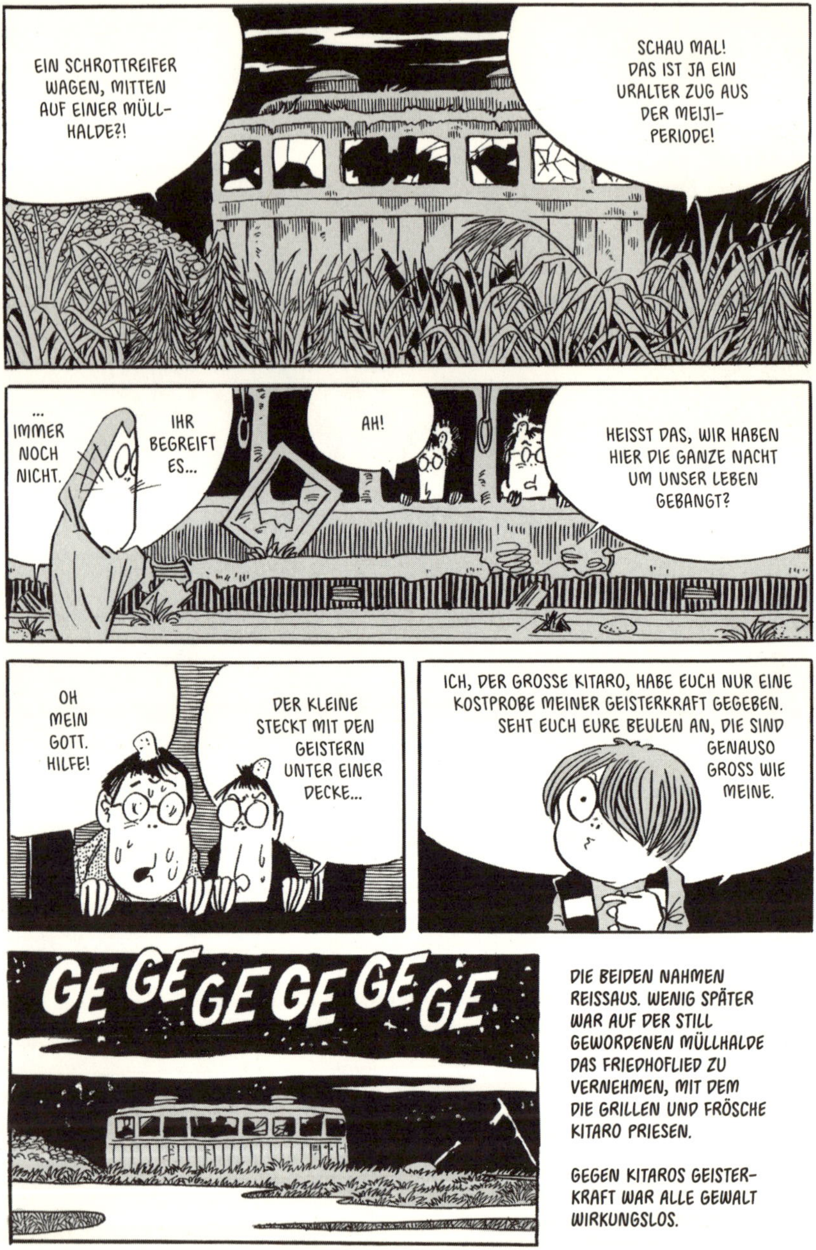
EIN SCHROTTREIFER WAGEN, MITTEN AUF EINER MÜLLHALDE?!
SCHAU MAL! DAS IST JA EIN URALTER ZUG AUS DER MEIJI-PERIODE!
HEISST DAS, WIR HABEN HIER DIE GANZE NACHT UM UNSER LEBEN GEBANGT?
AH!
IHR BEGREIFT ES...
... IMMER NOCH NICHT.
ICH, DER GROSSE KITARO, HABE EUCH NUR EINE KOSTPROBE MEINER GEISTERKRAFT GEGEBEN. SEHT EUCH EURE BEULEN AN, DIE SIND GENAUSO GROSS WIE MEINE.
DER KLEINE STECKT MIT DEN GEISTERN UNTER EINER DECKE...
OH MEIN GOTT. HILFE!
GE GE GE GE GE GE GE
DIE BEIDEN NAHMEN REISSAUS. WENIG SPÄTER WAR AUF DER STILL GEWORDENEN MÜLLHALDE DAS FRIEDHOFLIED ZU VERNEHMEN, MIT DEM DIE GRILLEN UND FRÖSCHE KITARO PRIESEN.
GEGEN KITAROS GEISTERKRAFT WAR ALLE GEWALT WIRKUNGSLOS.

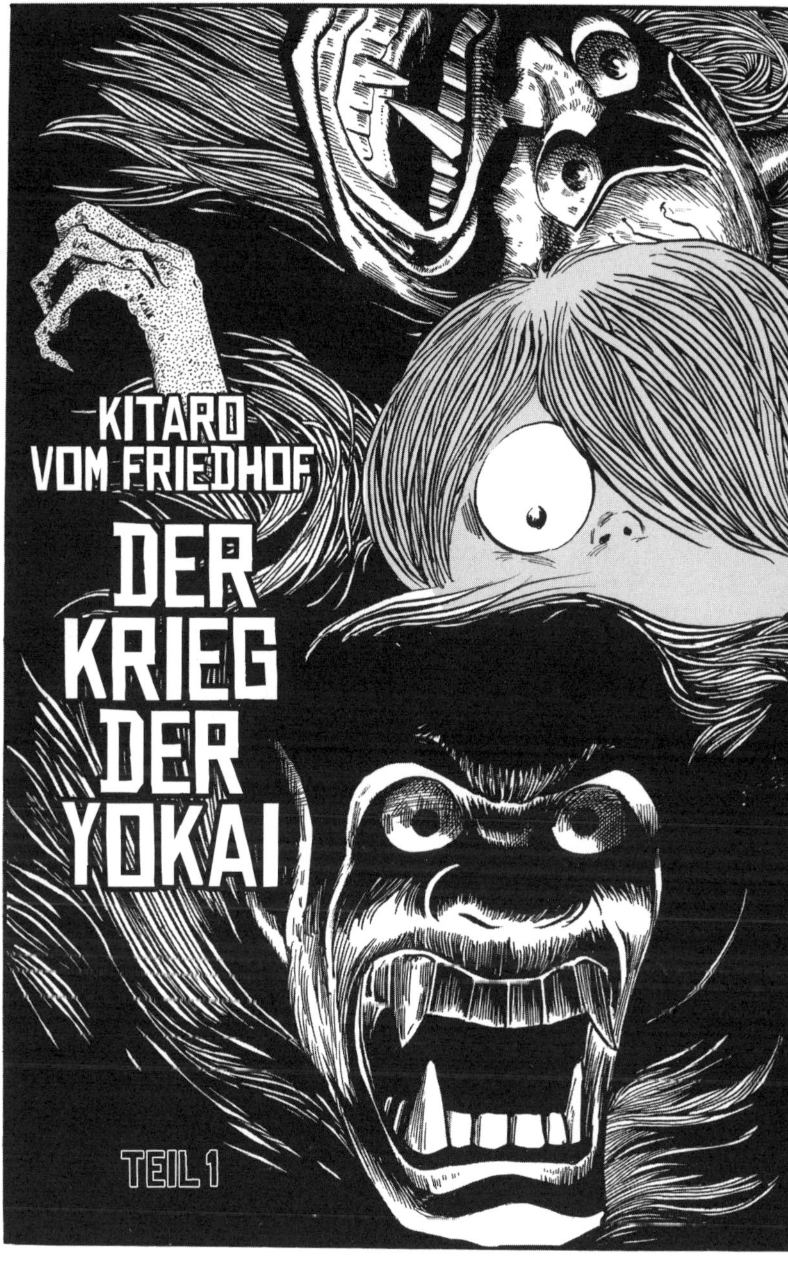
KITARO
VOM FRIEDHOF
DER
KRIEG
DER
YOKAI
TEIL 1

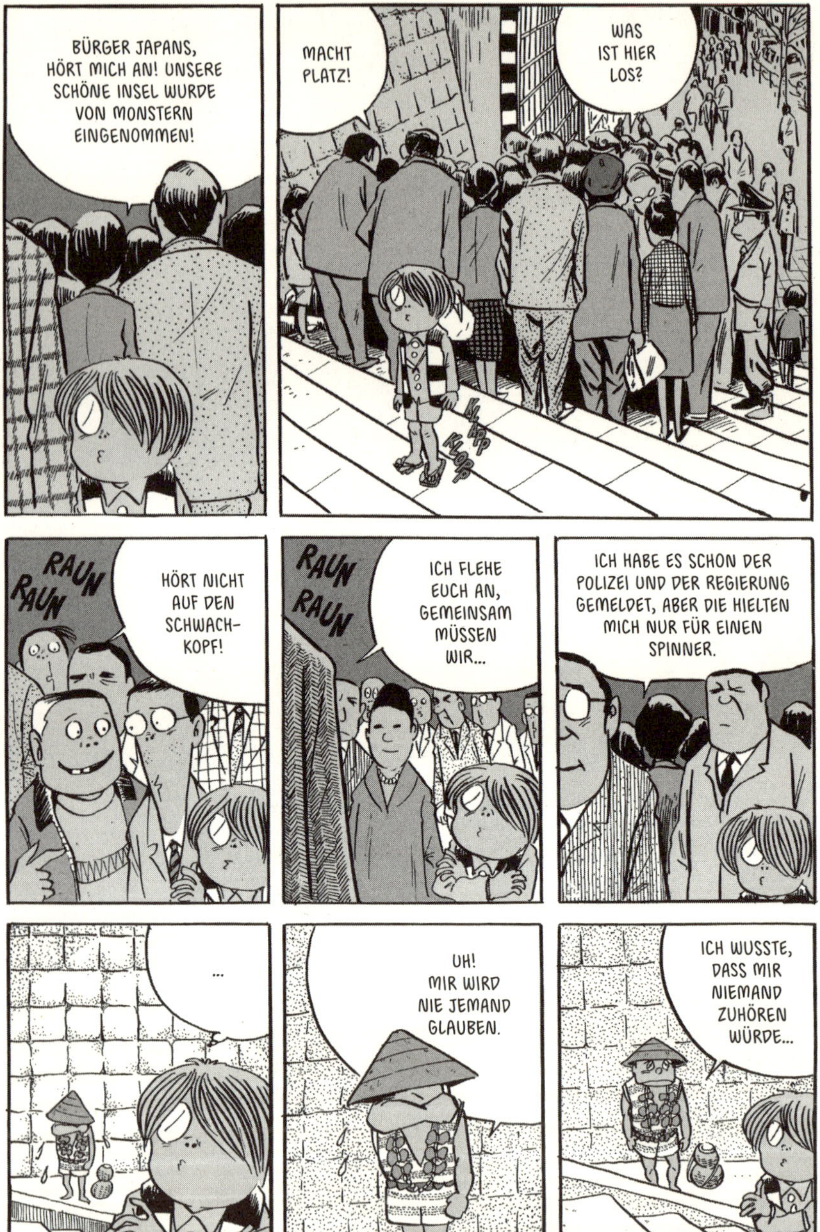
BÜRGER JAPANS, HÖRT MICH AN! UNSERE SCHÖNE INSEL WURDE VON MONSTERN EINGENOMMEN!
MACHT PLATZ!
WAS IST HIER LOS?
KLAPP KLOPP
RAUN RAUN
HÖRT NICHT AUF DEN SCHWACH-KOPF!
RAUN RAUN
ICH FLEHE EUCH AN, GEMEINSAM MÜSSEN WIR...
ICH HABE ES SCHON DER POLIZEI UND DER REGIERUNG GEMELDET, ABER DIE HIELTEN MICH NUR FÜR EINEN SPINNER.
...
UH! MIR WIRD NIE JEMAND GLAUBEN.
ICH WUSSTE, DASS MIR NIEMAND ZUHÖREN WÜRDE...

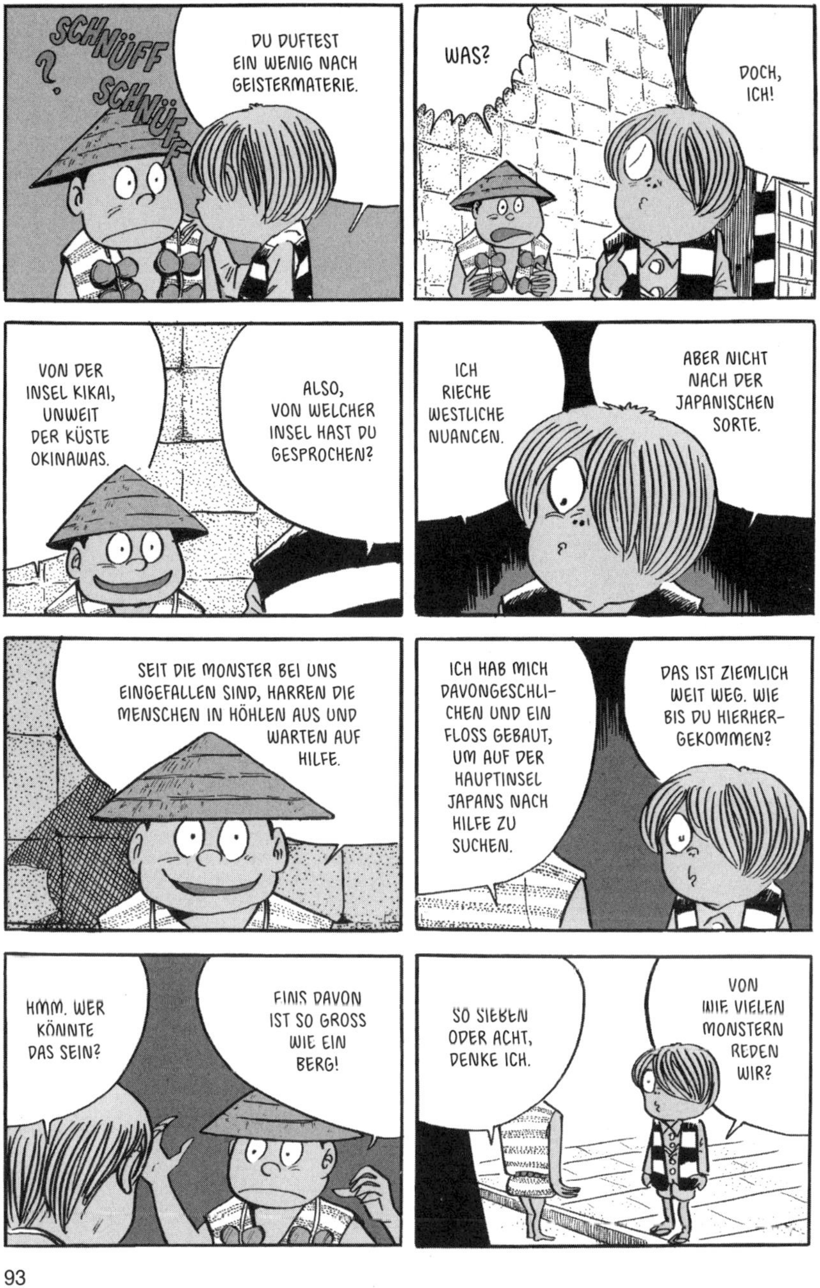
Doch, ich!
Was?
Du duftest ein wenig nach Geistermaterie.
Schnüff
Schnüff
?
Aber nicht nach der japanischen Sorte.
Ich rieche westliche Nuancen.
Also, von welcher Insel hast du gesprochen?
Von der Insel Kikai, unweit der Küste Okinawas.
Das ist ziemlich weit weg. Wie bis du hierhergekommen?
Ich hab mich davongeschlichen und ein Floss gebaut, um auf der Hauptinsel Japans nach Hilfe zu suchen.
Seit die Monster bei uns eingefallen sind, harren die Menschen in Höhlen aus und warten auf Hilfe.
Von wie vielen Monstern reden wir?
So sieben oder acht, denke ich.
Eins davon ist so gross wie ein Berg!
Hmm. Wer könnte das sein?

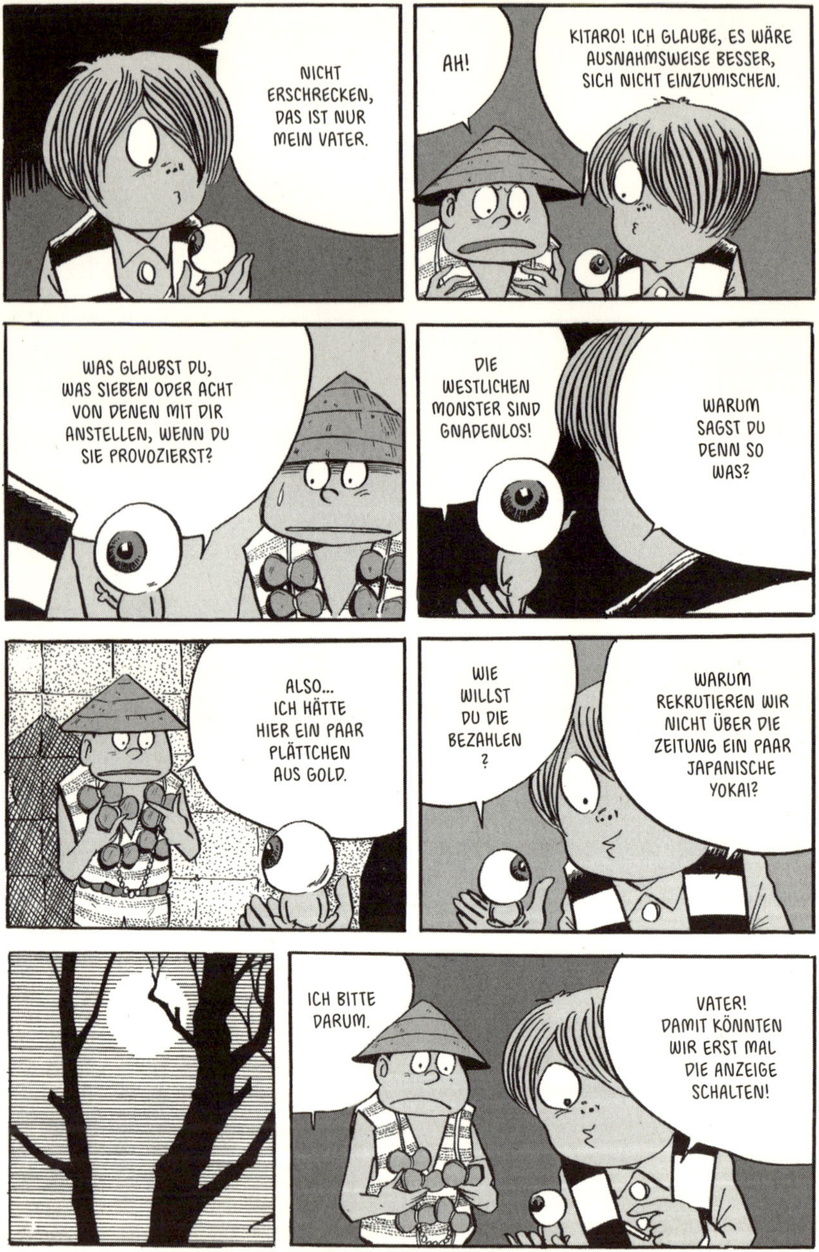
KITARO! ICH GLAUBE, ES WÄRE AUSNAHMSWEISE BESSER, SICH NICHT EINZUMISCHEN.
AH!
NICHT ERSCHRECKEN, DAS IST NUR MEIN VATER.
WARUM SAGST DU DENN SO WAS?
DIE WESTLICHEN MONSTER SIND GNADENLOS!
WAS GLAUBST DU, WAS SIEBEN ODER ACHT VON DENEN MIT DIR ANSTELLEN, WENN DU SIE PROVOZIERST?
WARUM REKRUTIEREN WIR NICHT ÜBER DIE ZEITUNG EIN PAAR JAPANISCHE YOKAI?
WIE WILLST DU DIE BEZAHLEN ?
ALSO... ICH HÄTTE HIER EIN PAAR PLÄTTCHEN AUS GOLD.
VATER! DAMIT KÖNNTEN WIR ERST MAL DIE ANZEIGE SCHALTEN!
ICH BITTE DARUM.

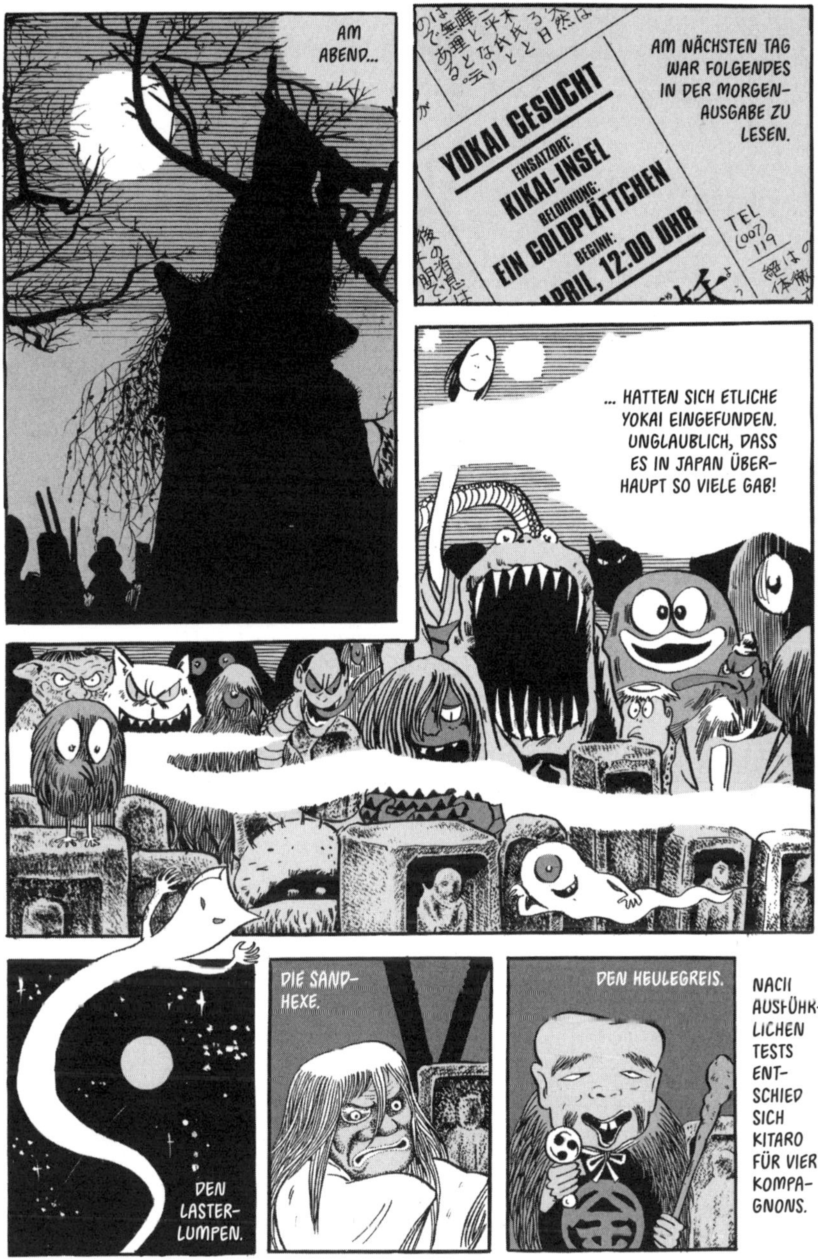
AM ABEND...
AM NÄCHSTEN TAG WAR FOLGENDES IN DER MORGEN-AUSGABE ZU LESEN.
YOKAI GESUCHT
EINSATZORT: KIKAI-INSEL
BELOHNUNG: EIN GOLDPLÄTTCHEN
BEGINN: ... APRIL, 12:00 UHR
TEL (007) 119
... HATTEN SICH ETLICHE YOKAI EINGEFUNDEN. UNGLAUBLICH, DASS ES IN JAPAN ÜBERHAUPT SO VIELE GAB!
DEN LASTER-LUMPEN.
DIE SAND-HEXE.
DEN HEULEGREIS.
NACH AUSFÜHRLICHEN TESTS ENTSCHIED SICH KITARO FÜR VIER KOMPAGNONS.

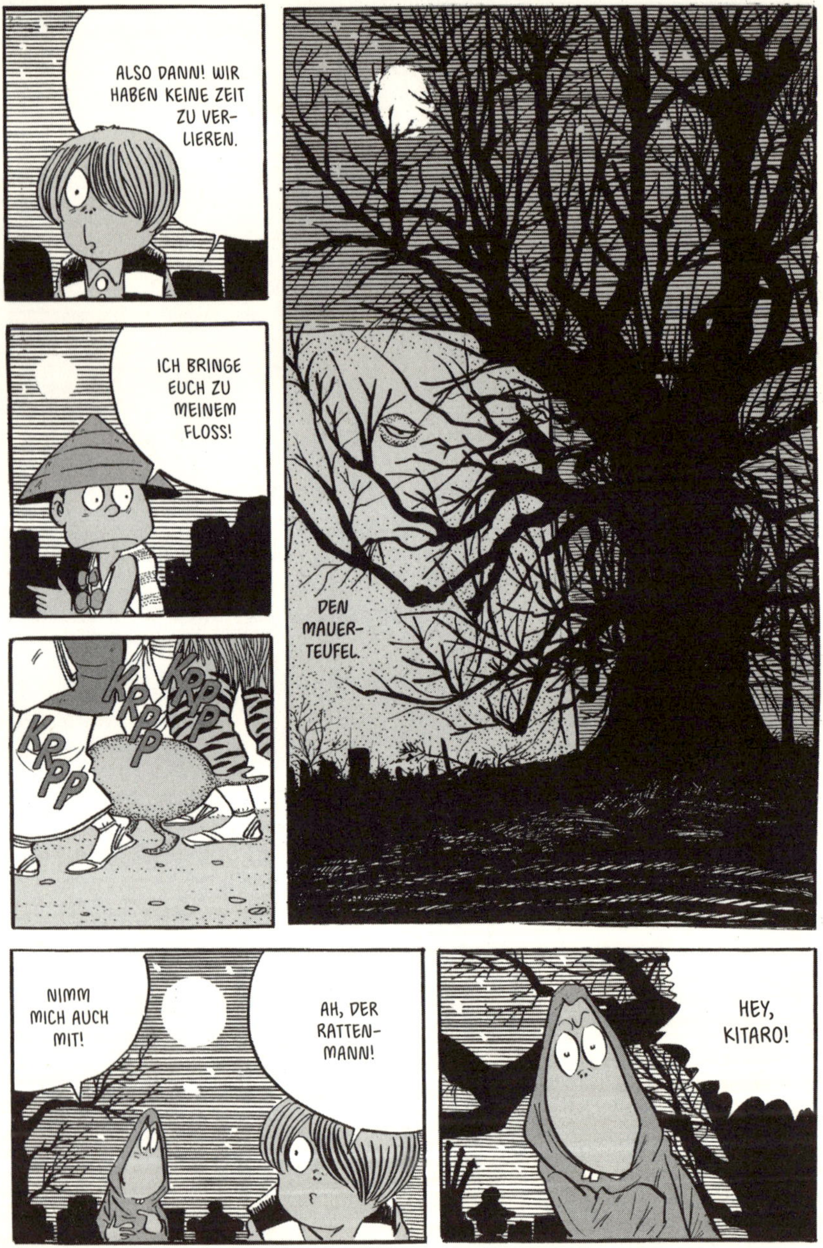
ALSO DANN! WIR HABEN KEINE ZEIT ZU VERLIEREN.
ICH BRINGE EUCH ZU MEINEM FLOSS!
KRPP
KRPP
KRPP
DEN MAUERTEUFEL.
HEY, KITARO!
AH, DER RATTENMANN!
NIMM MICH AUCH MIT!

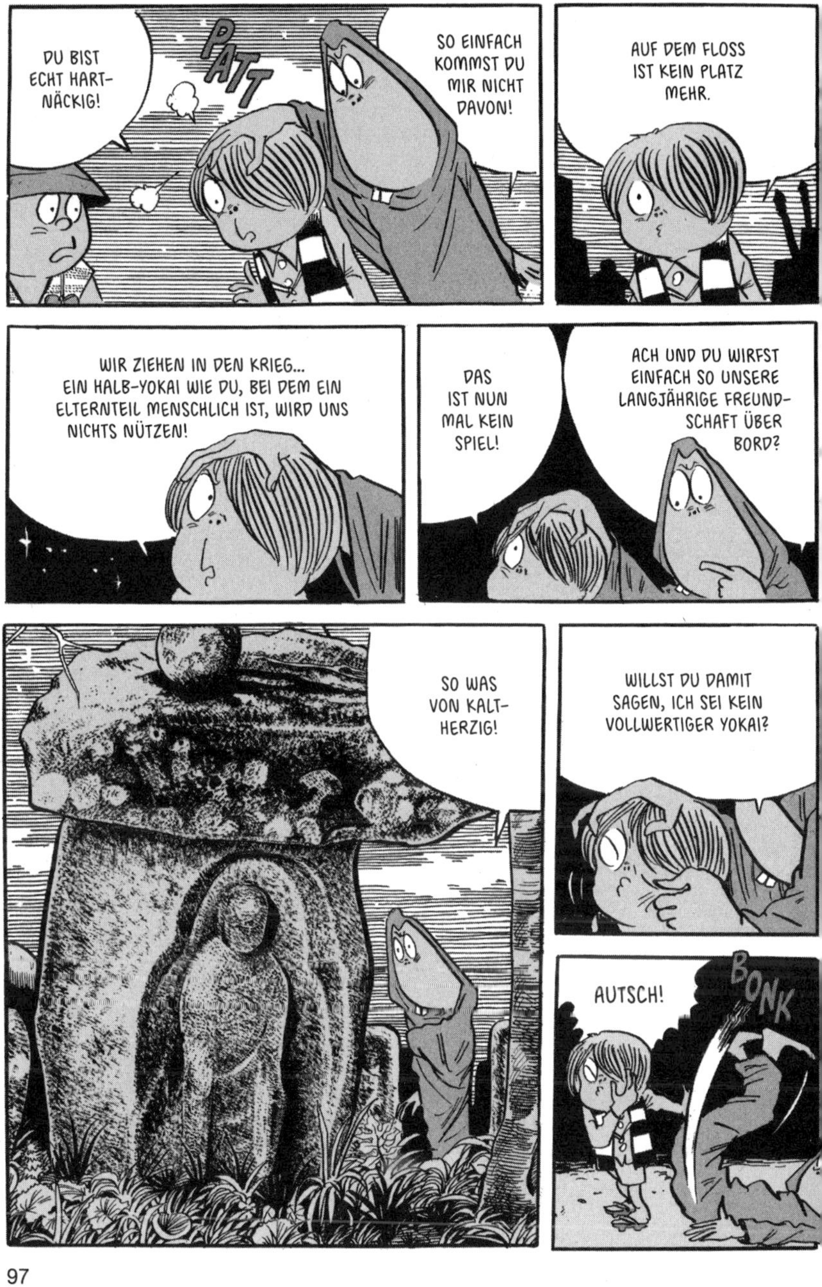
AUF DEM FLOSS IST KEIN PLATZ MEHR.
SO EINFACH KOMMST DU MIR NICHT DAVON!
PATT
DU BIST ECHT HART-NÄCKIG!
ACH UND DU WIRFST EINFACH SO UNSERE LANGJÄHRIGE FREUND-SCHAFT ÜBER BORD?
DAS IST NUN MAL KEIN SPIEL!
WIR ZIEHEN IN DEN KRIEG... EIN HALB-YOKAI WIE DU, BEI DEM EIN ELTERNTEIL MENSCHLICH IST, WIRD UNS NICHTS NÜTZEN!
WILLST DU DAMIT SAGEN, ICH SEI KEIN VOLLWERTIGER YOKAI?
SO WAS VON KALT-HERZIG!
BONK
AUTSCH!

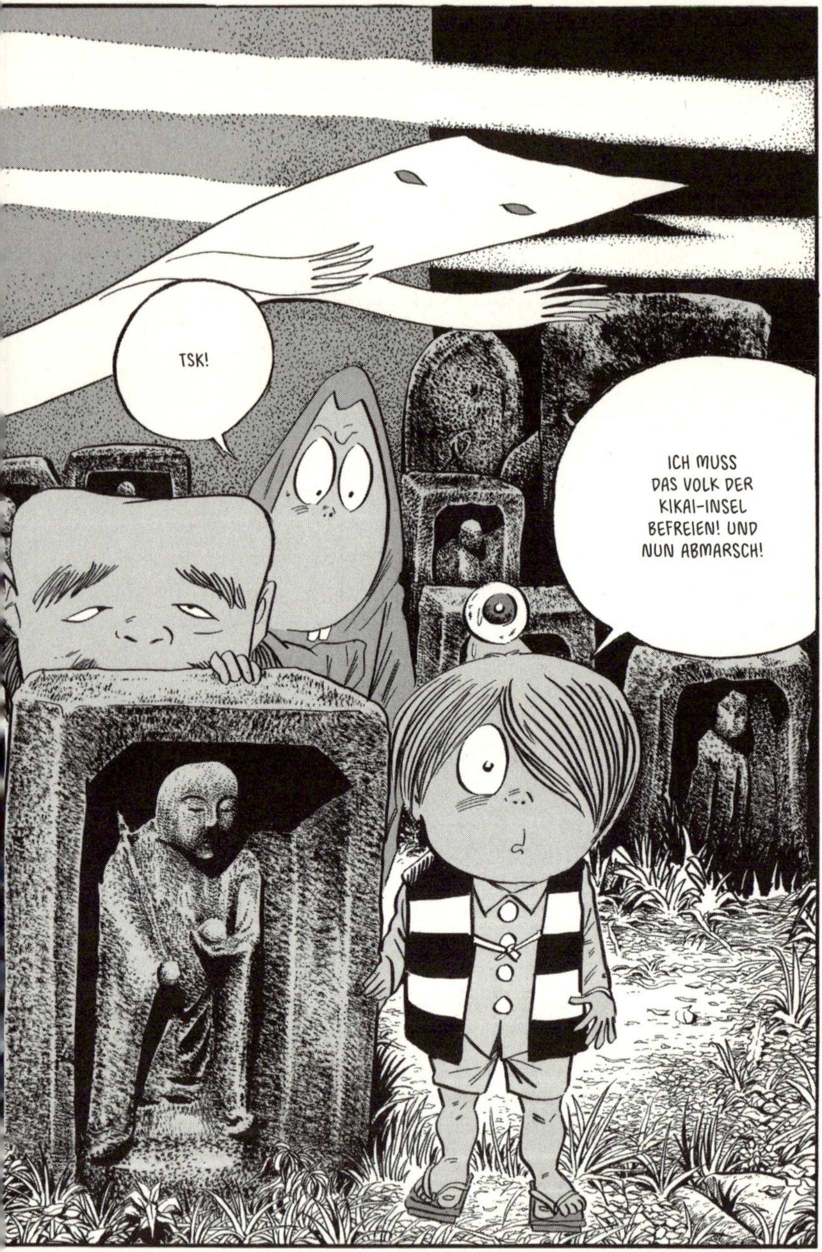
ICH MUSS
DAS VOLK DER
KIKAI-INSEL
BEFREIEN! UND
NUN ABMARSCH!
TSK!

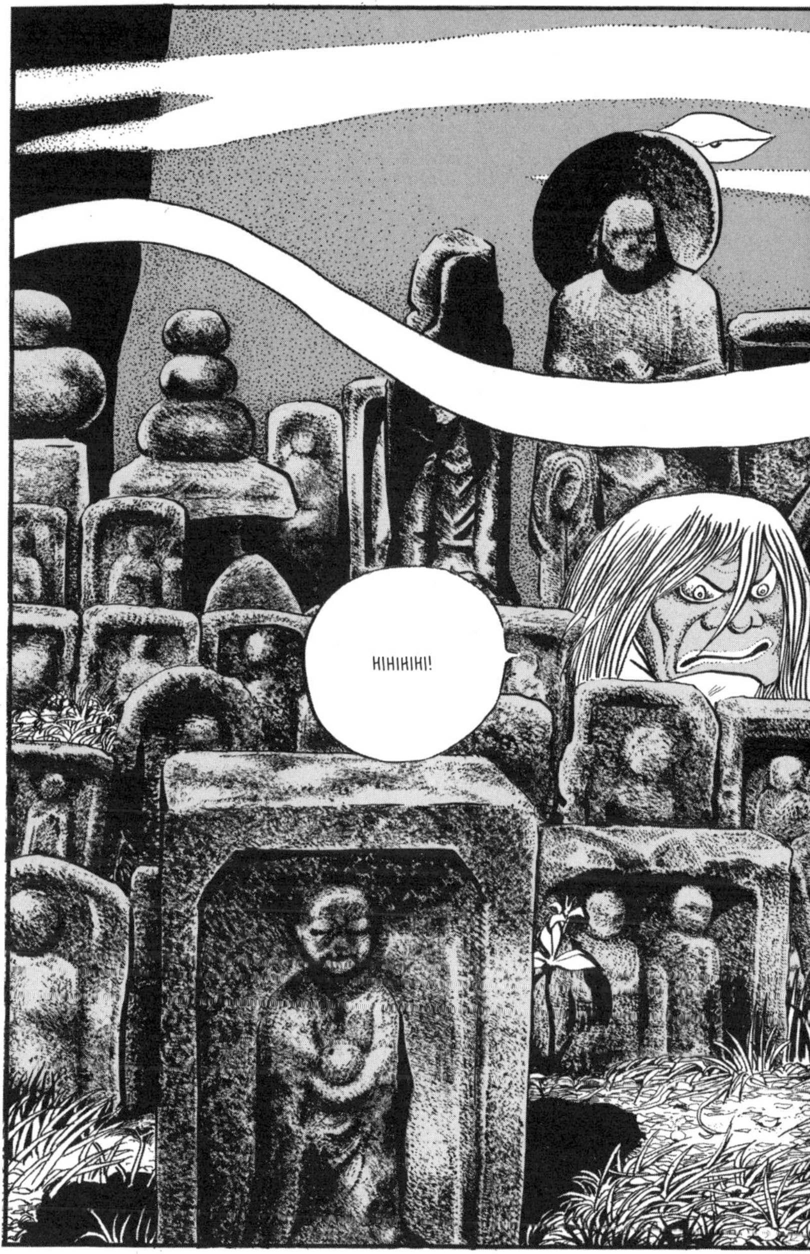
HIHIHIHI!

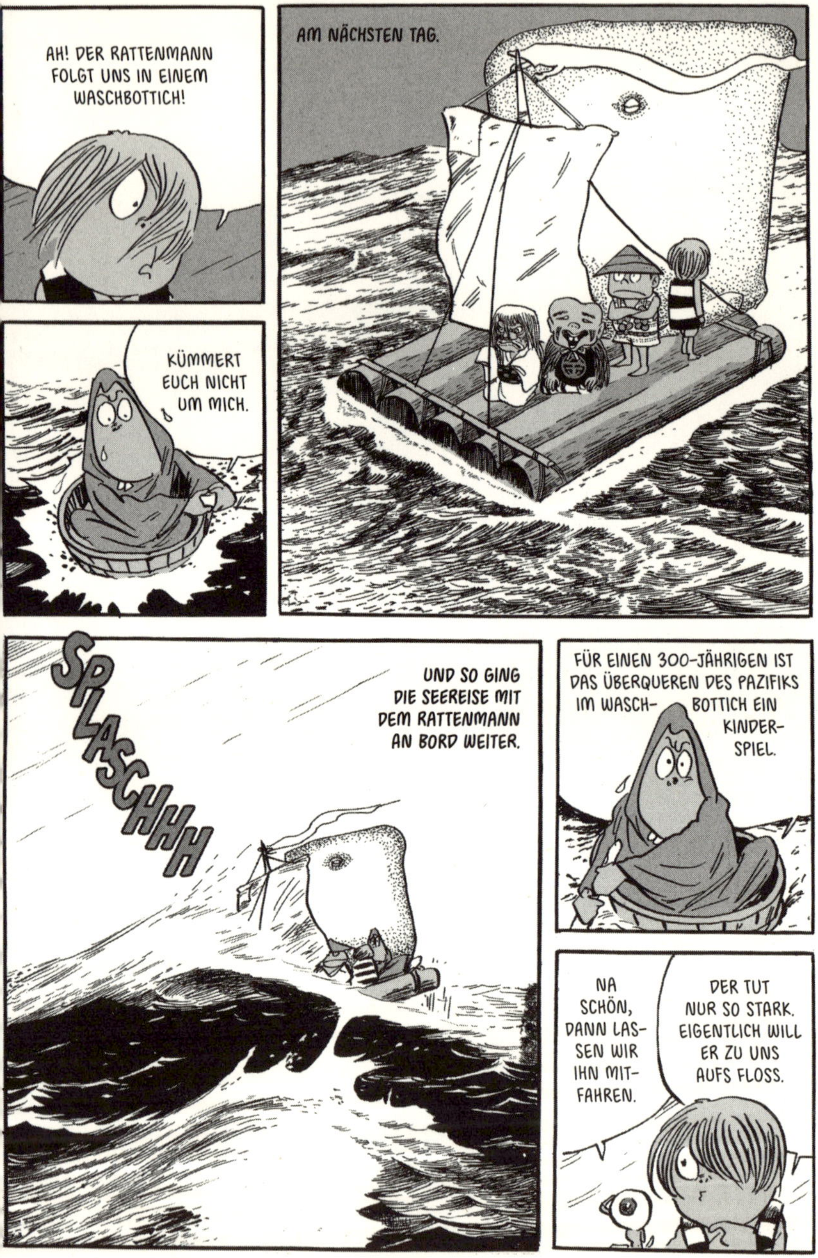
AH! DER RATTENMANN FOLGT UNS IN EINEM WASCHBOTTICH!
AM NÄCHSTEN TAG.
KÜMMERT EUCH NICHT UM MICH.
UND SO GING DIE SEEREISE MIT DEM RATTENMANN AN BORD WEITER.
SPLASCHHH
FÜR EINEN 300-JÄHRIGEN IST DAS ÜBERQUEREN DES PAZIFIKS IM WASCH- BOTTICH EIN KINDER- SPIEL.
DER TUT NUR SO STARK. EIGENTLICH WILL ER ZU UNS AUFS FLOSS.
NA SCHÖN, DANN LAS- SEN WIR IHN MIT- FAHREN.

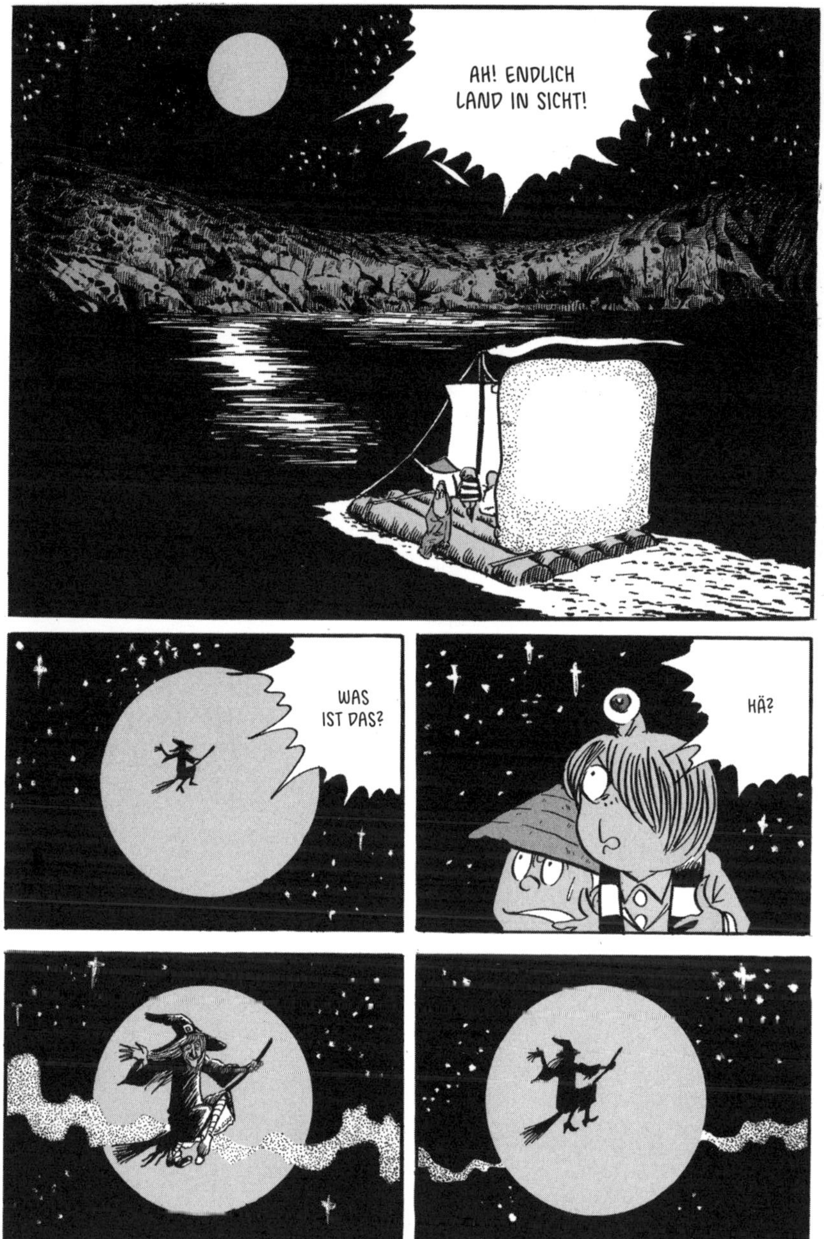
AH! ENDLICH LAND IN SICHT!
WAS IST DAS?
HÄ?

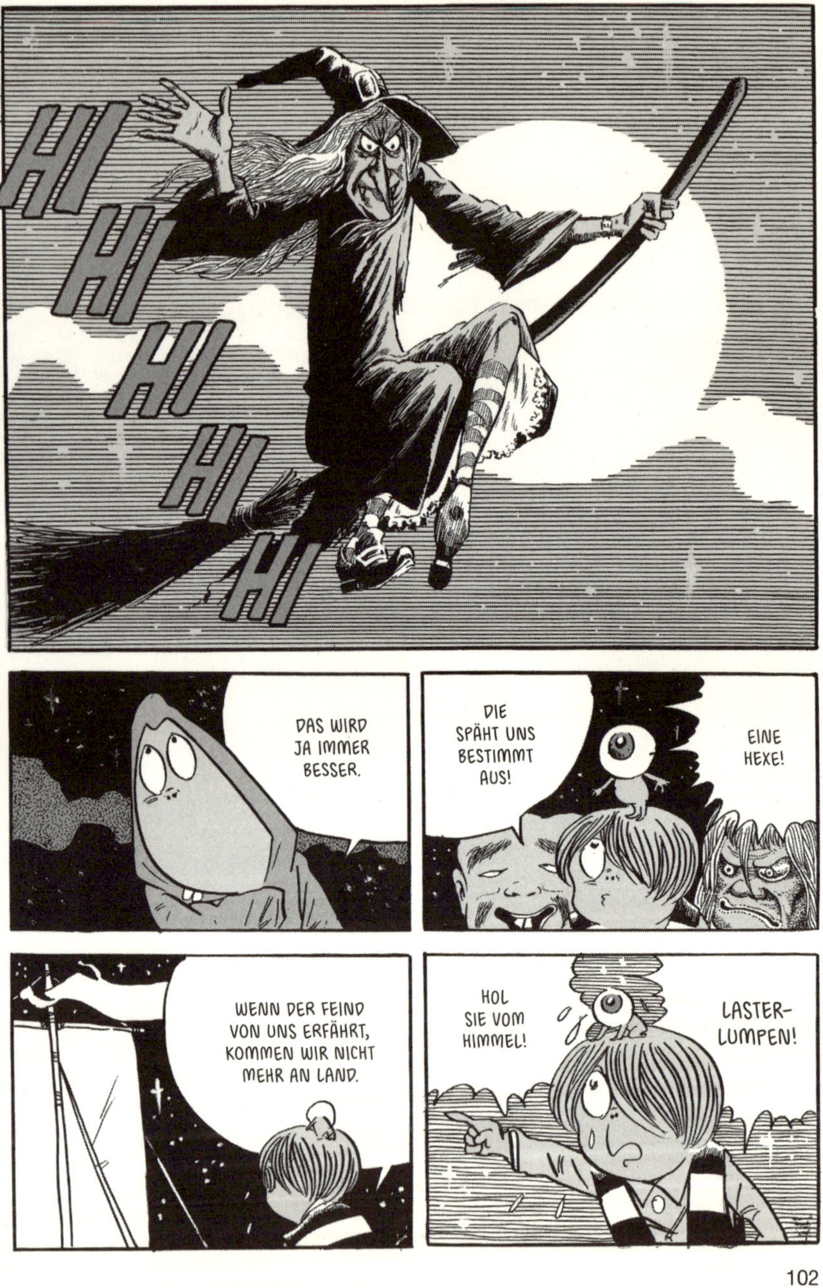
HI HI HI HI HI HI
EINE HEXE!
DIE SPÄHT UNS BESTIMMT AUS!
DAS WIRD JA IMMER BESSER.
LASTER-LUMPEN!
HOL SIE VOM HIMMEL!
WENN DER FEIND VON UNS ERFÄHRT, KOMMEN WIR NICHT MEHR AN LAND.

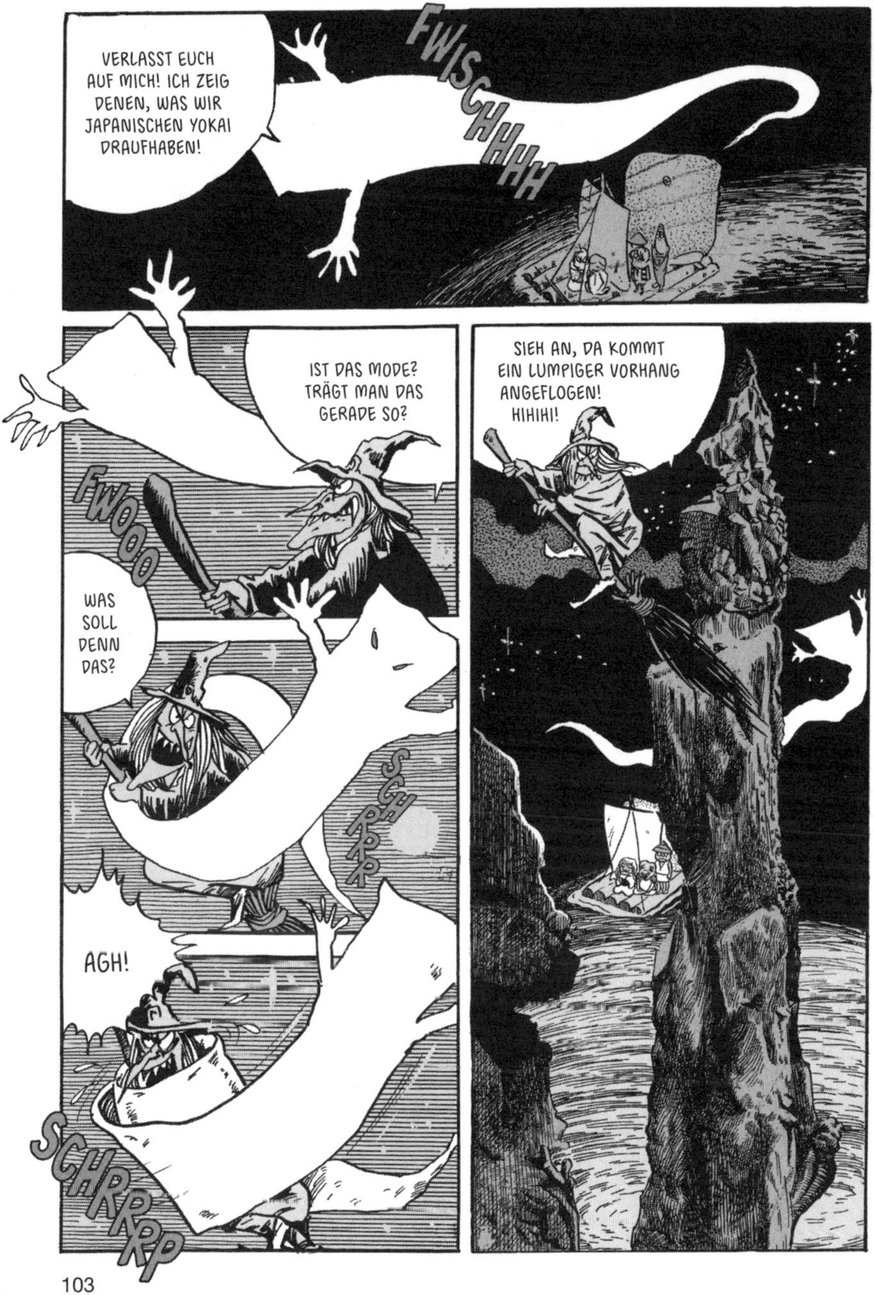
VERLASST EUCH AUF MICH! ICH ZEIG DENEN, WAS WIR JAPANISCHEN YOKAI DRAUFHABEN!
FWISCHHHH
IST DAS MODE? TRÄGT MAN DAS GERADE SO?
FWOOOO
WAS SOLL DENN DAS?
SCHRRRR
AGH!
SCHRRRP
SIEH AN, DA KOMMT EIN LUMPIGER VORHANG ANGEFLOGEN! HIHIHI!

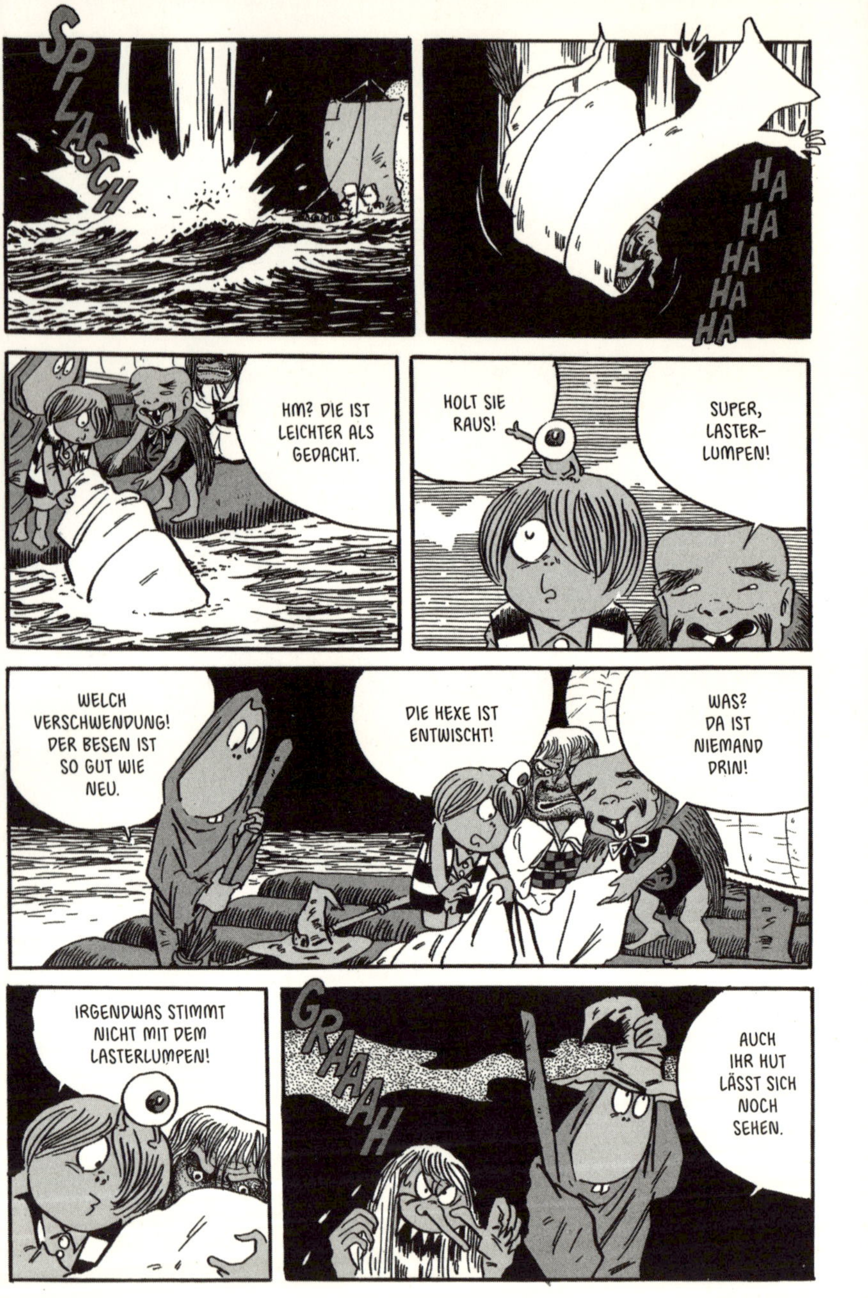
SPLASCH
HA HA HA HA HA
HM? DIE IST LEICHTER ALS GEDACHT.
HOLT SIE RAUS!
SUPER, LASTER-LUMPEN!
WELCH VERSCHWENDUNG! DER BESEN IST SO GUT WIE NEU.
DIE HEXE IST ENTWISCHT!
WAS? DA IST NIEMAND DRIN!
IRGENDWAS STIMMT NICHT MIT DEM LASTERLUMPEN!
GRAAAAH
AUCH IHR HUT LÄSST SICH NOCH SEHEN.

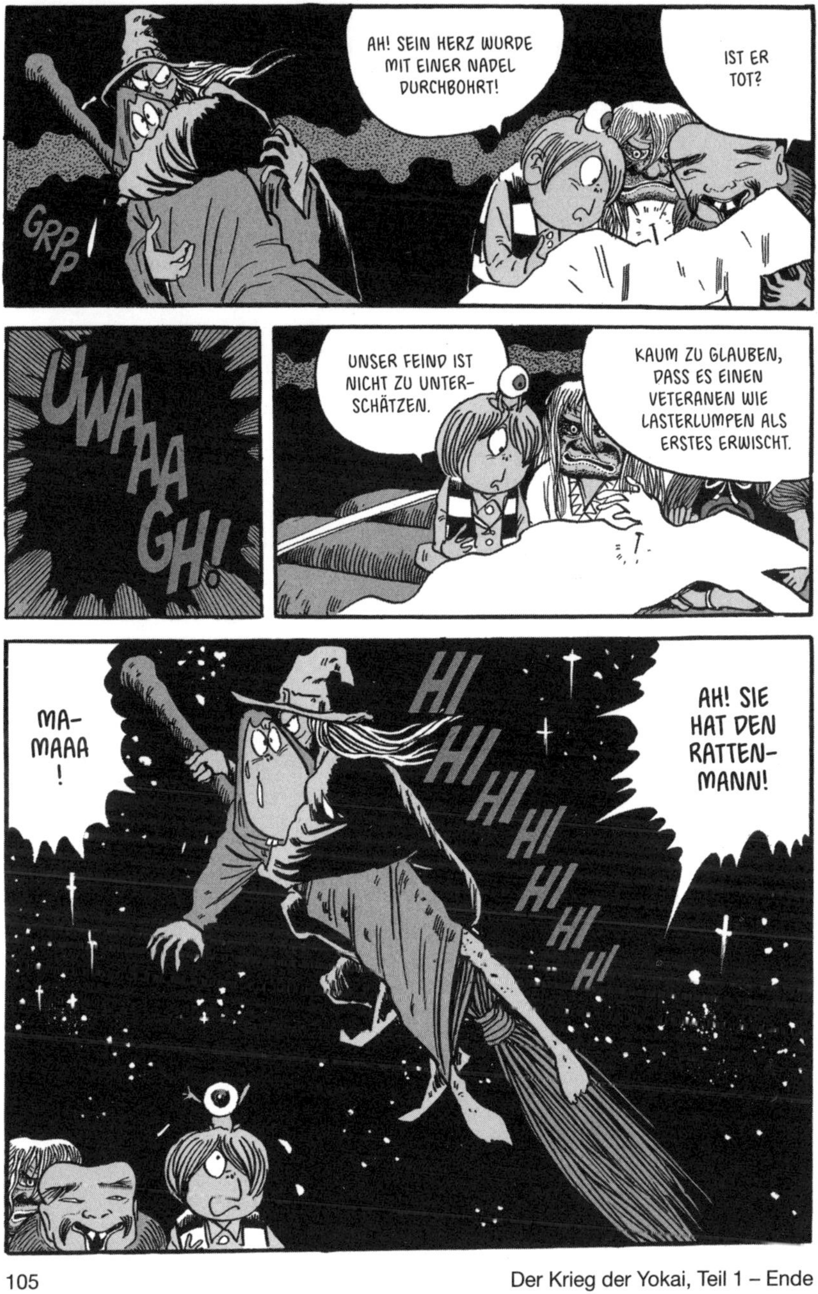
AH! SEIN HERZ WURDE MIT EINER NADEL DURCHBOHRT!
IST ER TOT?
GRPP
UWAAAGH!
UNSER FEIND IST NICHT ZU UNTERSCHÄTZEN.
KAUM ZU GLAUBEN, DASS ES EINEN VETERANEN WIE LASTERLUMPEN ALS ERSTES ERWISCHT.
MA-MAAA!
HI HI HI HI HI HI HI
AH! SIE HAT DEN RATTENMANN!

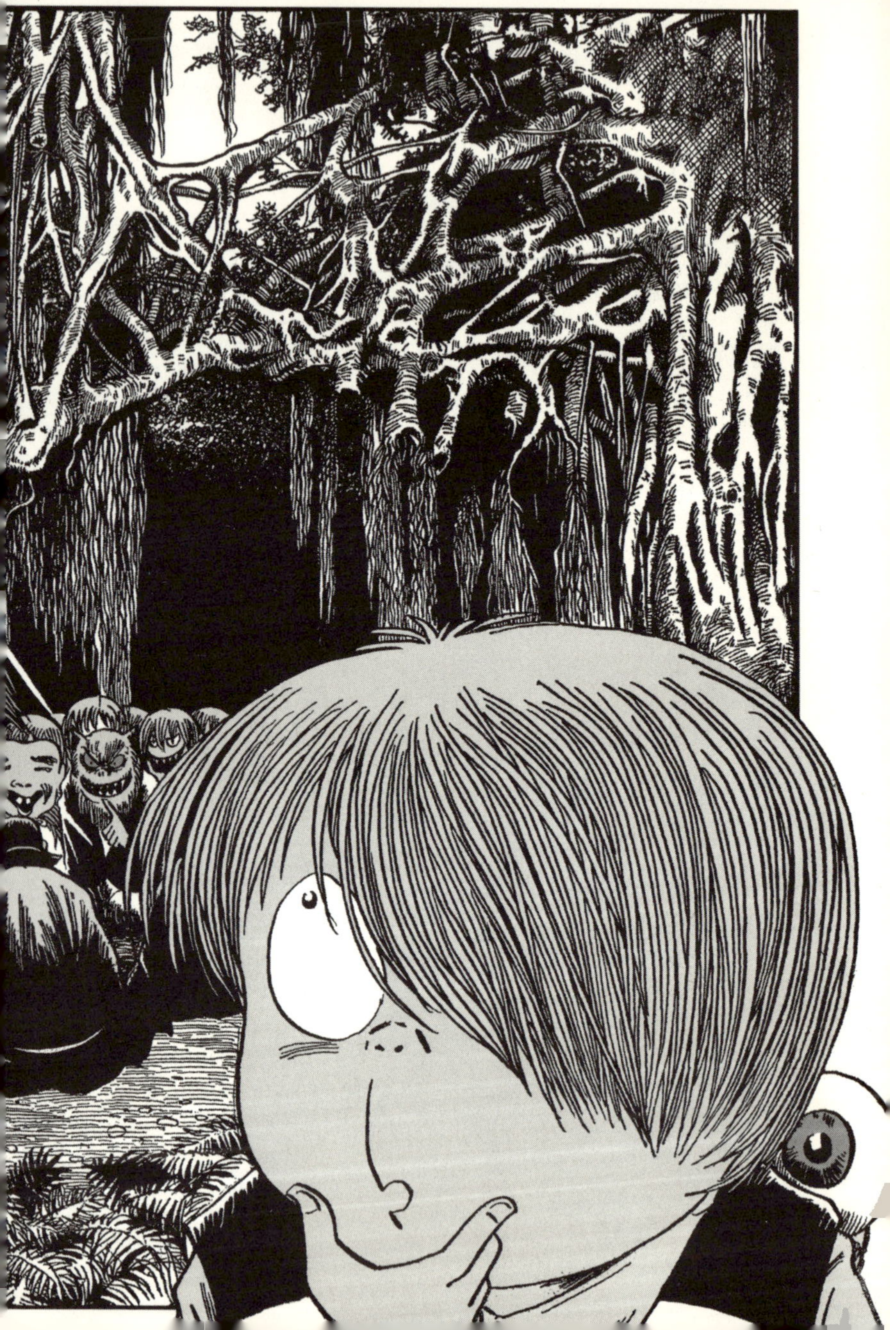

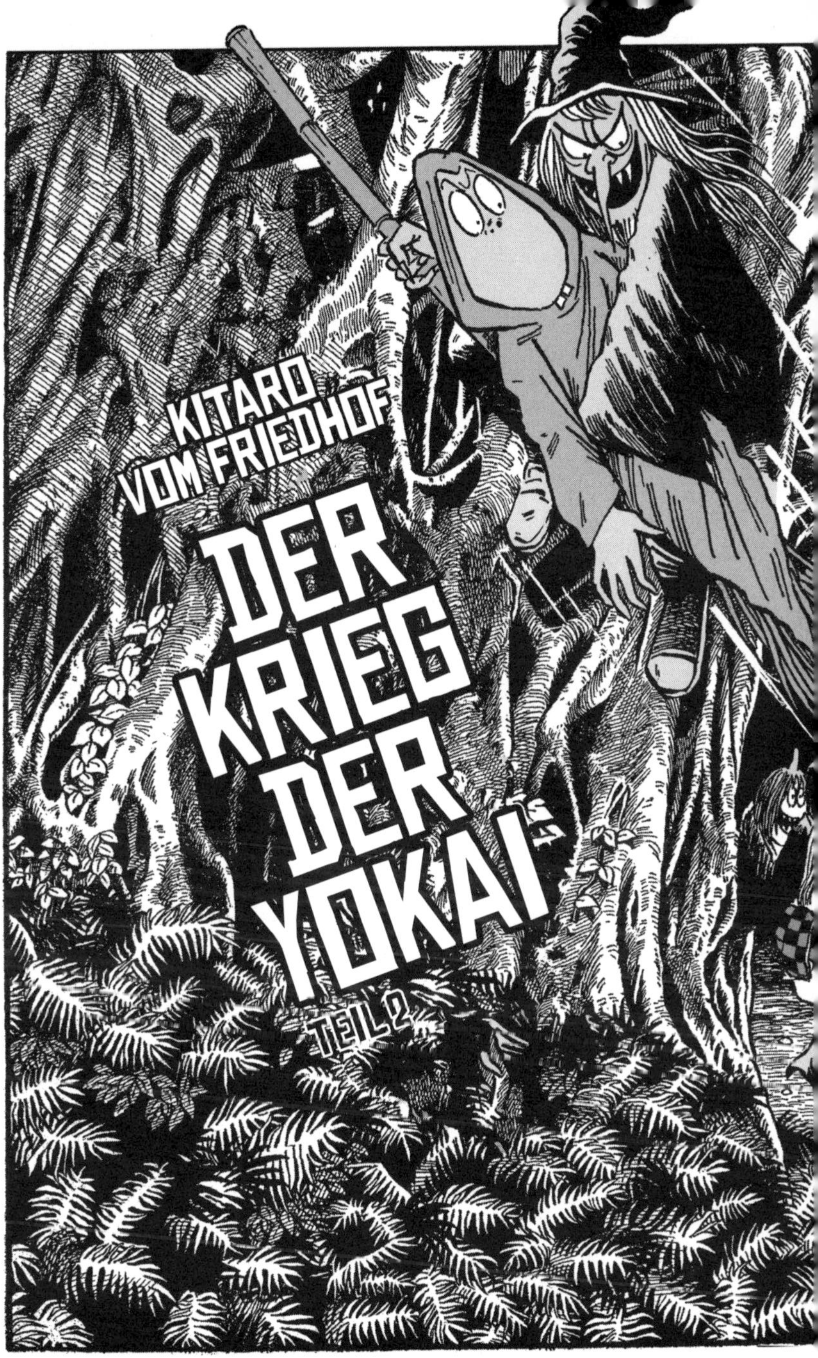
KITARO VOM FRIEDHOF
DER KRIEG DER YOKAI
TEIL 2

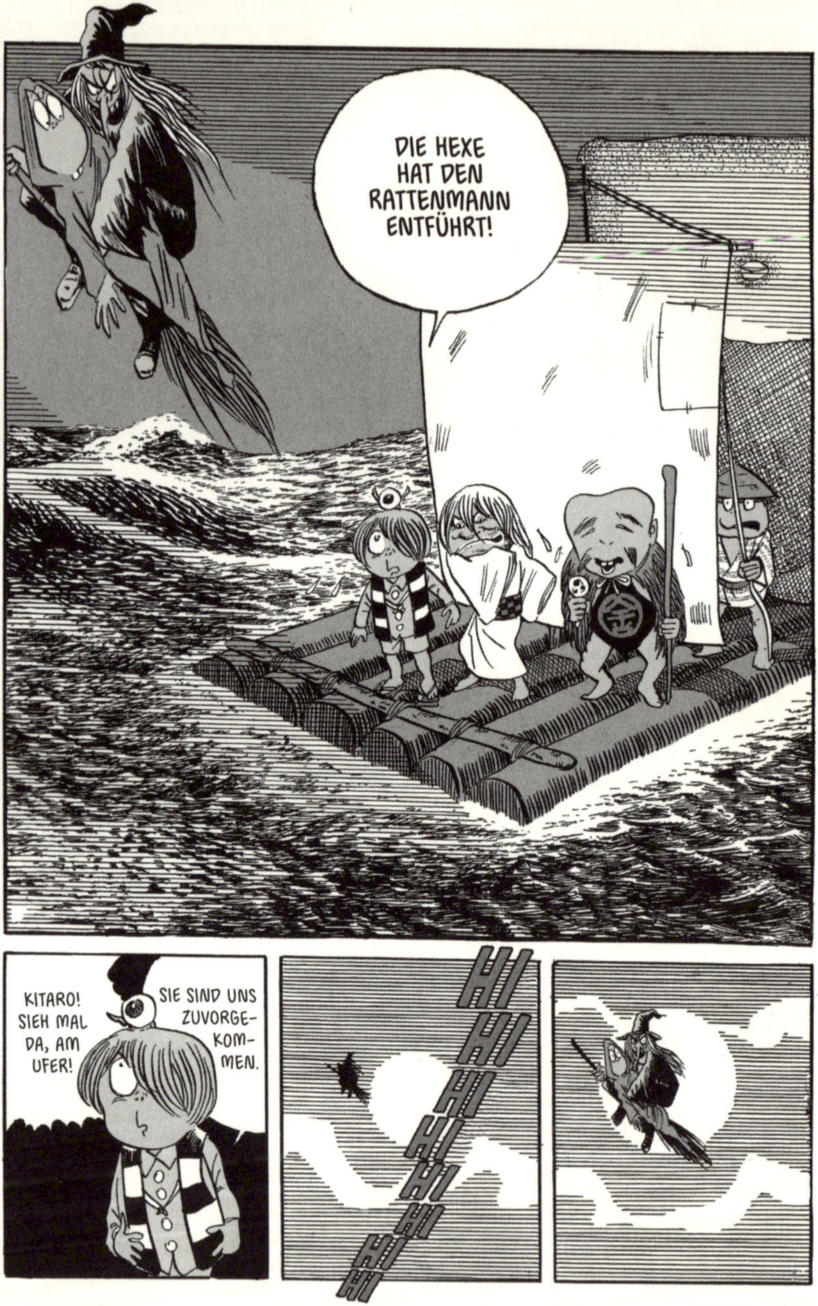
DIE HEXE HAT DEN RATTENMANN ENTFÜHRT!
KITARO! SIEH MAL DA, AM UFER!
SIE SIND UNS ZUVORGE-KOM-MEN.
HI HI HI HI HI HI HI HI HI HI

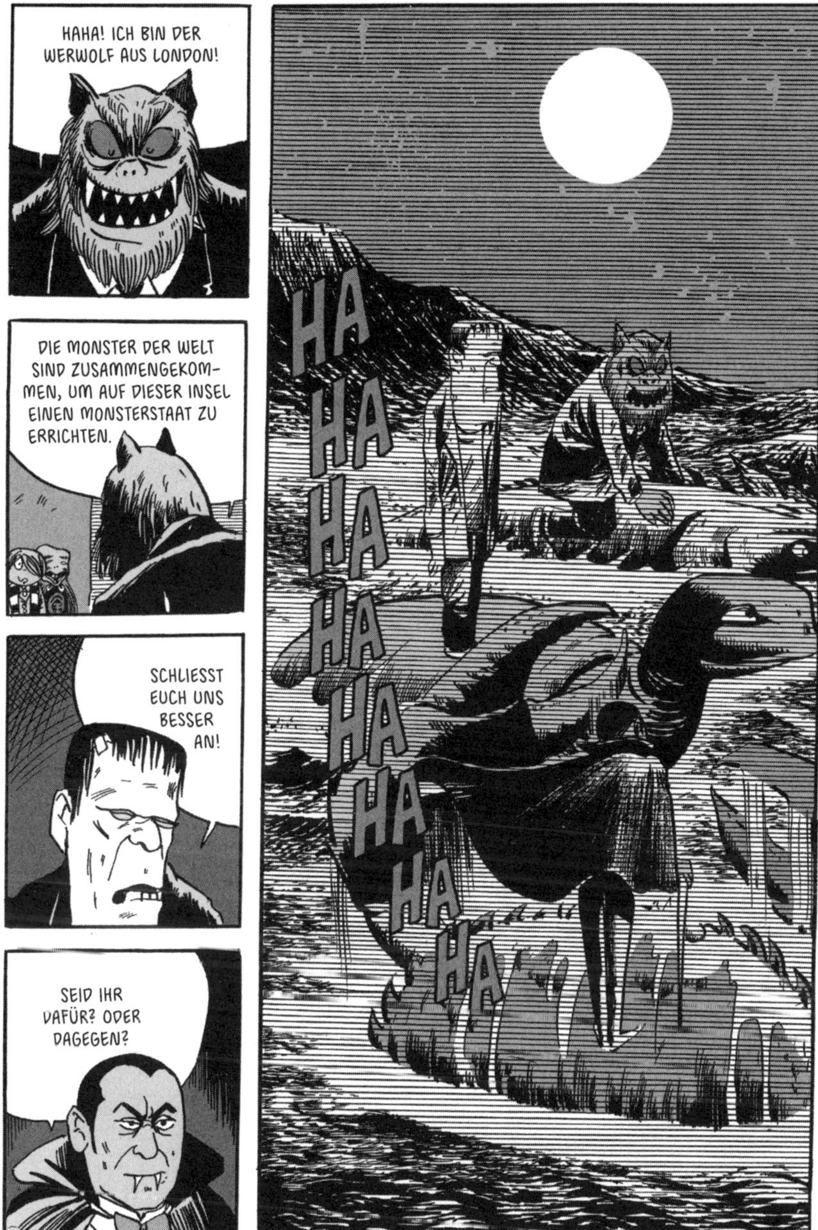
HA HA HA HA HA HA HA HA HA HA HA
HAHA! ICH BIN DER WERWOLF AUS LONDON!
DIE MONSTER DER WELT SIND ZUSAMMENGEKOMMEN, UM AUF DIESER INSEL EINEN MONSTERSTAAT ZU ERRICHTEN.
SCHLIESST EUCH UNS BESSER AN!
SEID IHR DAFÜR? ODER DAGEGEN?

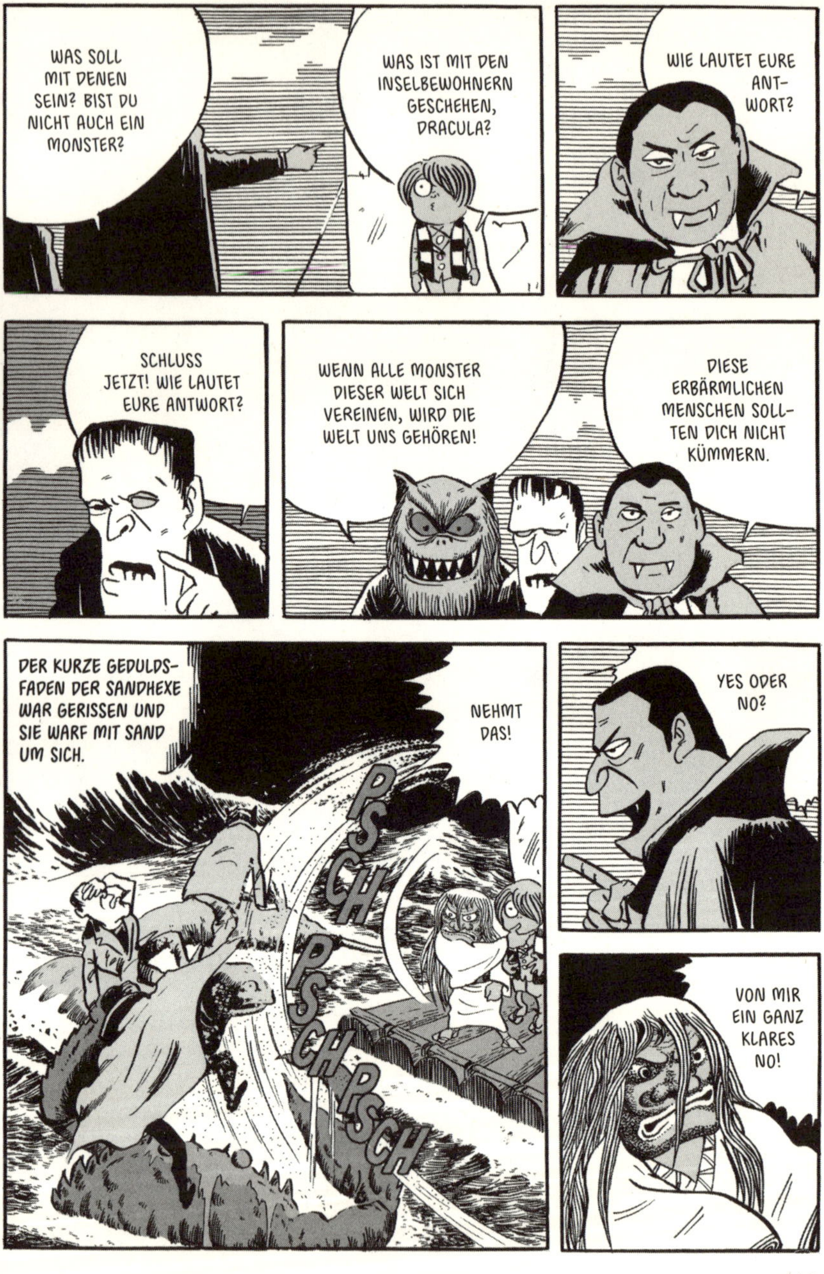
WAS SOLL MIT DENEN SEIN? BIST DU NICHT AUCH EIN MONSTER?
WAS IST MIT DEN INSELBEWOHNERN GESCHEHEN, DRACULA?
WIE LAUTET EURE ANT-WORT?
SCHLUSS JETZT! WIE LAUTET EURE ANTWORT?
WENN ALLE MONSTER DIESER WELT SICH VEREINEN, WIRD DIE WELT UNS GEHÖREN!
DIESE ERBÄRMLICHEN MENSCHEN SOLL-TEN DICH NICHT KÜMMERN.
DER KURZE GEDULDS-FADEN DER SANDHEXE WAR GERISSEN UND SIE WARF MIT SAND UM SICH.
NEHMT DAS!
PSCH
PSCH
PSCH
PSCH
YES ODER NO?
VON MIR EIN GANZ KLARES NO!

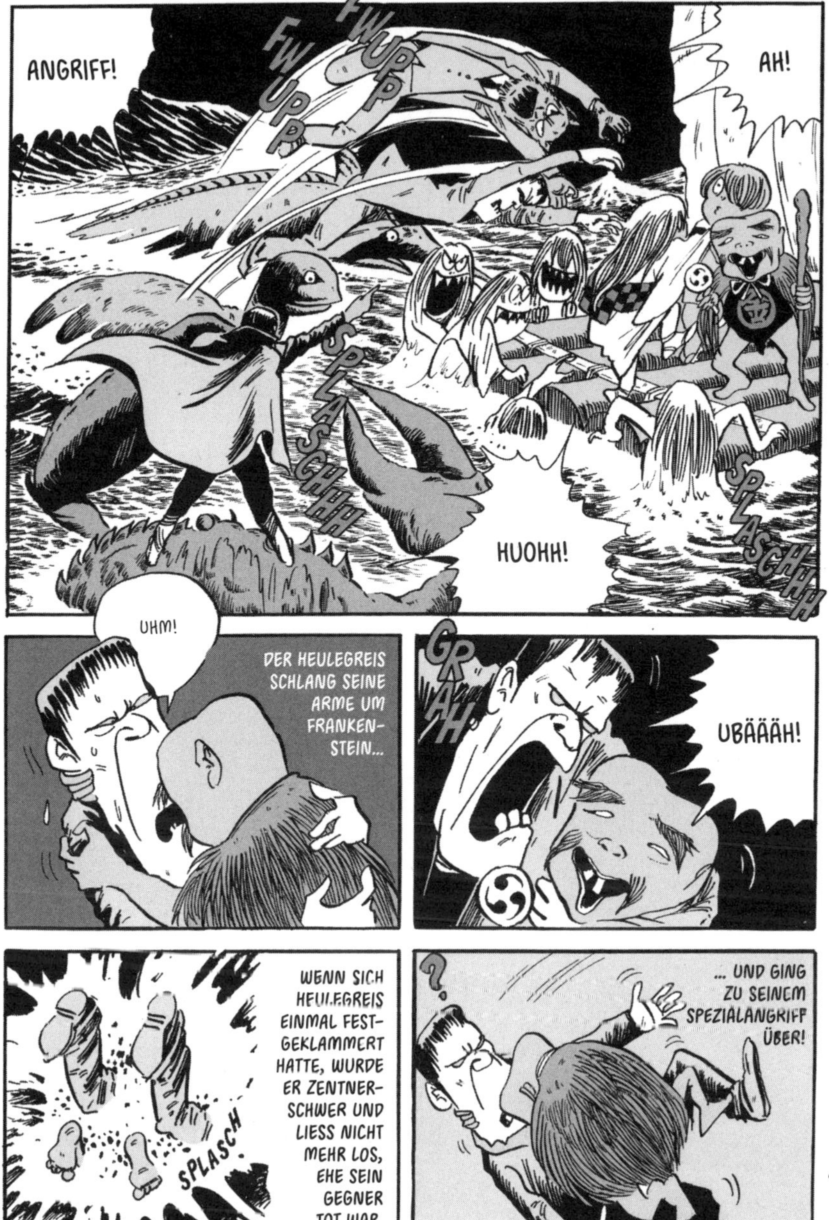
ANGRIFF!
FWUPP FWUPP
AH!
SPLASCHHH
HUOHH!
SPLASCHHH
UHM!
DER HEULEGREIS SCHLANG SEINE ARME UM FRANKEN-STEIN...
GRAAH
UBÄÄÄH!
WENN SICH HEULEGREIS EINMAL FEST-GEKLAMMERT HATTE, WURDE ER ZENTNER-SCHWER UND LIESS NICHT MEHR LOS, EHE SEIN GEGNER TOT WAR.
SPLASCH
?
... UND GING ZU SEINEM SPEZIALANGRIFF ÜBER!

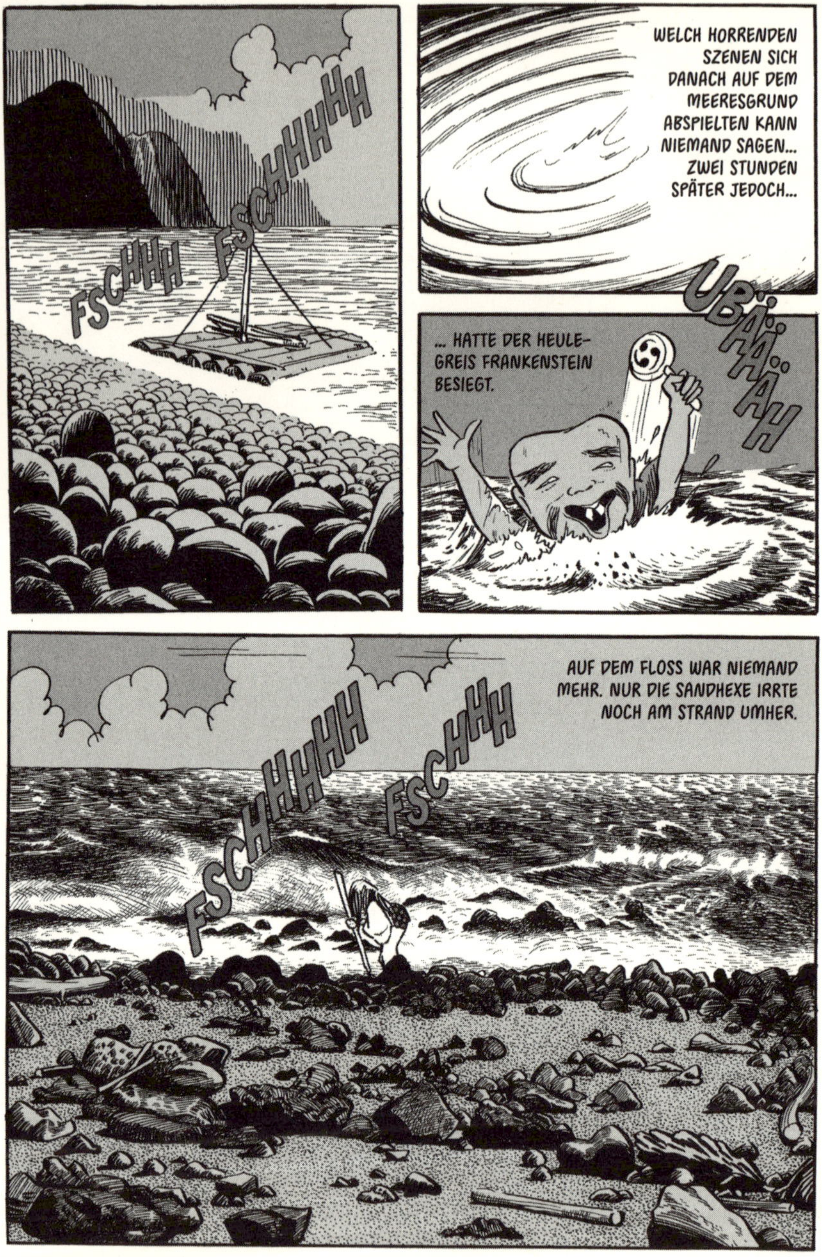
FSCHHH FSCHHHHH
WELCH HORRENDEN SZENEN SICH DANACH AUF DEM MEERESGRUND ABSPIELTEN KANN NIEMAND SAGEN... ZWEI STUNDEN SPÄTER JEDOCH...
UBÄÄÄÄH
... HATTE DER HEULE-GREIS FRANKENSTEIN BESIEGT.
AUF DEM FLOSS WAR NIEMAND MEHR. NUR DIE SANDHEXE IRRTE NOCH AM STRAND UMHER.
FSCHHHHH FSCHHH

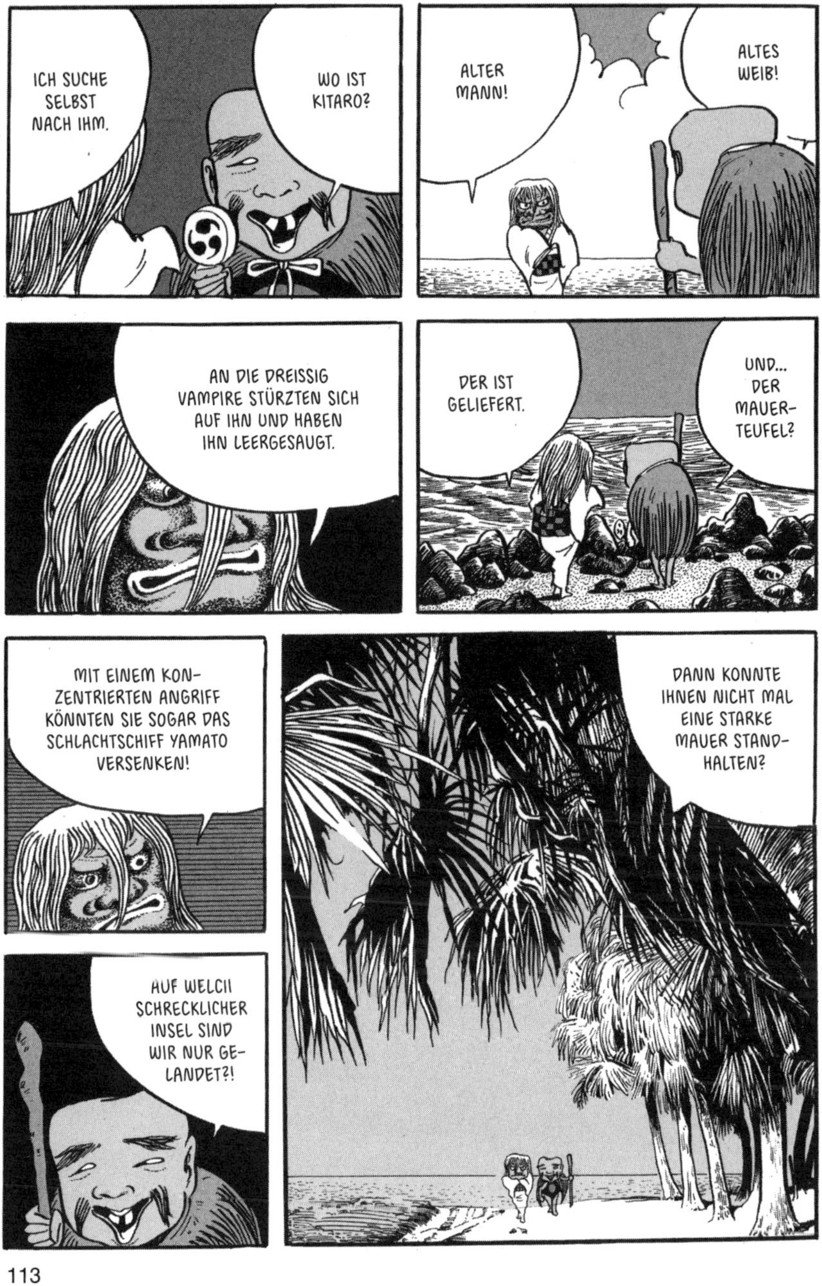
WO IST KITARO?
ICH SUCHE SELBST NACH IHM.
ALTES WEIB!
ALTER MANN!
AN DIE DREISSIG VAMPIRE STÜRZTEN SICH AUF IHN UND HABEN IHN LEERGESAUGT.
UND... DER MAUER-TEUFEL?
DER IST GELIEFERT.
MIT EINEM KON-ZENTRIERTEN ANGRIFF KÖNNTEN SIE SOGAR DAS SCHLACHTSCHIFF YAMATO VERSENKEN!
DANN KONNTE IHNEN NICHT MAL EINE STARKE MAUER STAND-HALTEN?
AUF WELCII SCHRECKLICHER INSEL SIND WIR NUR GE-LANDET?!

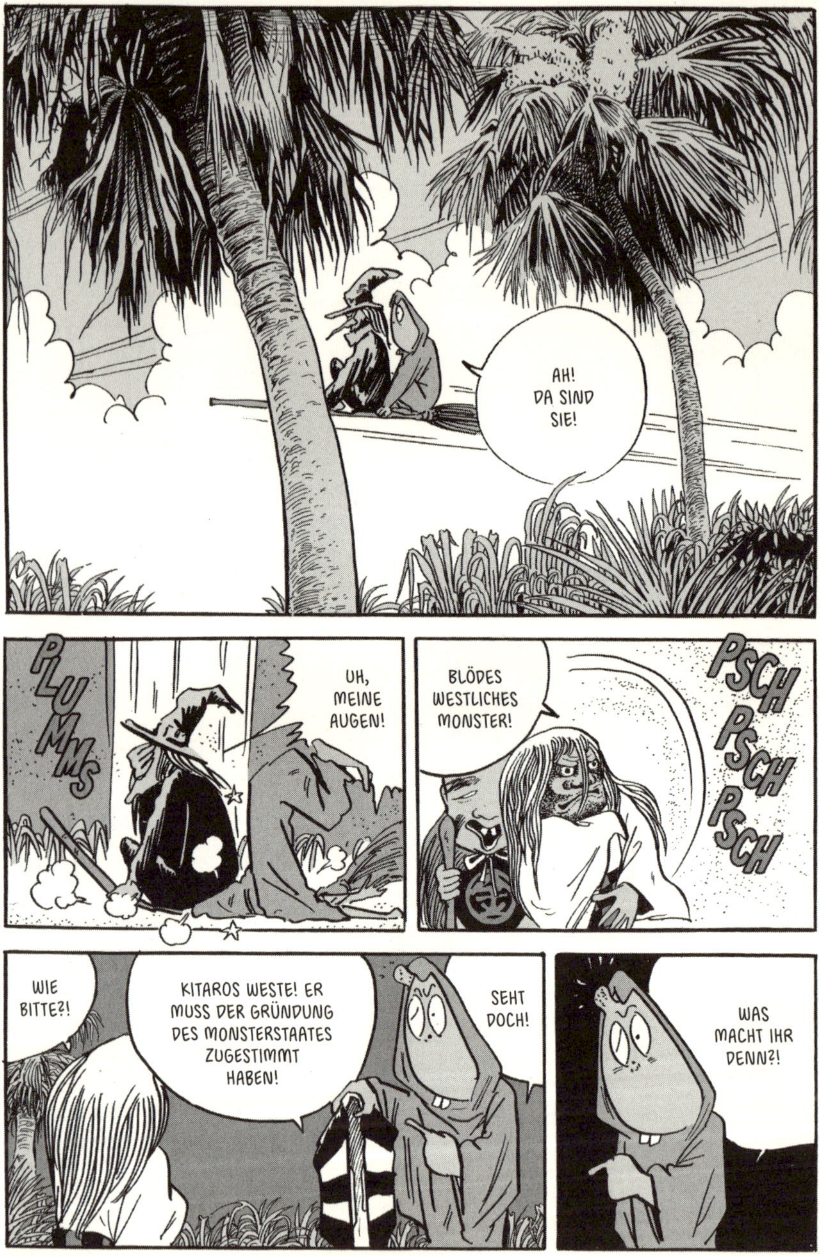
AH! DA SIND SIE!
PSCH PSCH PSCH
BLÖDES WESTLICHES MONSTER!
PLUMMS
UH, MEINE AUGEN!
WAS MACHT IHR DENN?!
SEHT DOCH!
KITAROS WESTE! ER MUSS DER GRÜNDUNG DES MONSTERSTAATES ZUGESTIMMT HABEN!
WIE BITTE?!

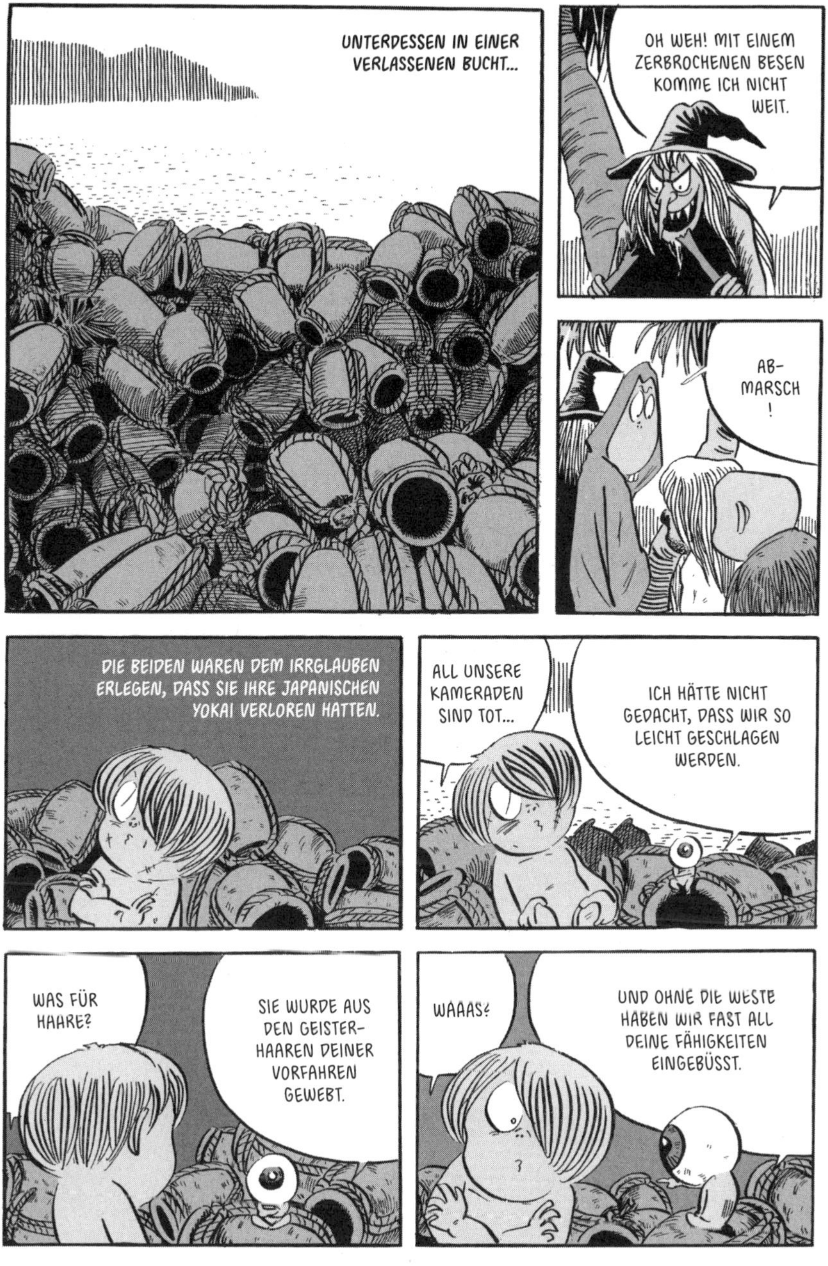
UNTERDESSEN IN EINER VERLASSENEN BUCHT...
OH WEH! MIT EINEM ZERBROCHENEN BESEN KOMME ICH NICHT WEIT.
AB-MARSCH!
DIE BEIDEN WAREN DEM IRRGLAUBEN ERLEGEN, DASS SIE IHRE JAPANISCHEN YOKAI VERLOREN HATTEN.
ALL UNSERE KAMERADEN SIND TOT...
ICH HÄTTE NICHT GEDACHT, DASS WIR SO LEICHT GESCHLAGEN WERDEN.
WAS FÜR HAARE?
SIE WURDE AUS DEN GEISTER-HAAREN DEINER VORFAHREN GEWEBT.
WAAAS?
UND OHNE DIE WESTE HABEN WIR FAST ALL DEINE FÄHIGKEITEN EINGEBÜSST.

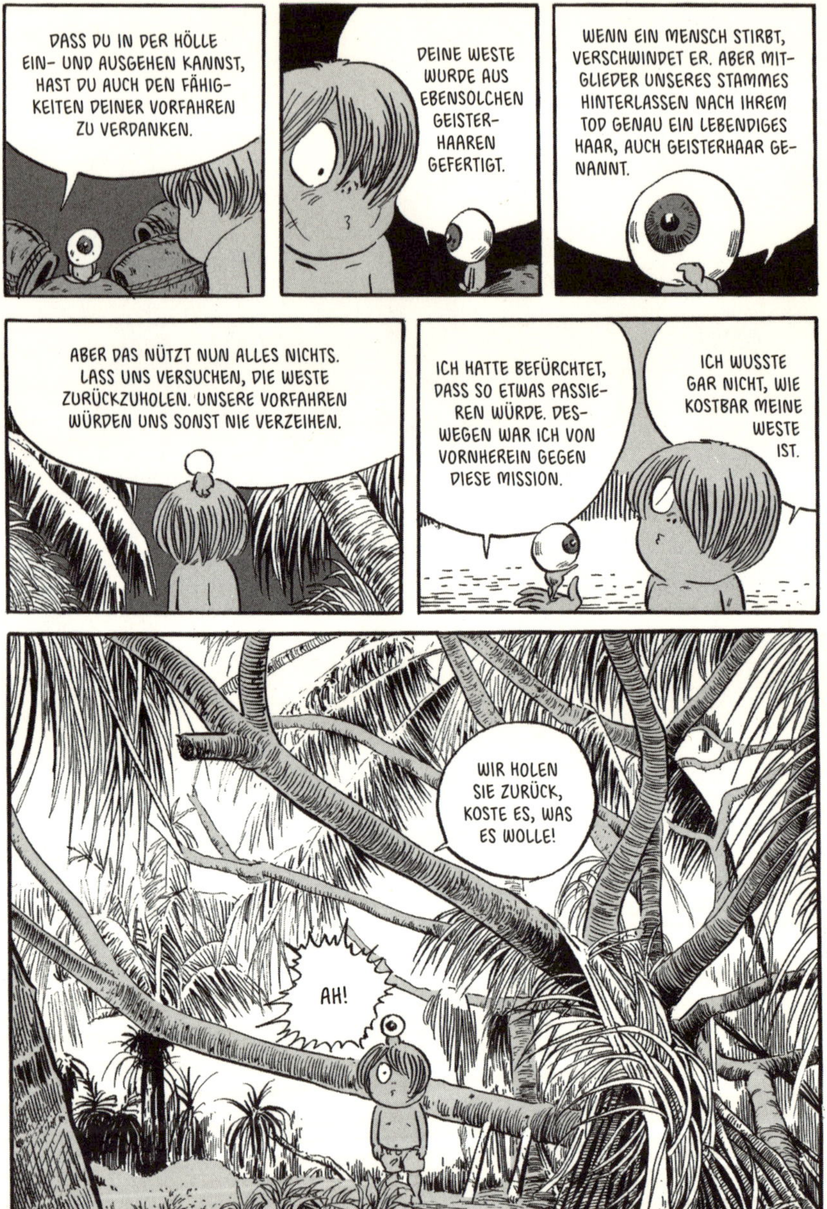
DASS DU IN DER HÖLLE EIN- UND AUSGEHEN KANNST, HAST DU AUCH DEN FÄHIGKEITEN DEINER VORFAHREN ZU VERDANKEN.
DEINE WESTE WURDE AUS EBENSOLCHEN GEISTERHAAREN GEFERTIGT.
WENN EIN MENSCH STIRBT, VERSCHWINDET ER. ABER MITGLIEDER UNSERES STAMMES HINTERLASSEN NACH IHREM TOD GENAU EIN LEBENDIGES HAAR, AUCH GEISTERHAAR GENANNT.
ABER DAS NÜTZT NUN ALLES NICHTS. LASS UNS VERSUCHEN, DIE WESTE ZURÜCKZUHOLEN. UNSERE VORFAHREN WÜRDEN UNS SONST NIE VERZEIHEN.
ICH WUSSTE GAR NICHT, WIE KOSTBAR MEINE WESTE IST.
ICH HATTE BEFÜRCHTET, DASS SO ETWAS PASSIEREN WÜRDE. DESWEGEN WAR ICH VON VORNHEREIN GEGEN DIESE MISSION.
WIR HOLEN SIE ZURÜCK, KOSTE ES, WAS ES WOLLE!
AH!

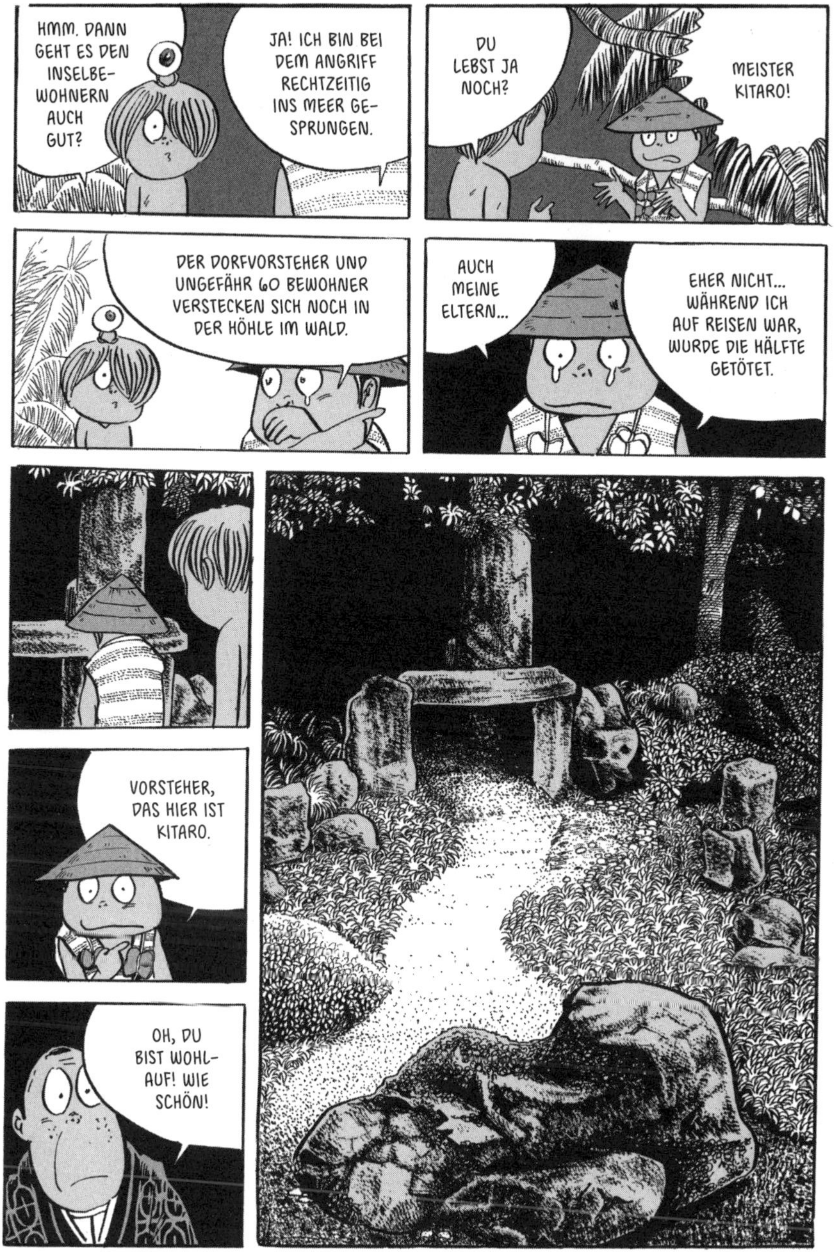
MEISTER KITARO!
DU LEBST JA NOCH?
JA! ICH BIN BEI DEM ANGRIFF RECHTZEITIG INS MEER GESPRUNGEN.
HMM. DANN GEHT ES DEN INSELBEWOHNERN AUCH GUT?
EHER NICHT... WÄHREND ICH AUF REISEN WAR, WURDE DIE HÄLFTE GETÖTET.
AUCH MEINE ELTERN...
DER DORFVORSTEHER UND UNGEFÄHR 60 BEWOHNER VERSTECKEN SICH NOCH IN DER HÖHLE IM WALD.
VORSTEHER, DAS HIER IST KITARO.
OH, DU BIST WOHLAUF! WIE SCHÖN!

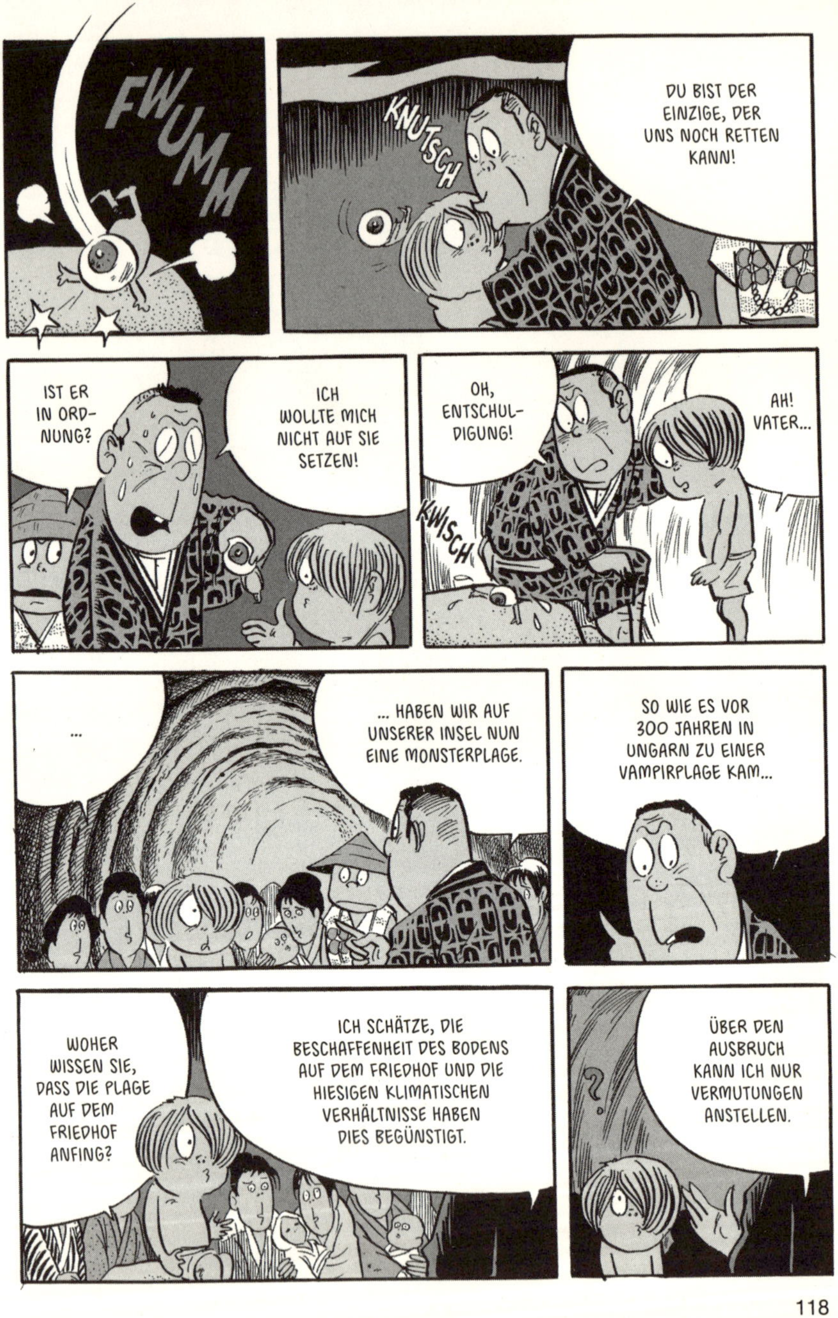

DU BIST DER EINZIGE, DER UNS NOCH RETTEN KANN!
KNUTSCH
FWUMM
AH! VATER...
OH, ENTSCHULDIGUNG!
KWISCH
ICH WOLLTE MICH NICHT AUF SIE SETZEN!
IST ER IN ORDNUNG?
SO WIE ES VOR 300 JAHREN IN UNGARN ZU EINER VAMPIRPLAGE KAM...
... HABEN WIR AUF UNSERER INSEL NUN EINE MONSTERPLAGE.
...
ÜBER DEN AUSBRUCH KANN ICH NUR VERMUTUNGEN ANSTELLEN.
?
ICH SCHÄTZE, DIE BESCHAFFENHEIT DES BODENS AUF DEM FRIEDHOF UND DIE HIESIGEN KLIMATISCHEN VERHÄLTNISSE HABEN DIES BEGÜNSTIGT.
WOHER WISSEN SIE, DASS DIE PLAGE AUF DEM FRIEDHOF ANFING?

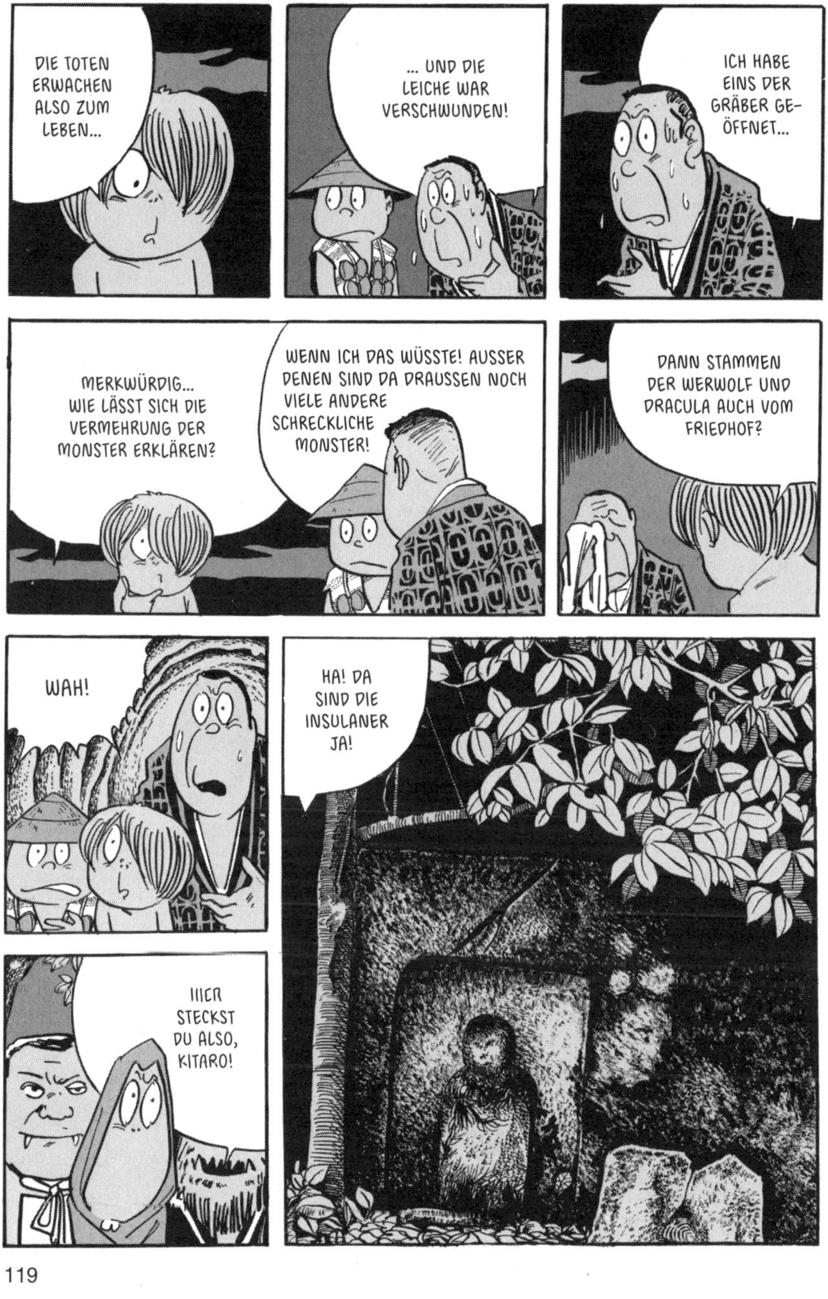
ICH HABE EINS DER GRÄBER GE-ÖFFNET...
... UND DIE LEICHE WAR VERSCHWUNDEN!
DIE TOTEN ERWACHEN ALSO ZUM LEBEN...
DANN STAMMEN DER WERWOLF UND DRACULA AUCH VOM FRIEDHOF?
WENN ICH DAS WÜSSTE! AUSSER DENEN SIND DA DRAUSSEN NOCH VIELE ANDERE SCHRECKLICHE MONSTER!
MERKWÜRDIG... WIE LÄSST SICH DIE VERMEHRUNG DER MONSTER ERKLÄREN?
HA! DA SIND DIE INSULANER JA!
WAH!
HIER STECKST DU ALSO, KITARO!

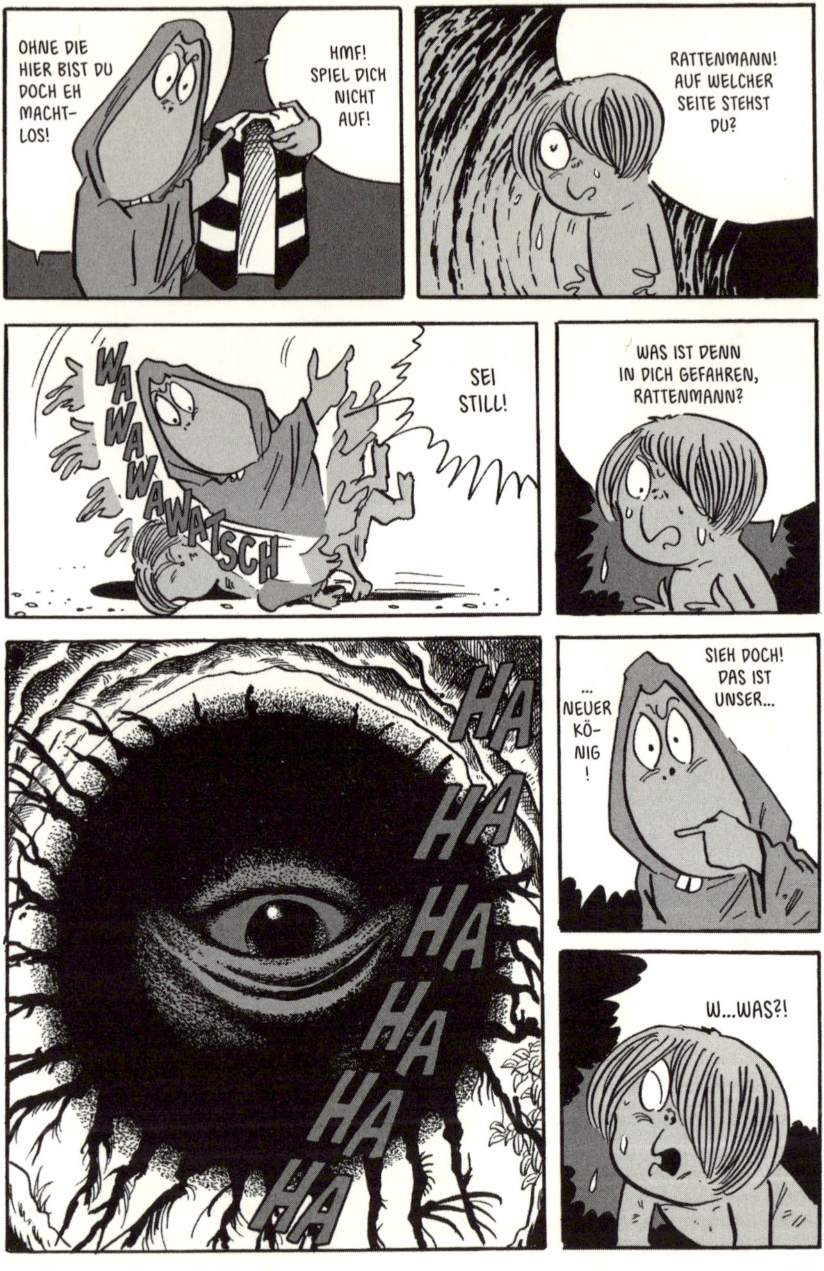

Der Krieg der Yokai, Teil 2 – Ende

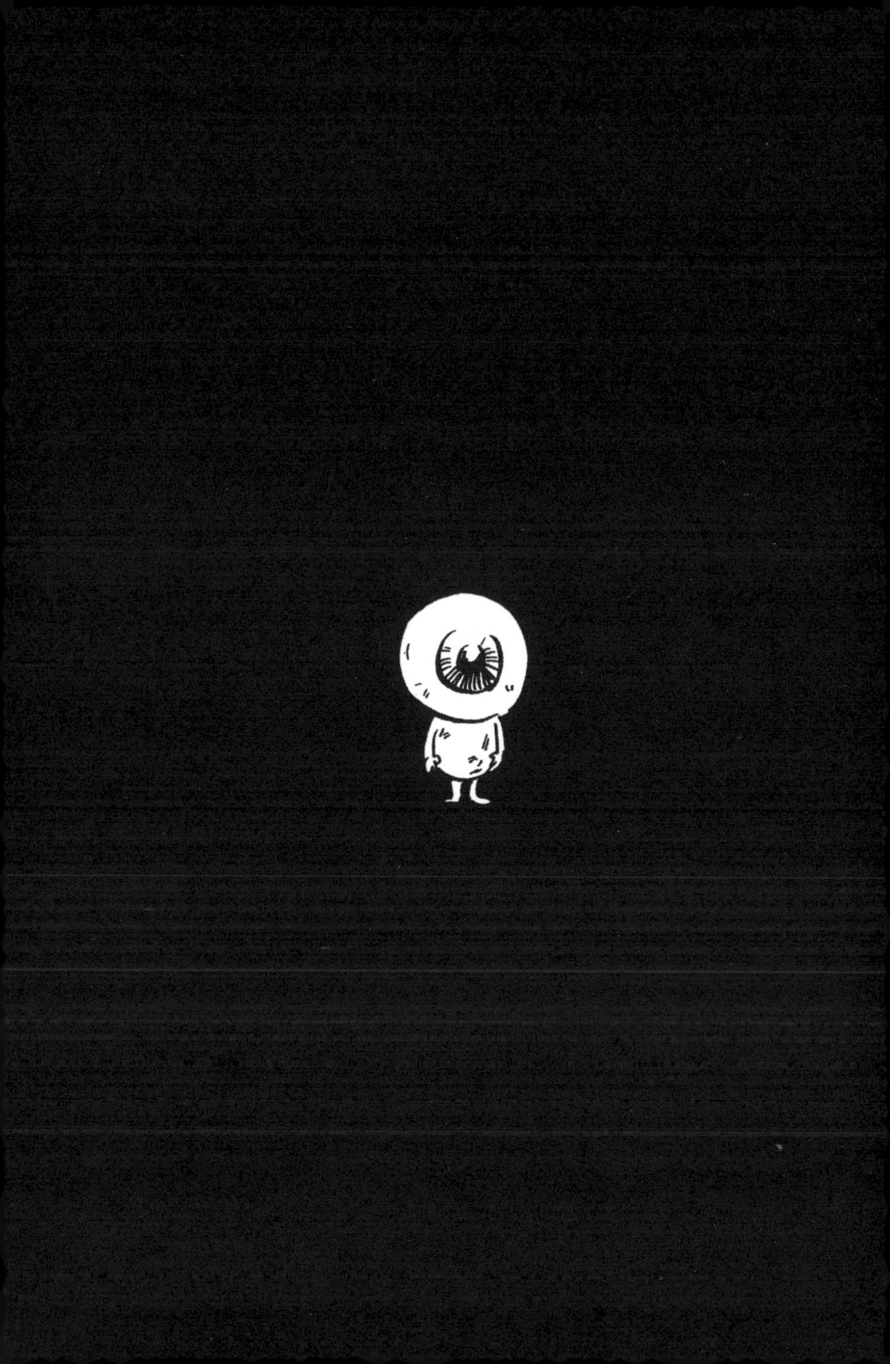

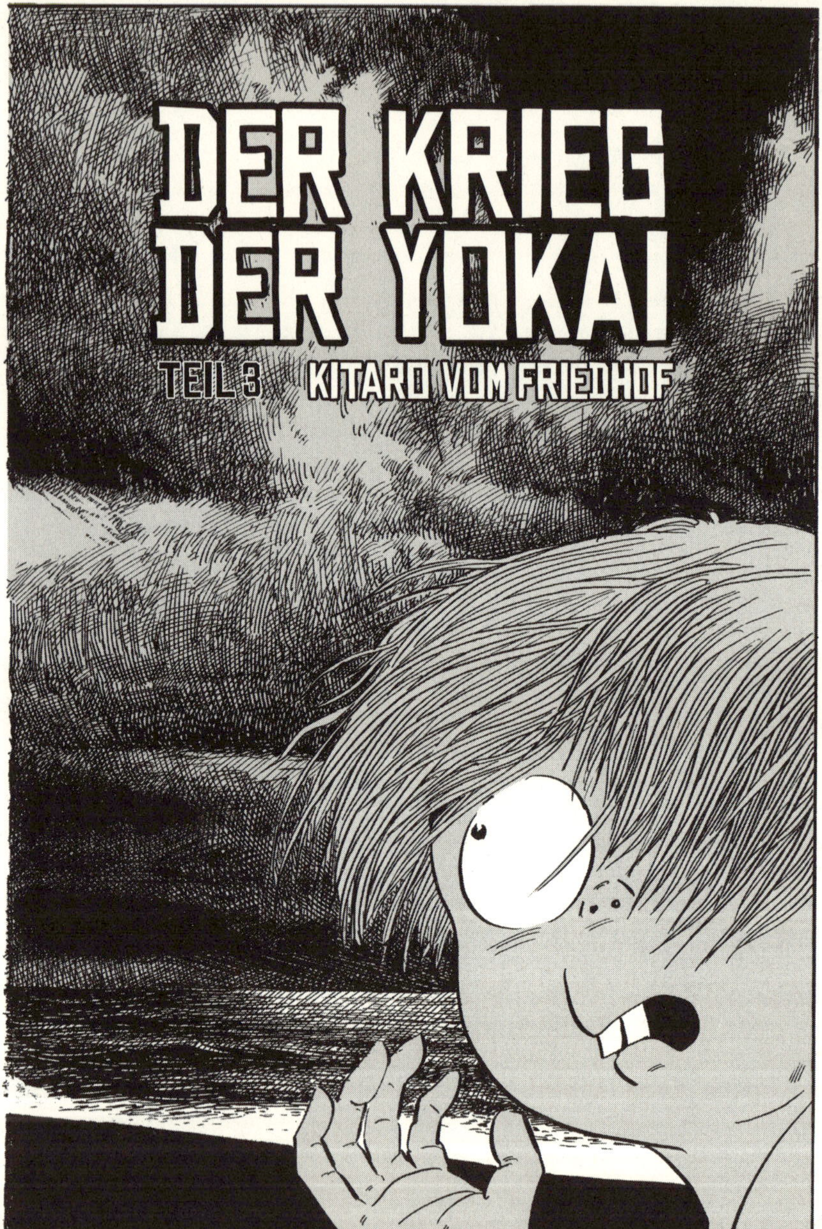
DER KRIEG DER YOKAI
TEIL 3 KITARO VOM FRIEDHOF

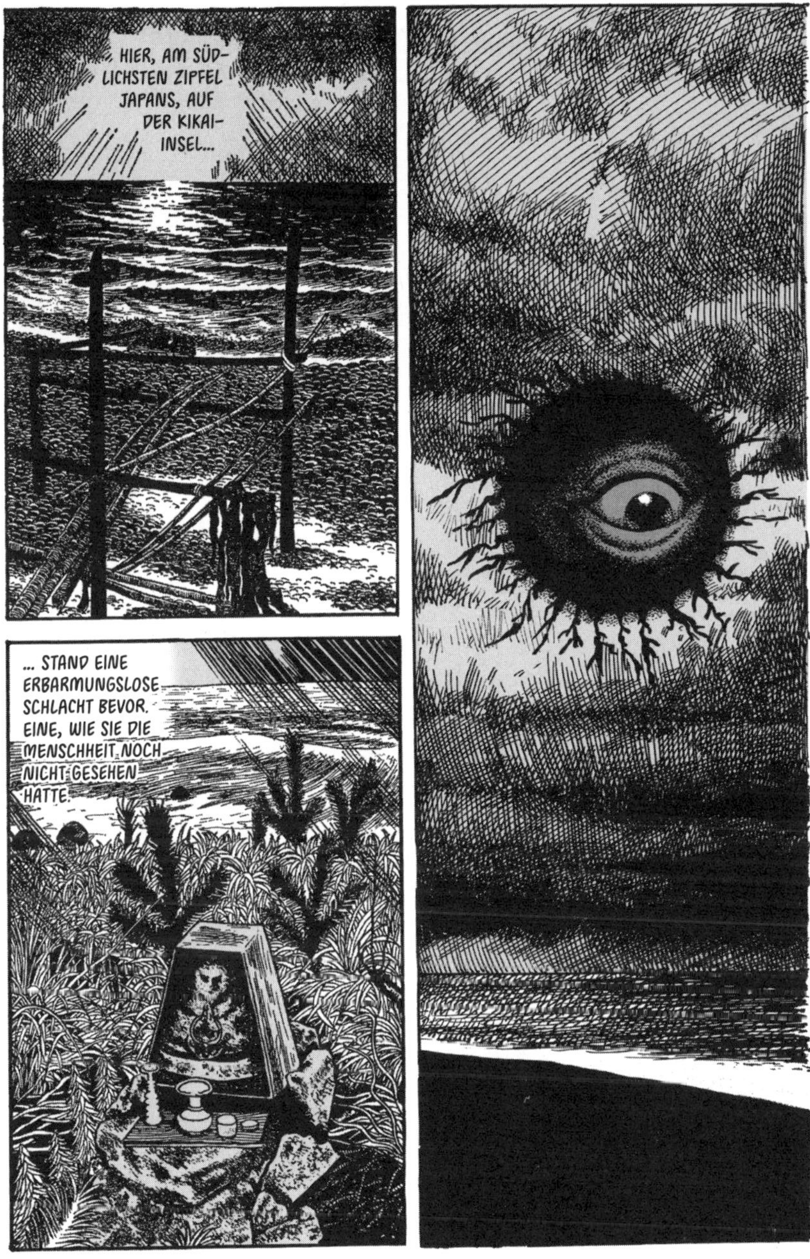
HIER, AM SÜDLICHSTEN ZIPFEL JAPANS, AUF DER KIKAI-INSEL...
... STAND EINE ERBARMUNGSLOSE SCHLACHT BEVOR. EINE, WIE SIE DIE MENSCHHEIT NOCH NICHT GESEHEN HATTE.

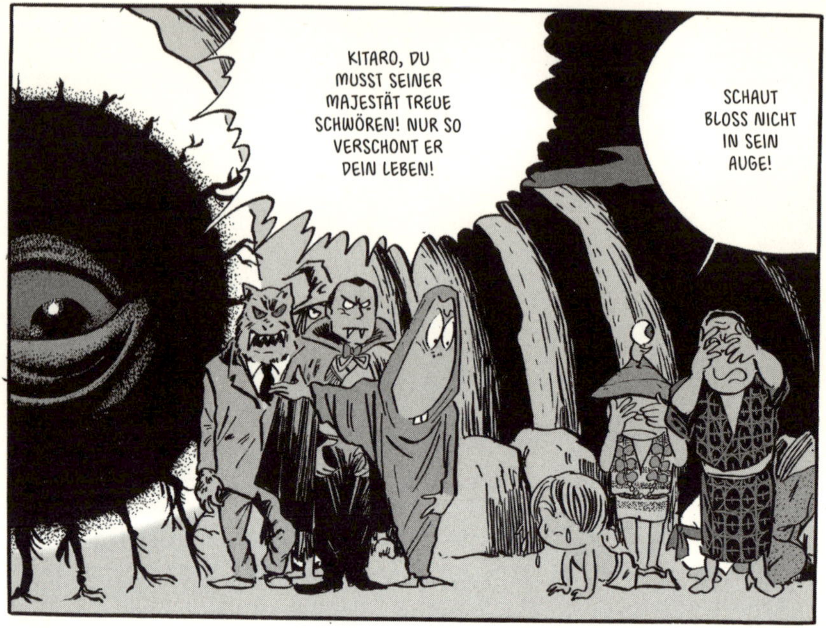

Monsterarmee, die auf der Kikai-Insel aufgetaucht ist

Hinterbart General der westlichen Monster. Wer in sein Auge blickt, wird sogleich hypnotisiert und zu seiner Marionette.

Dracula Vampir, der an fremden Hälsen Blut saugt.

Werwolf Blutsaugende Bestie, die bei Vollmond in Raserei verfällt.

Hexe Kann auf ihrem Besen durch die Luft fliegen.

Sonstige Die Armee umfasst noch viele weitere Monster, aber diese vier sind die wichtigsten.

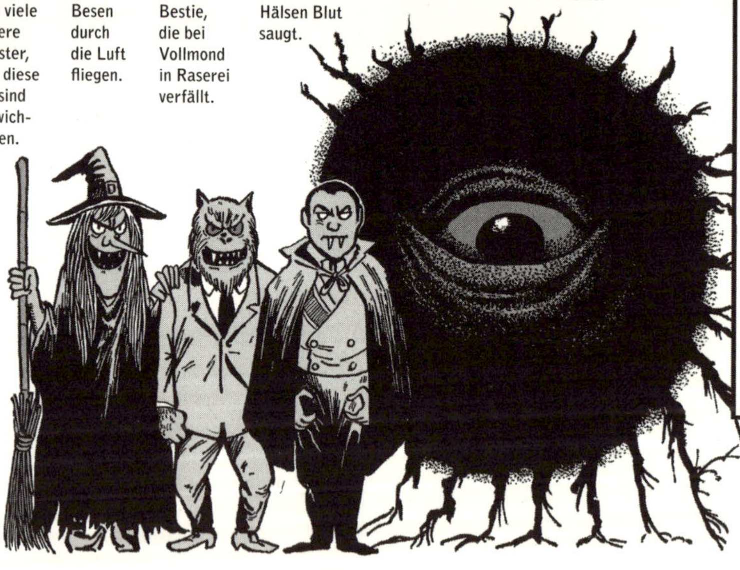

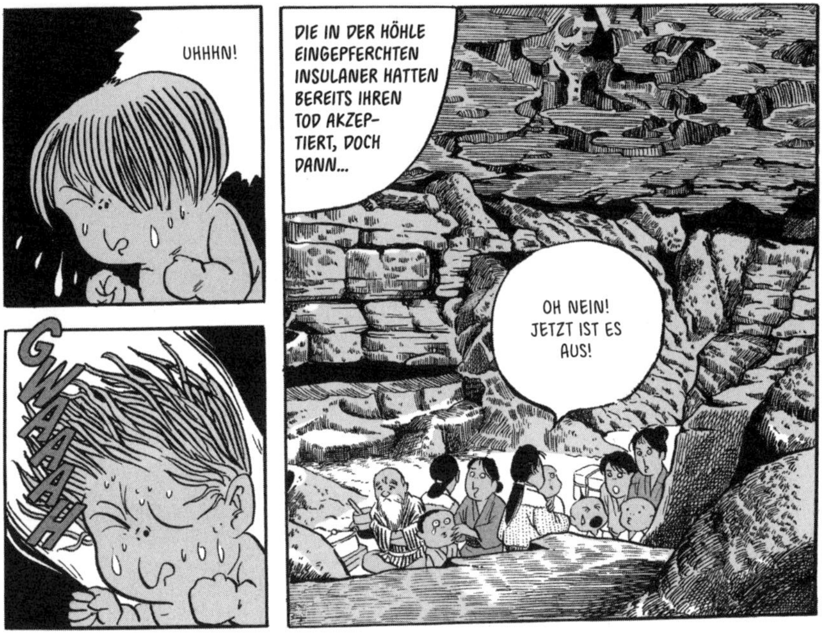

Der Rattenmann
Halb Mensch, halb Yokai. Eigentlich Kitaros bester Freund, nachdem er jedoch in Hinterbarts Auge blickte, lief er zum Feind über.

Der Heulegreis
Dieser Yokai zeichnet sich durch sein kleinkindliches Geschrei aus. Er umklammert seine Gegner und wird bleischwer. Erst nach deren Tod lässt er wieder ab.

Die Sandhexe
Eine ungeduldige Yokai, die bei der ersten Gelegenheit mit Sand um sich wirft.

Kitaro vom Friedhof
General der japanischen Yokai. Seine Weste wurde aus den Geisterhaaren seiner Vorfahren gefertigt, die diese bei ihrem Tod zurückließen.

Japanische Yokai, die Gegenwehr leisten

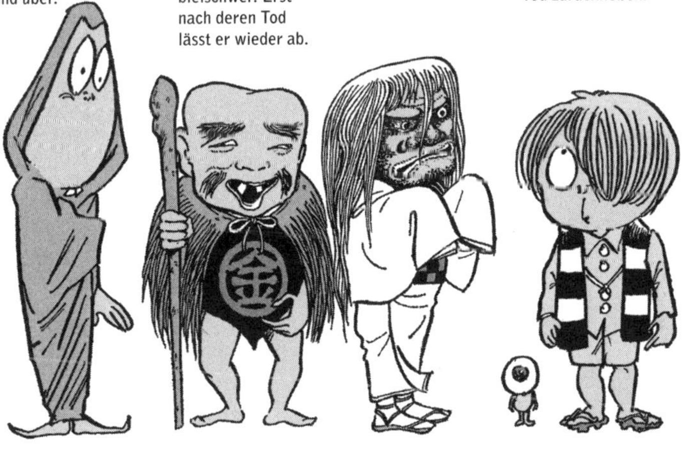

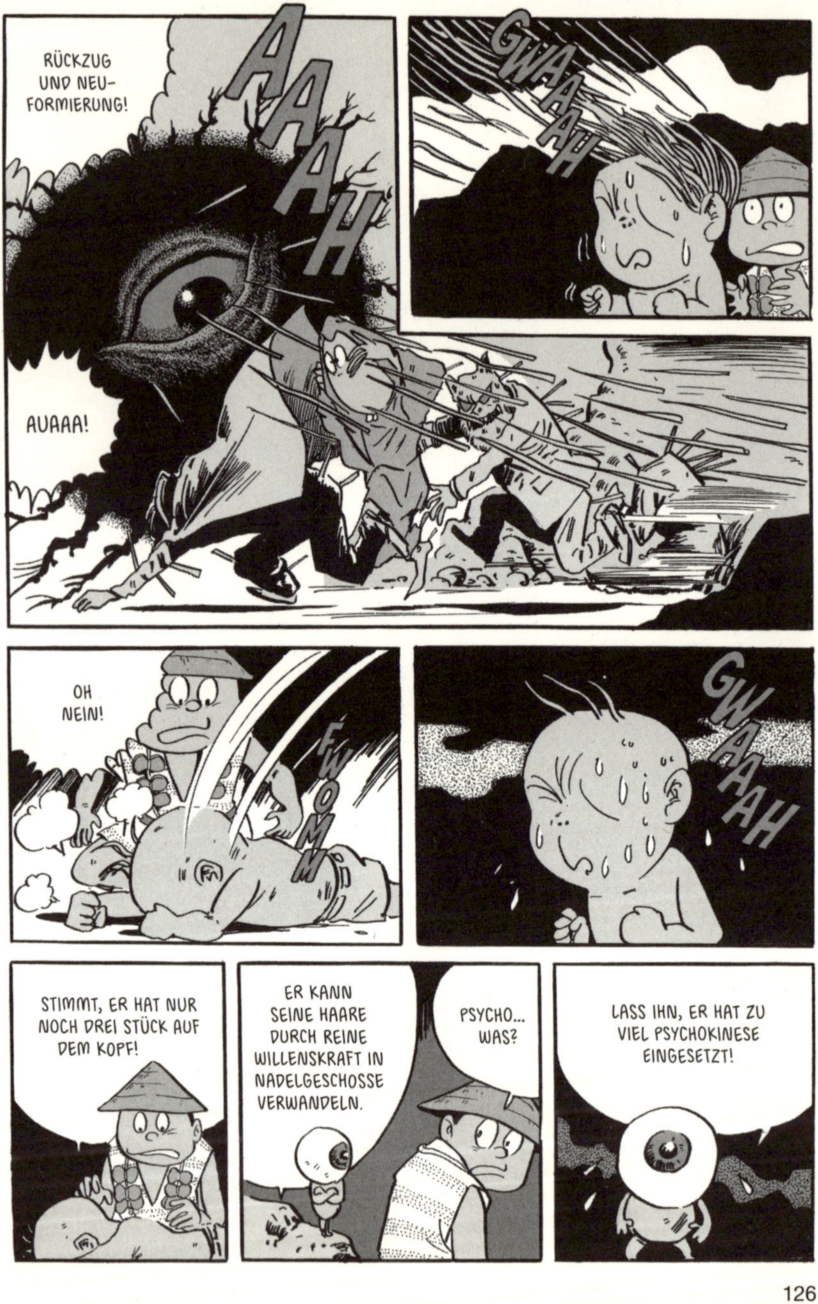

RÜCKZUG UND NEU-FORMIERUNG!
AAAAH
GWAAAAH
AUAAA!
OH NEIN!
FWOMM
GWAAAAH
STIMMT, ER HAT NUR NOCH DREI STÜCK AUF DEM KOPF!
ER KANN SEINE HAARE DURCH REINE WILLENSKRAFT IN NADELGESCHOSSE VERWANDELN.
PSYCHO... WAS?
LASS IHN, ER HAT ZU VIEL PSYCHOKINESE EINGESETZT!

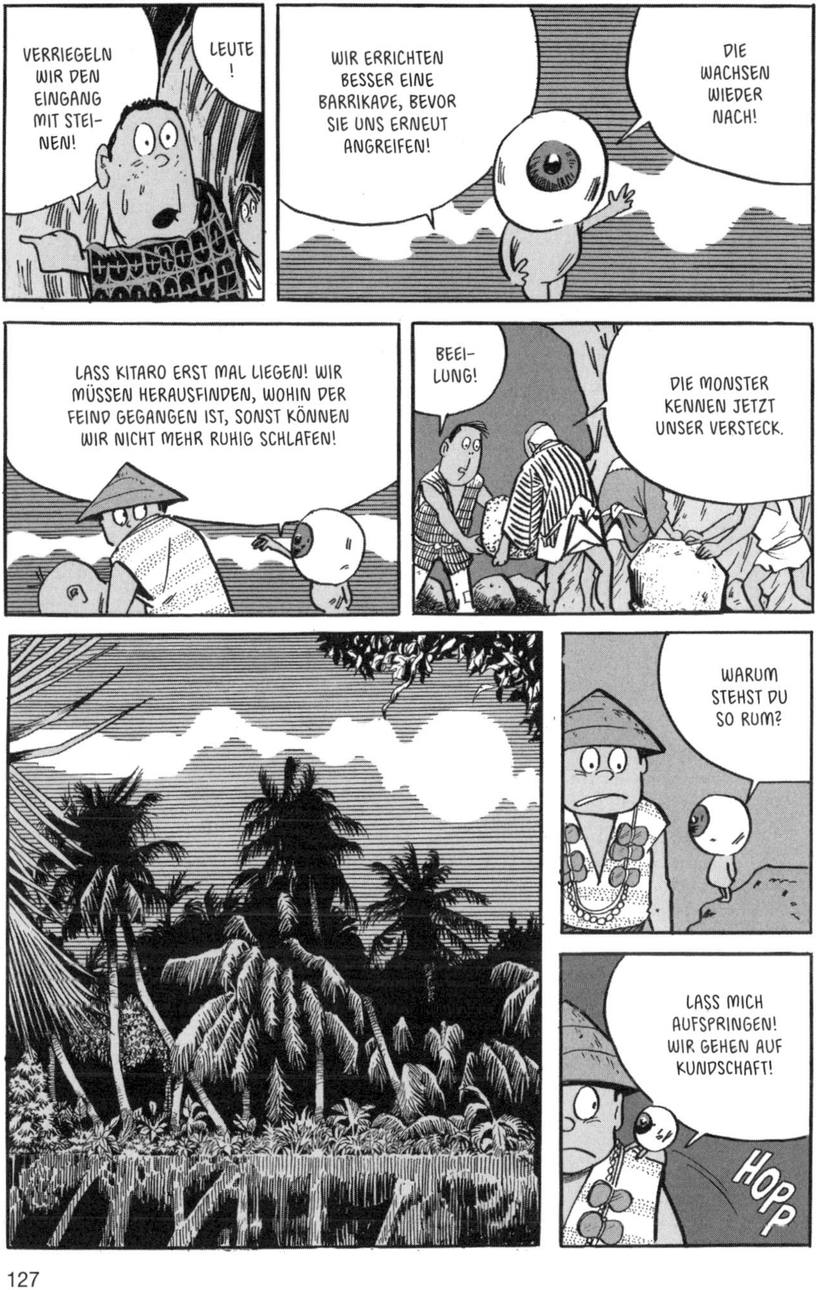
LEUTE!
VERRIEGELN WIR DEN EINGANG MIT STEINEN!
DIE WACHSEN WIEDER NACH!
WIR ERRICHTEN BESSER EINE BARRIKADE, BEVOR SIE UNS ERNEUT ANGREIFEN!
DIE MONSTER KENNEN JETZT UNSER VERSTECK.
BEEILUNG!
LASS KITARO ERST MAL LIEGEN! WIR MÜSSEN HERAUSFINDEN, WOHIN DER FEIND GEGANGEN IST, SONST KÖNNEN WIR NICHT MEHR RUHIG SCHLAFEN!
WARUM STEHST DU SO RUM?
LASS MICH AUFSPRINGEN! WIR GEHEN AUF KUNDSCHAFT!
HOPP

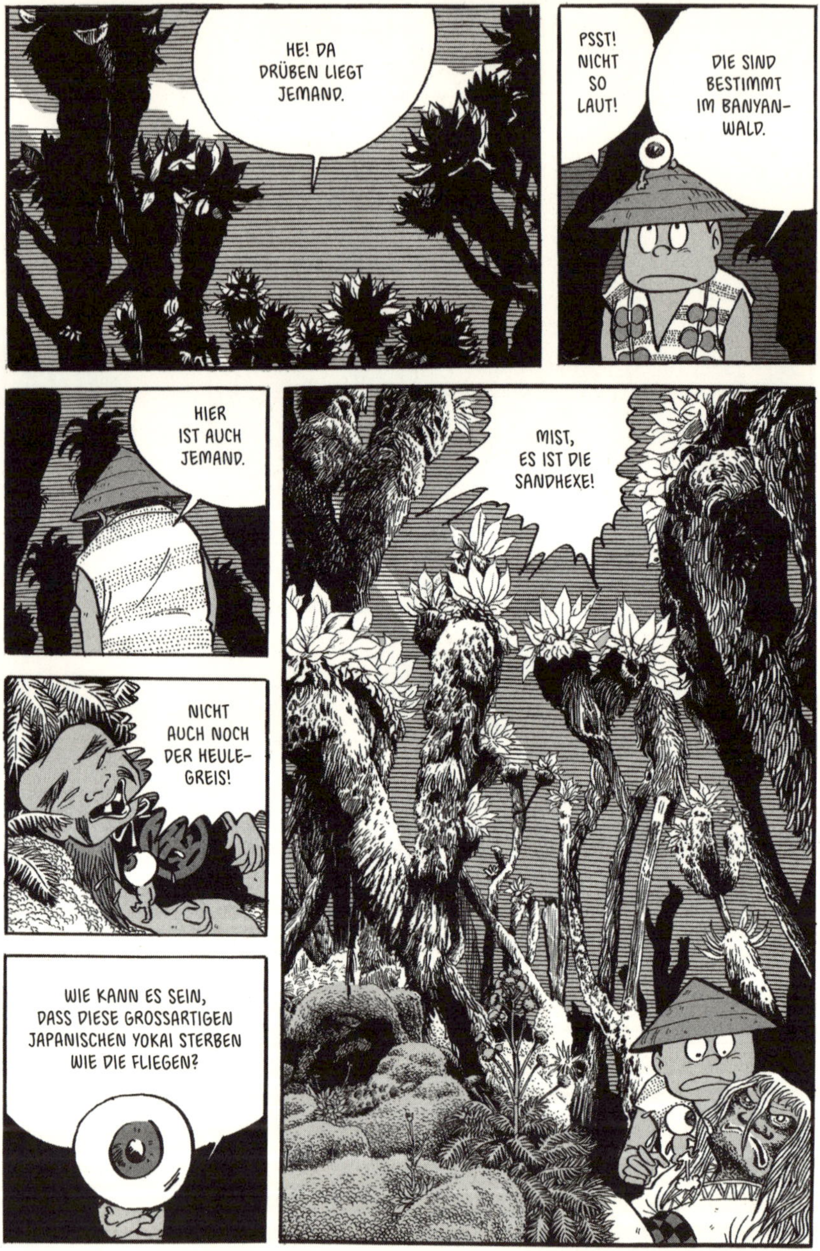
HE! DA DRÜBEN LIEGT JEMAND.
PSST! NICHT SO LAUT!
DIE SIND BESTIMMT IM BANYAN-WALD.
HIER IST AUCH JEMAND.
MIST, ES IST DIE SANDHEXE!
NICHT AUCH NOCH DER HEULE-GREIS!
WIE KANN ES SEIN, DASS DIESE GROSSARTIGEN JAPANISCHEN YOKAI STERBEN WIE DIE FLIEGEN?

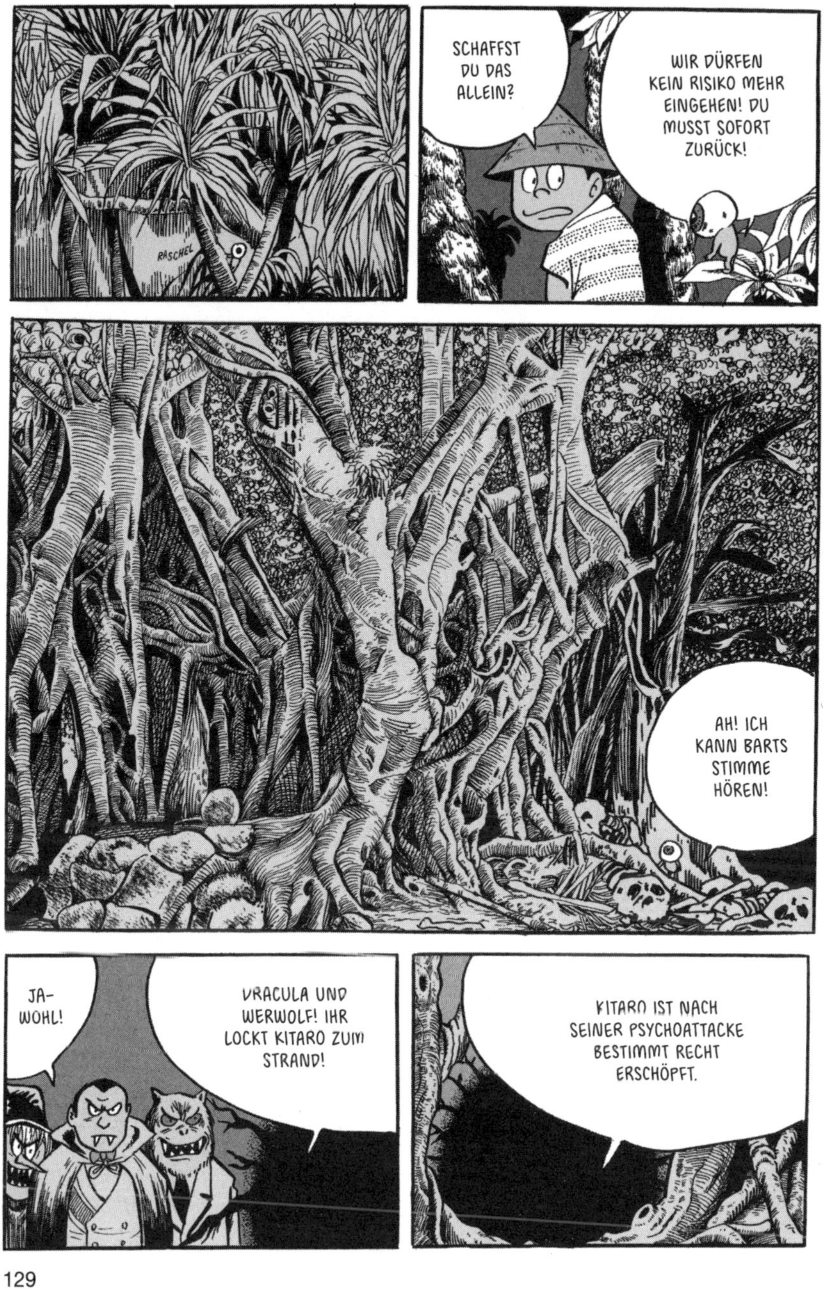
RASCHEL
WIR DÜRFEN KEIN RISIKO MEHR EINGEHEN! DU MUSST SOFORT ZURÜCK!
SCHAFFST DU DAS ALLEIN?
AH! ICH KANN BARTS STIMME HÖREN!
KITARO IST NACH SEINER PSYCHOATTACKE BESTIMMT RECHT ERSCHÖPFT.
DRACULA UND WERWOLF! IHR LOCKT KITARO ZUM STRAND!
JA-WOHL!

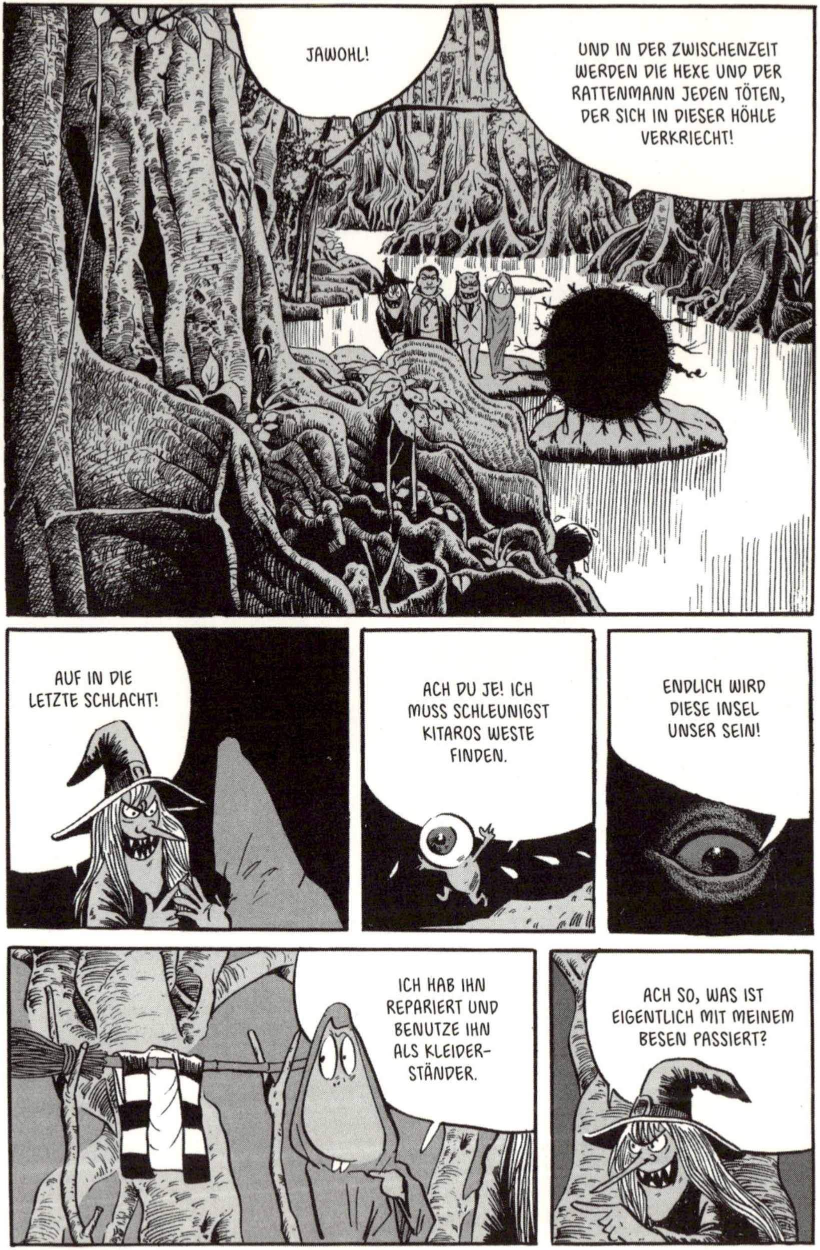
JAWOHL!
UND IN DER ZWISCHENZEIT WERDEN DIE HEXE UND DER RATTENMANN JEDEN TÖTEN, DER SICH IN DIESER HÖHLE VERKRIECHT!
AUF IN DIE LETZTE SCHLACHT!
ACH DU JE! ICH MUSS SCHLEUNIGST KITAROS WESTE FINDEN.
ENDLICH WIRD DIESE INSEL UNSER SEIN!
ICH HAB IHN REPARIERT UND BENUTZE IHN ALS KLEIDER-STÄNDER.
ACH SO, WAS IST EIGENTLICH MIT MEINEM BESEN PASSIERT?

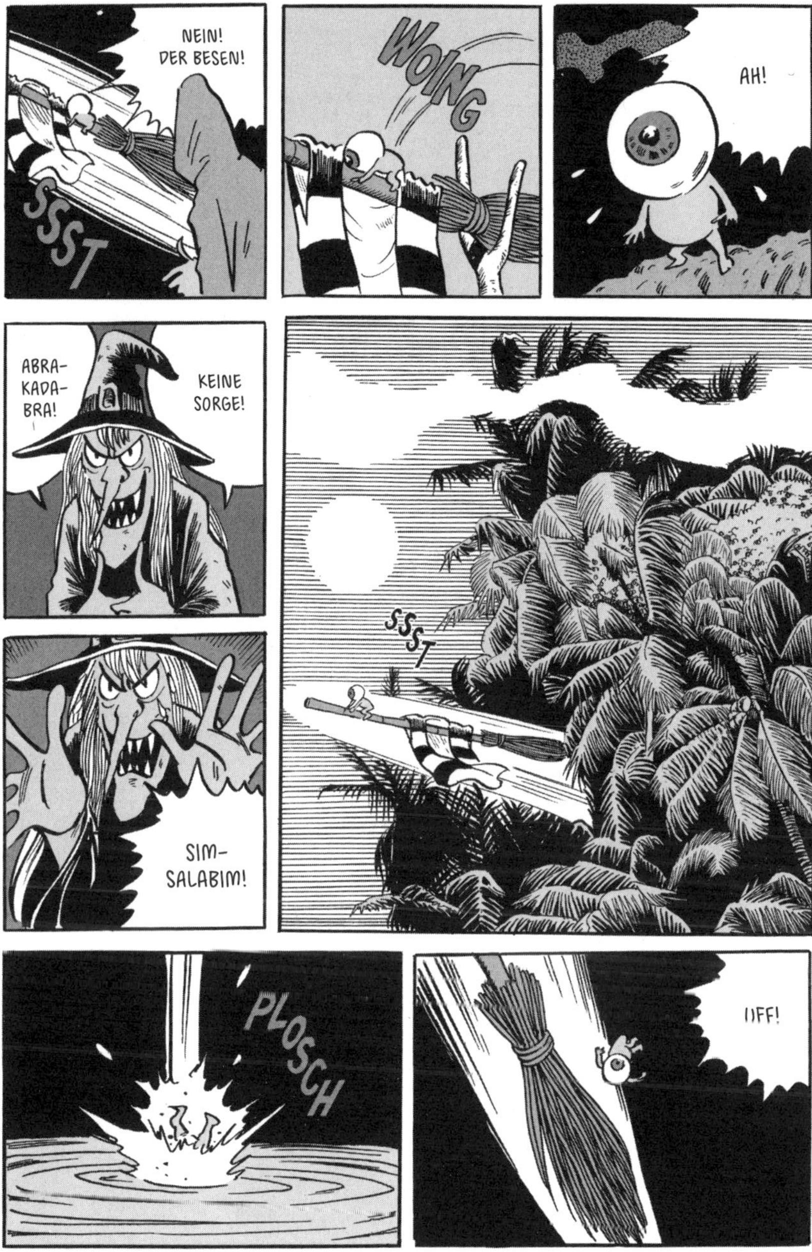
NEIN! DER BESEN!
SSST
WOING
AH!
ABRA-KADA-BRA!
KEINE SORGE!
SIM-SALABIM!
SSST
PLOSCH
UFF!

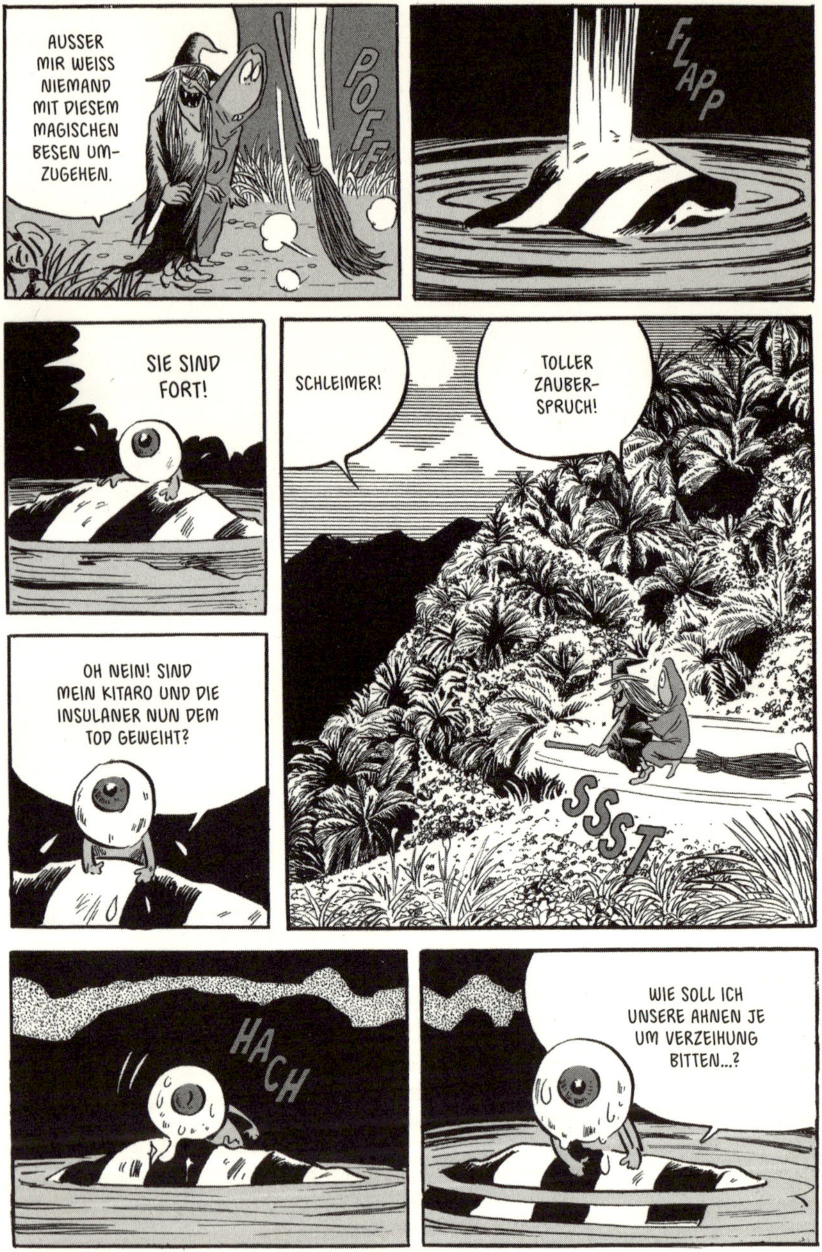
AUSSER MIR WEISS NIEMAND MIT DIESEM MAGISCHEN BESEN UM-ZUGEHEN.
POFF
FLAPP
SIE SIND FORT!
TOLLER ZAUBER-SPRUCH!
SCHLEIMER!
SSST
OH NEIN! SIND MEIN KITARO UND DIE INSULANER NUN DEM TOD GEWEIHT?
HACH
WIE SOLL ICH UNSERE AHNEN JE UM VERZEIHUNG BITTEN...?

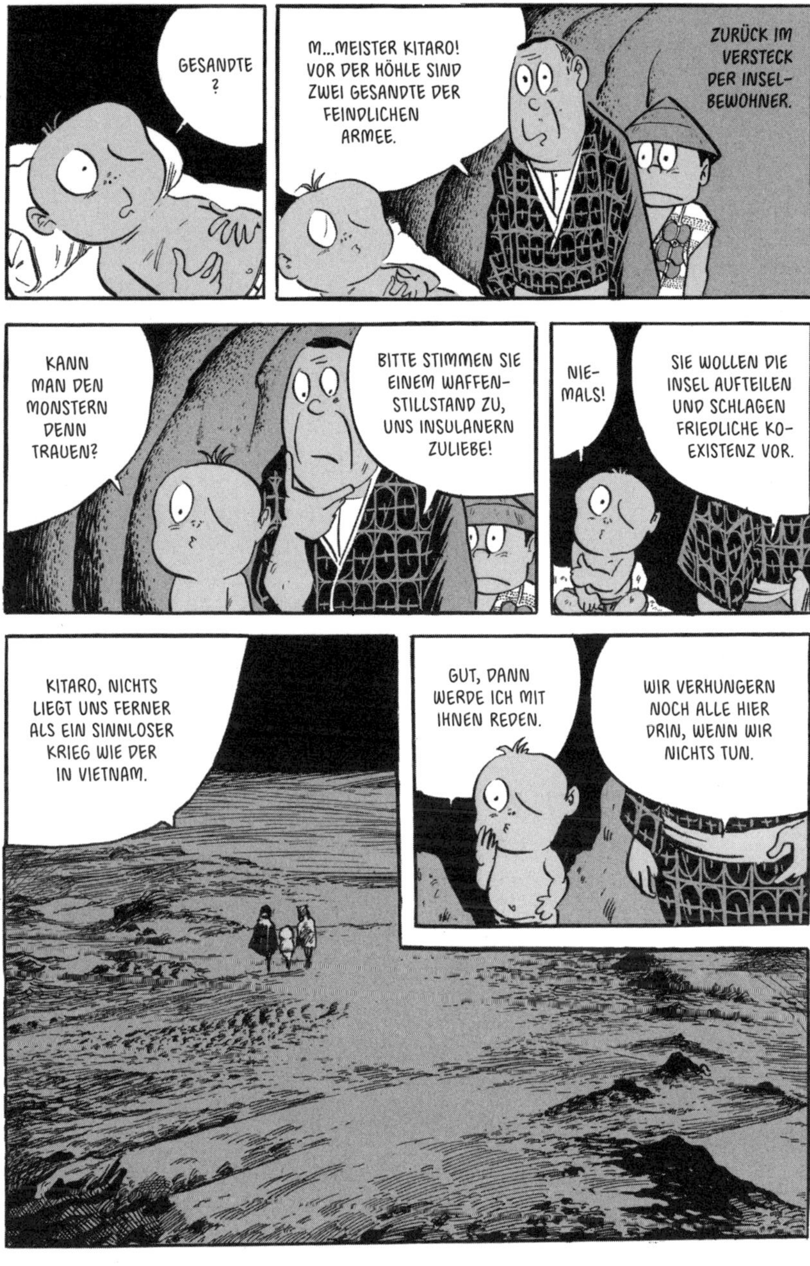

ZURÜCK IM VERSTECK DER INSELBEWOHNER.
M...MEISTER KITARO! VOR DER HÖHLE SIND ZWEI GESANDTE DER FEINDLICHEN ARMEE.
GESANDTE?
SIE WOLLEN DIE INSEL AUFTEILEN UND SCHLAGEN FRIEDLICHE KOEXISTENZ VOR.
NIEMALS!
BITTE STIMMEN SIE EINEM WAFFENSTILLSTAND ZU, UNS INSULANERN ZULIEBE!
KANN MAN DEN MONSTERN DENN TRAUEN?
WIR VERHUNGERN NOCH ALLE HIER DRIN, WENN WIR NICHTS TUN.
GUT, DANN WERDE ICH MIT IHNEN REDEN.
KITARO, NICHTS LIEGT UNS FERNER ALS EIN SINNLOSER KRIEG WIE DER IN VIETNAM.

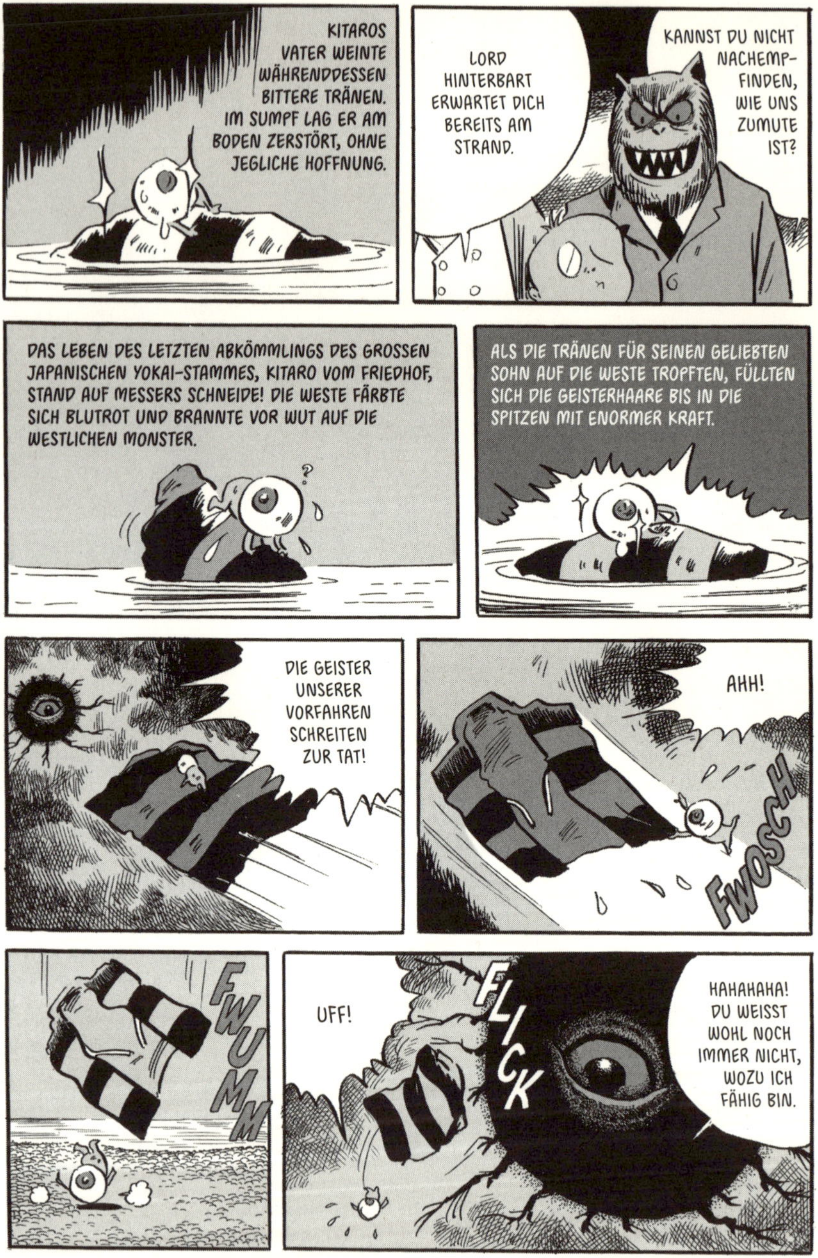
KITAROS VATER WEINTE WÄHRENDDESSEN BITTERE TRÄNEN. IM SUMPF LAG ER AM BODEN ZERSTÖRT, OHNE JEGLICHE HOFFNUNG.
KANNST DU NICHT NACHEMP- FINDEN, WIE UNS ZUMUTE IST?
LORD HINTERBART ERWARTET DICH BEREITS AM STRAND.
DAS LEBEN DES LETZTEN ABKÖMMLINGS DES GROSSEN JAPANISCHEN YOKAI-STAMMES, KITARO VOM FRIEDHOF, STAND AUF MESSERS SCHNEIDE! DIE WESTE FÄRBTE SICH BLUTROT UND BRANNTE VOR WUT AUF DIE WESTLICHEN MONSTER.
?
ALS DIE TRÄNEN FÜR SEINEN GELIEBTEN SOHN AUF DIE WESTE TROPFTEN, FÜLLTEN SICH DIE GEISTERHAARE BIS IN DIE SPITZEN MIT ENORMER KRAFT.
DIE GEISTER UNSERER VORFAHREN SCHREITEN ZUR TAT!
AHH!
FWOSCH
FWUMM
UFF!
FLICK
HAHAHAHA! DU WEISST WOHL NOCH IMMER NICHT, WOZU ICH FÄHIG BIN.

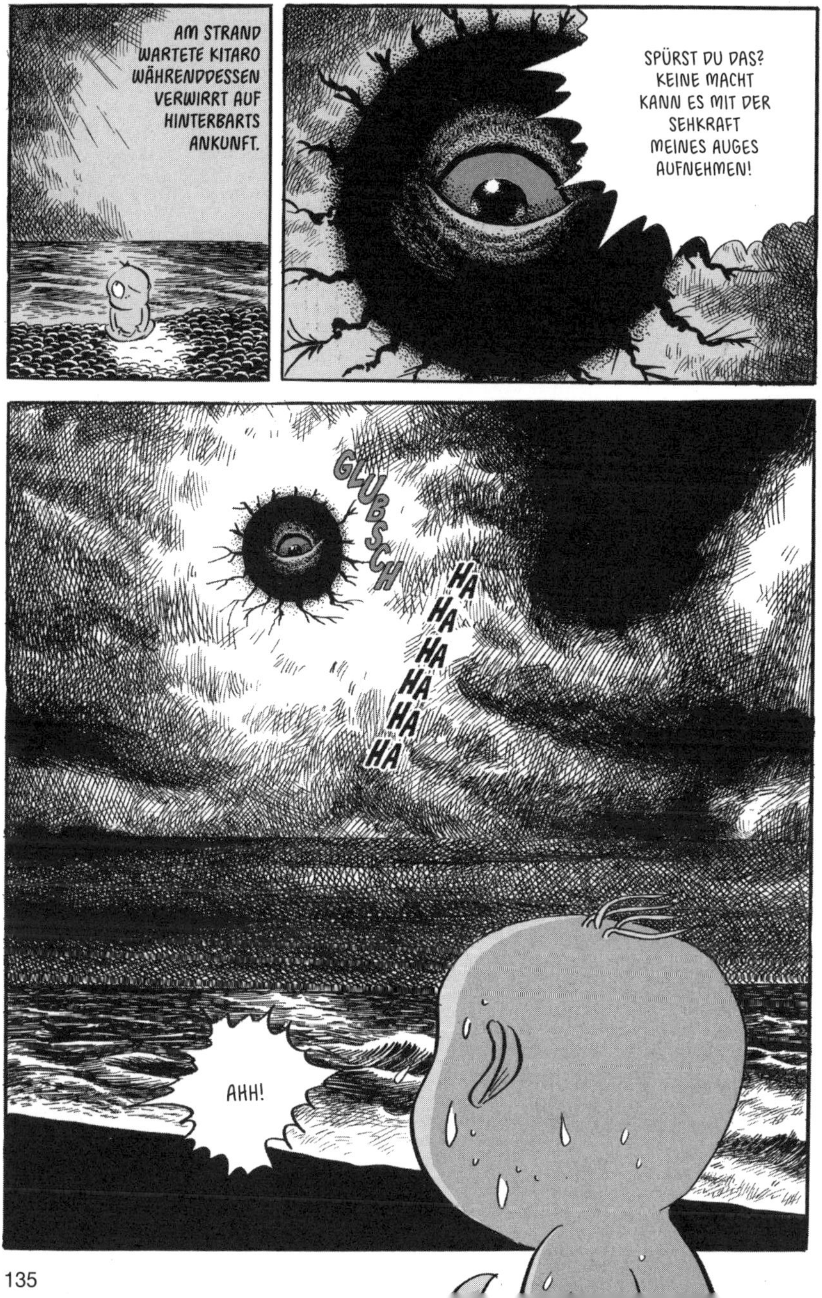
AM STRAND WARTETE KITARO WÄHRENDDESSEN VERWIRRT AUF HINTERBARTS ANKUNFT.
SPÜRST DU DAS? KEINE MACHT KANN ES MIT DER SEHKRAFT MEINES AUGES AUFNEHMEN!
GLUBSCH
HA HA HA HA HA HA HA
AHH!

VON DEM GELÄCHTER IM HIMMEL ÜBERRASCHT, SCHAUTE KITARO AUF UND BLICKTE DIREKT IN HINTERBARTS ZYKLOPISCHES AUGE!

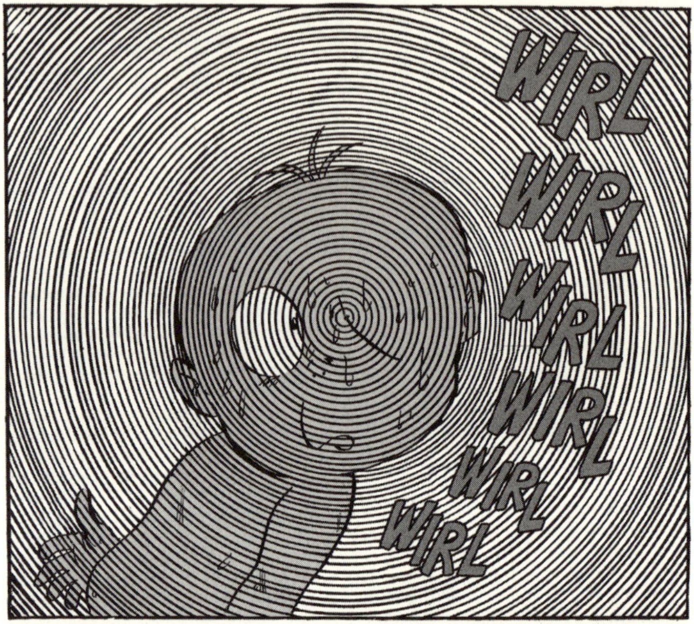

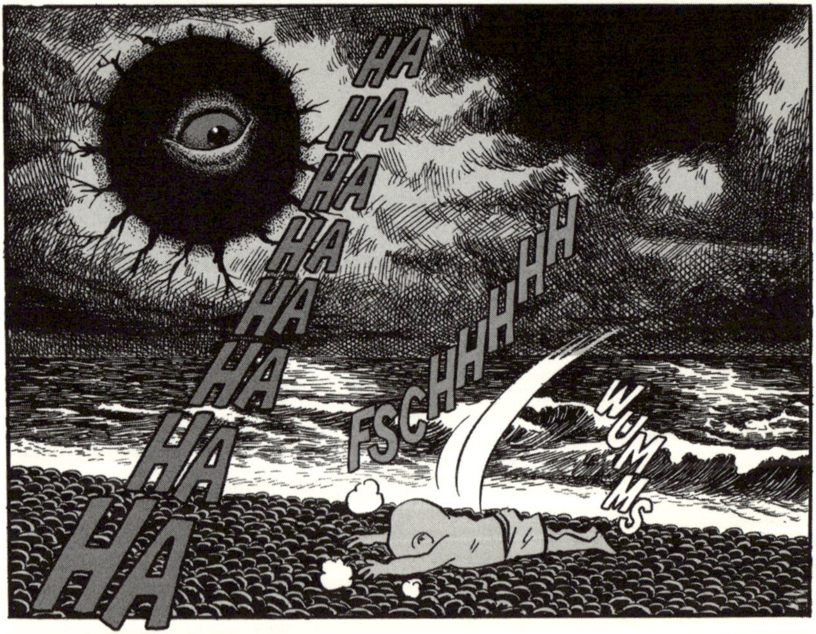

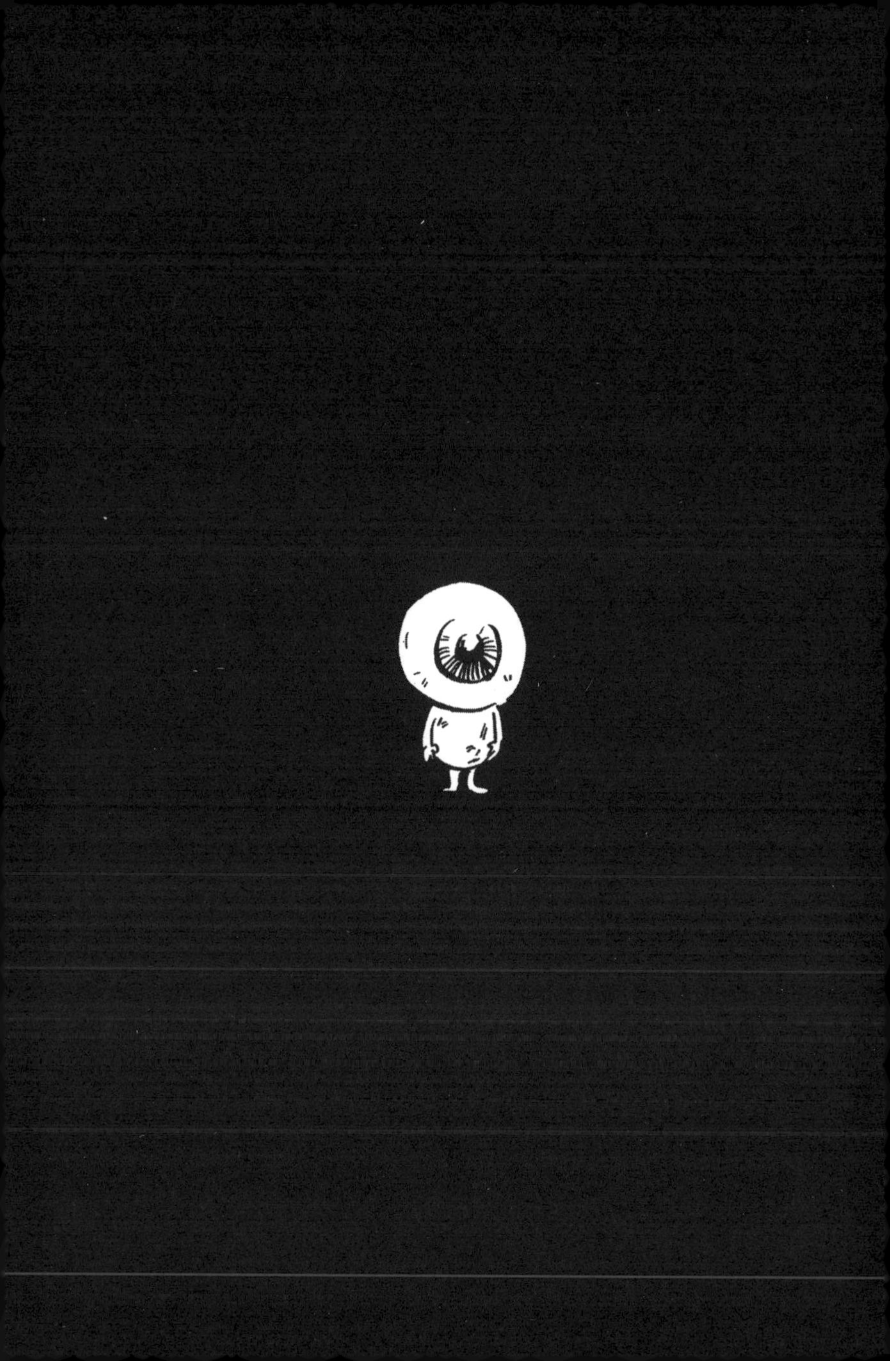

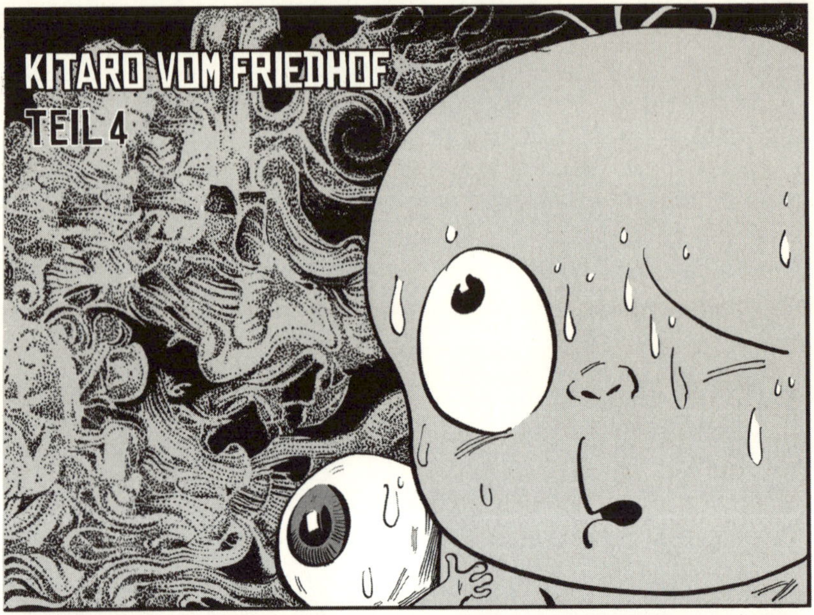
KITARO VOM FRIEDHOF
TEIL 4

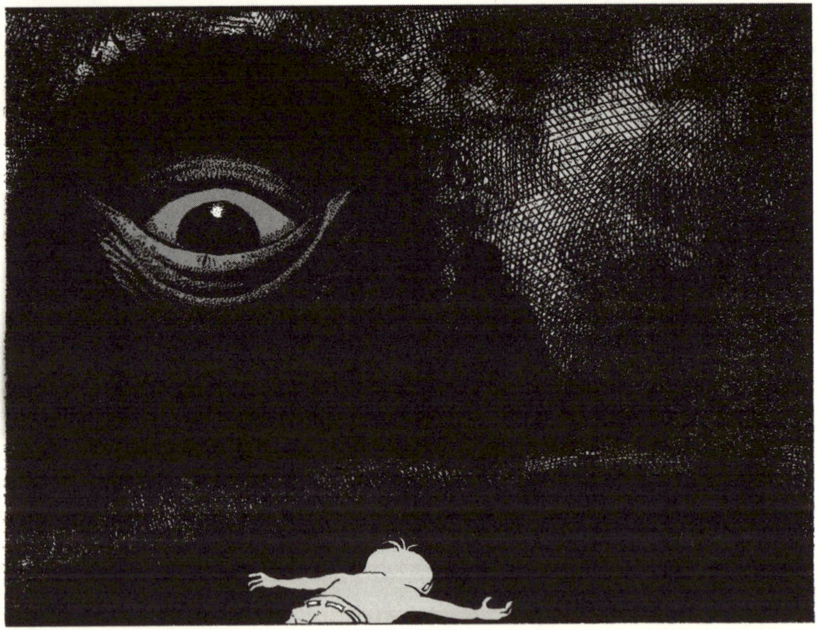

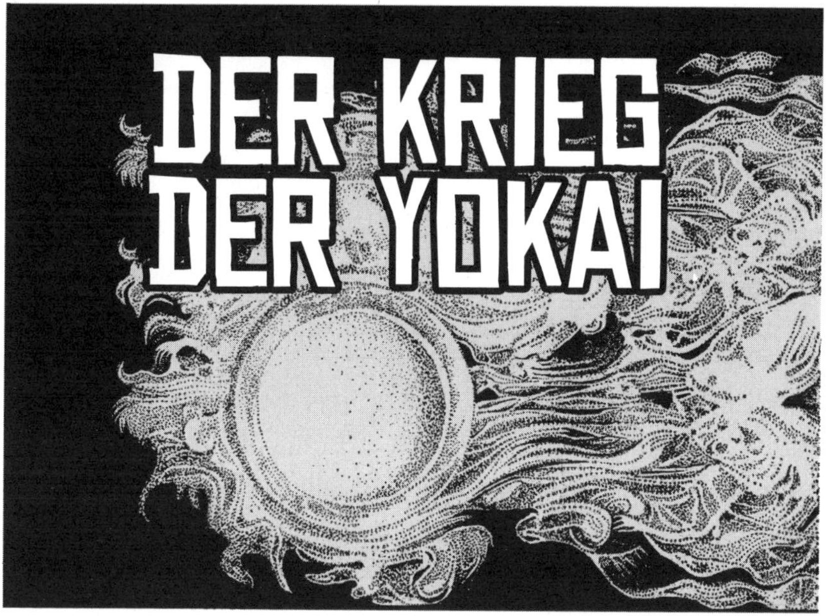
DER KRIEG DER YOKAI

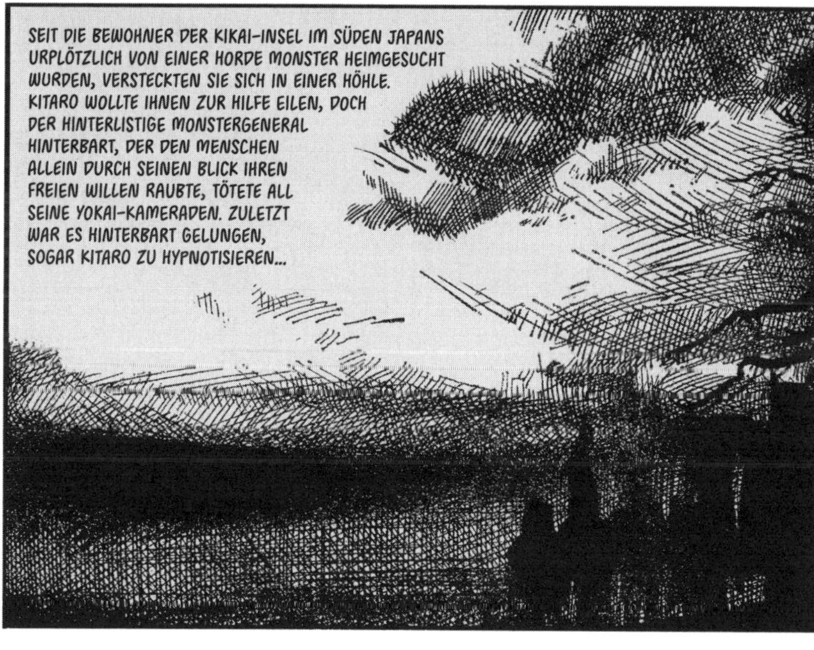
SEIT DIE BEWOHNER DER KIKAI-INSEL IM SÜDEN JAPANS URPLÖTZLICH VON EINER HORDE MONSTER HEIMGESUCHT WURDEN, VERSTECKTEN SIE SICH IN EINER HÖHLE. KITARO WOLLTE IHNEN ZUR HILFE EILEN, DOCH DER HINTERLISTIGE MONSTERGENERAL HINTERBART, DER DEN MENSCHEN ALLEIN DURCH SEINEN BLICK IHREN FREIEN WILLEN RAUBTE, TÖTETE ALL SEINE YOKAI-KAMERADEN. ZULETZT WAR ES HINTERBART GELUNGEN, SOGAR KITARO ZU HYPNOTISIEREN...

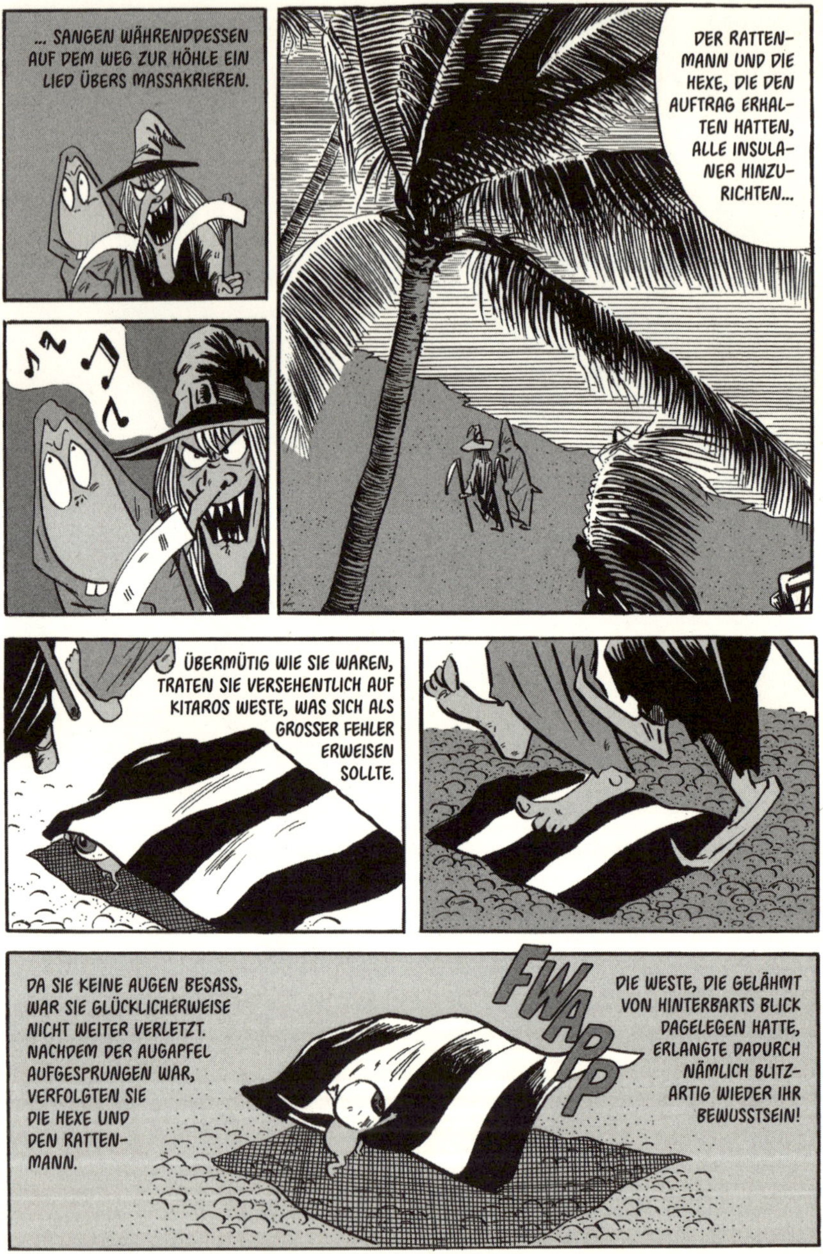

... SANGEN WÄHRENDDESSEN AUF DEM WEG ZUR HÖHLE EIN LIED ÜBERS MASSAKRIEREN.
DER RATTENMANN UND DIE HEXE, DIE DEN AUFTRAG ERHALTEN HATTEN, ALLE INSULANER HINZURICHTEN...
ÜBERMÜTIG WIE SIE WAREN, TRATEN SIE VERSEHENTLICH AUF KITAROS WESTE, WAS SICH ALS GROSSER FEHLER ERWEISEN SOLLTE.
FWAPP
DIE WESTE, DIE GELÄHMT VON HINTERBARTS BLICK DAGELEGEN HATTE, ERLANGTE DADURCH NÄMLICH BLITZARTIG WIEDER IHR BEWUSSTSEIN!
DA SIE KEINE AUGEN BESASS, WAR SIE GLÜCKLICHERWEISE NICHT WEITER VERLETZT. NACHDEM DER AUGAPFEL AUFGESPRUNGEN WAR, VERFOLGTEN SIE DIE HEXE UND DEN RATTENMANN.

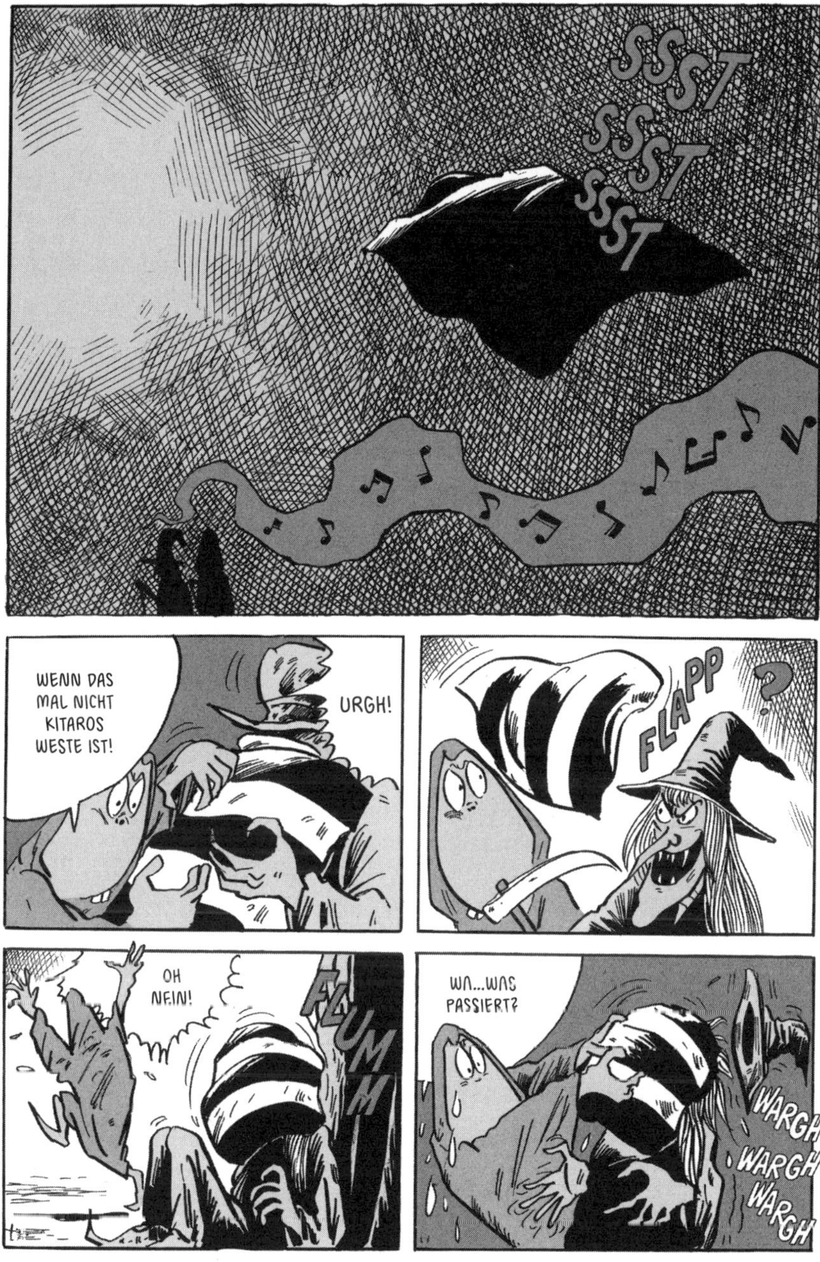
SSST
SSST
SSST
WENN DAS MAL NICHT KITAROS WESTE IST!
URGH!
FLAPP
?
OH NEIN!
FLUMM
WA...WAS PASSIERT?
WARGH
WARGH
WARGH

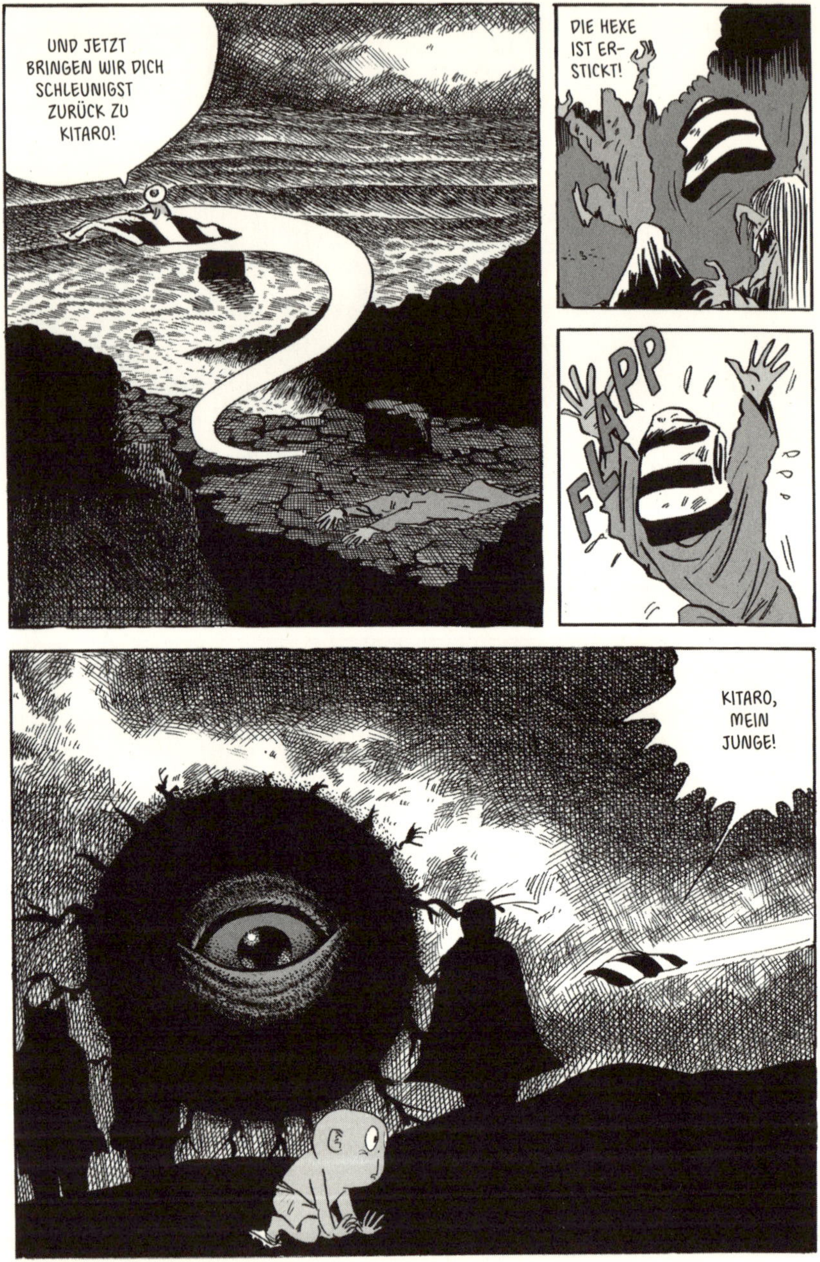
UND JETZT BRINGEN WIR DICH SCHLEUNIGST ZURÜCK ZU KITARO!
DIE HEXE IST ER-STICKT!
FLAPP
KITARO, MEIN JUNGE!

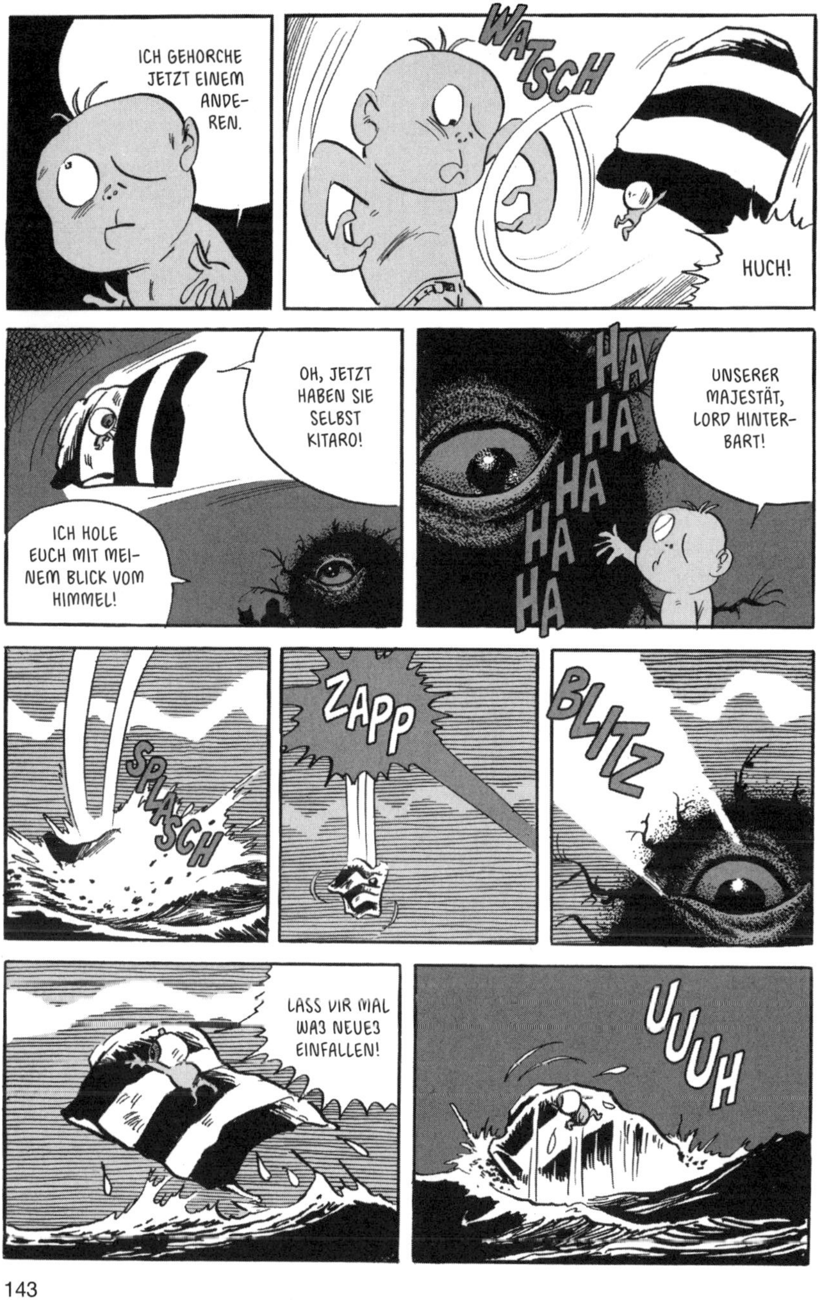
ICH GEHORCHE JETZT EINEM ANDE- REN.
WATSCH
HUCH!
OH, JETZT HABEN SIE SELBST KITARO!
ICH HOLE EUCH MIT MEI- NEM BLICK VOM HIMMEL!
HA HA HA HA HA HA
UNSERER MAJESTÄT, LORD HINTER- BART!
SPLASCH
ZAPP
BLITZ
LASS VIR MAL WA3 NEUE3 EINFALLEN!
UUUH

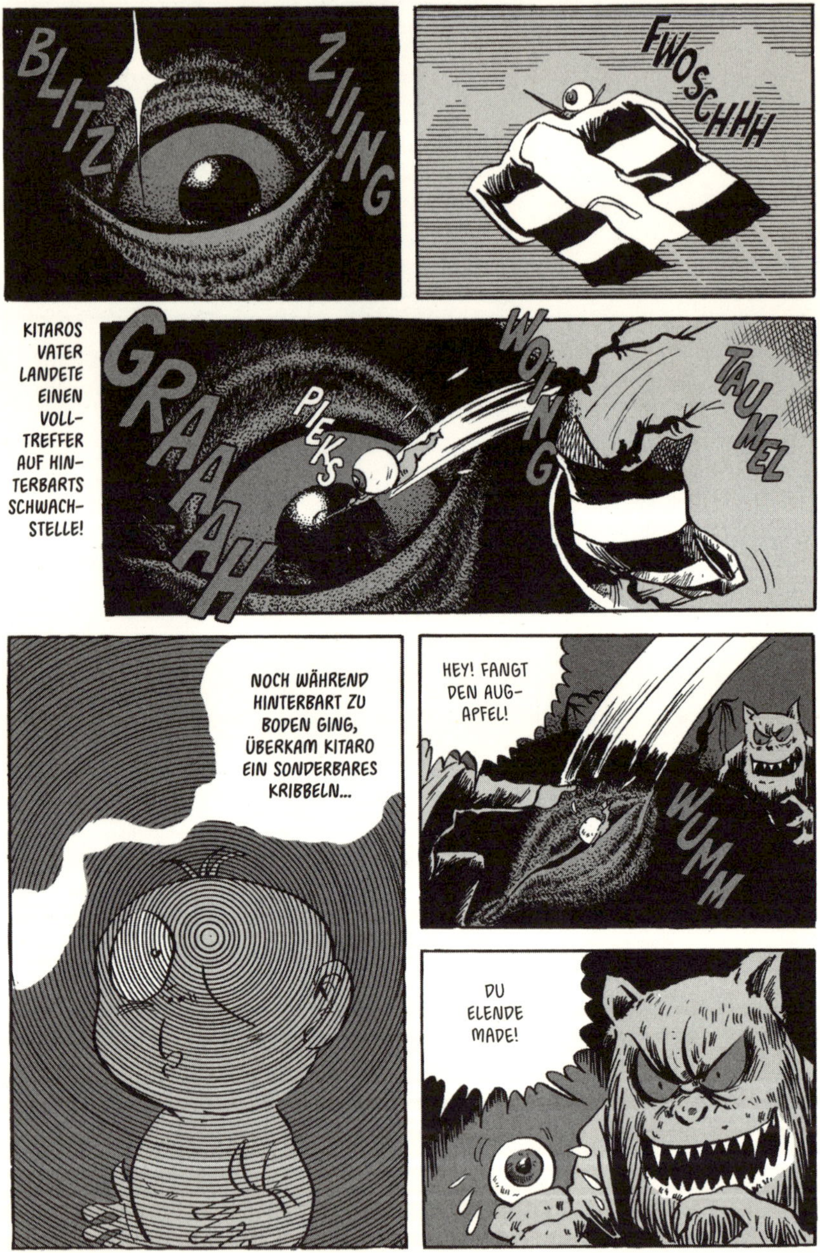
BLITZ
ZIIING
FWOSCHHH
KITAROS VATER LANDETE EINEN VOLLTREFFER AUF HINTERBARTS SCHWACHSTELLE!
GRAAAAH
PIEKS
WOING
TAUMEL
NOCH WÄHREND HINTERBART ZU BODEN GING, ÜBERKAM KITARO EIN SONDERBARES KRIBBELN...
HEY! FANGT DEN AUGAPFEL!
WUMM
DU ELENDE MADE!

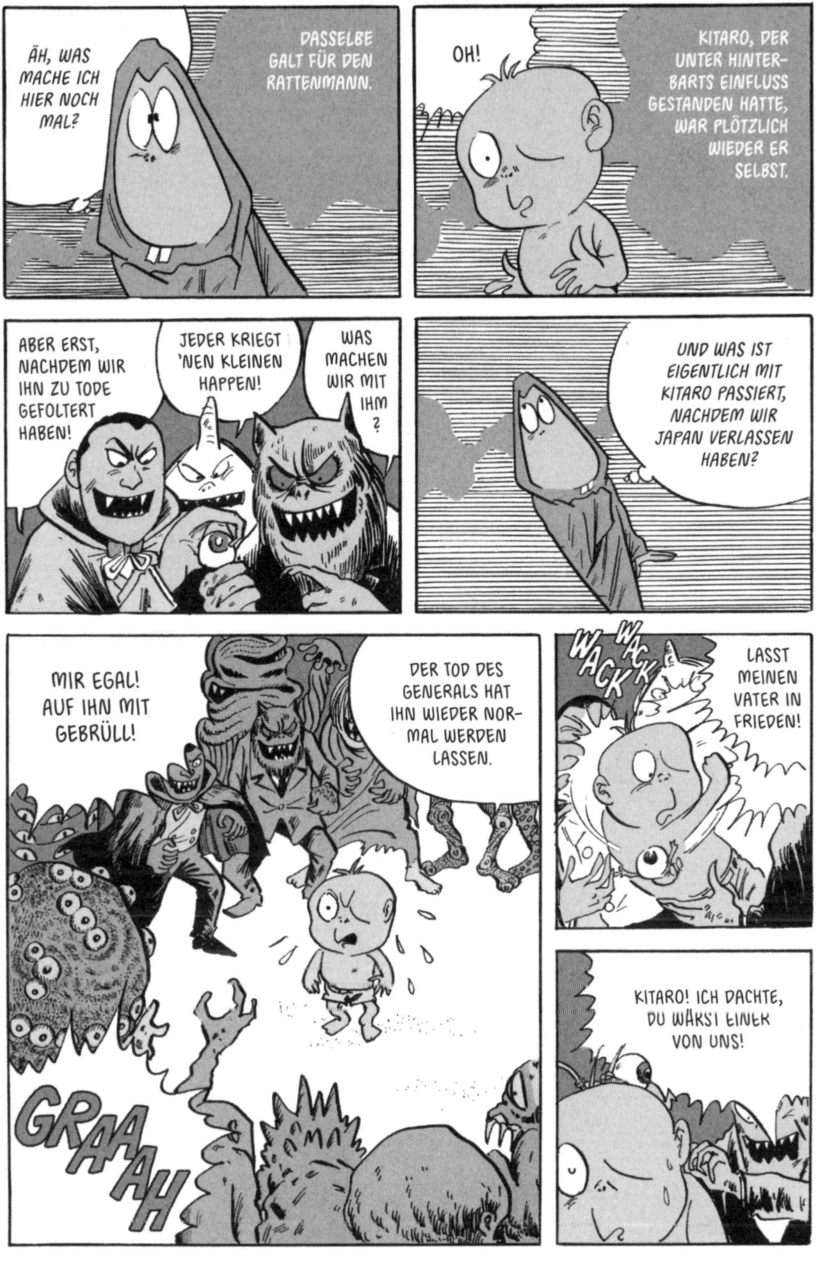
ÄH, WAS MACHE ICH HIER NOCH MAL?
DASSELBE GALT FÜR DEN RATTENMANN.
OH!
KITARO, DER UNTER HINTER-BARTS EINFLUSS GESTANDEN HATTE, WAR PLÖTZLICH WIEDER ER SELBST.
ABER ERST, NACHDEM WIR IHN ZU TODE GEFOLTERT HABEN!
JEDER KRIEGT 'NEN KLEINEN HAPPEN!
WAS MACHEN WIR MIT IHM?
UND WAS IST EIGENTLICH MIT KITARO PASSIERT, NACHDEM WIR JAPAN VERLASSEN HABEN?
MIR EGAL! AUF IHN MIT GEBRÜLL!
DER TOD DES GENERALS HAT IHN WIEDER NORMAL WERDEN LASSEN.
GRAAAH
WACK WACK
LASST MEINEN VATER IN FRIEDEN!
KITARO! ICH DACHTE, DU WÄRST EINER VON UNS!

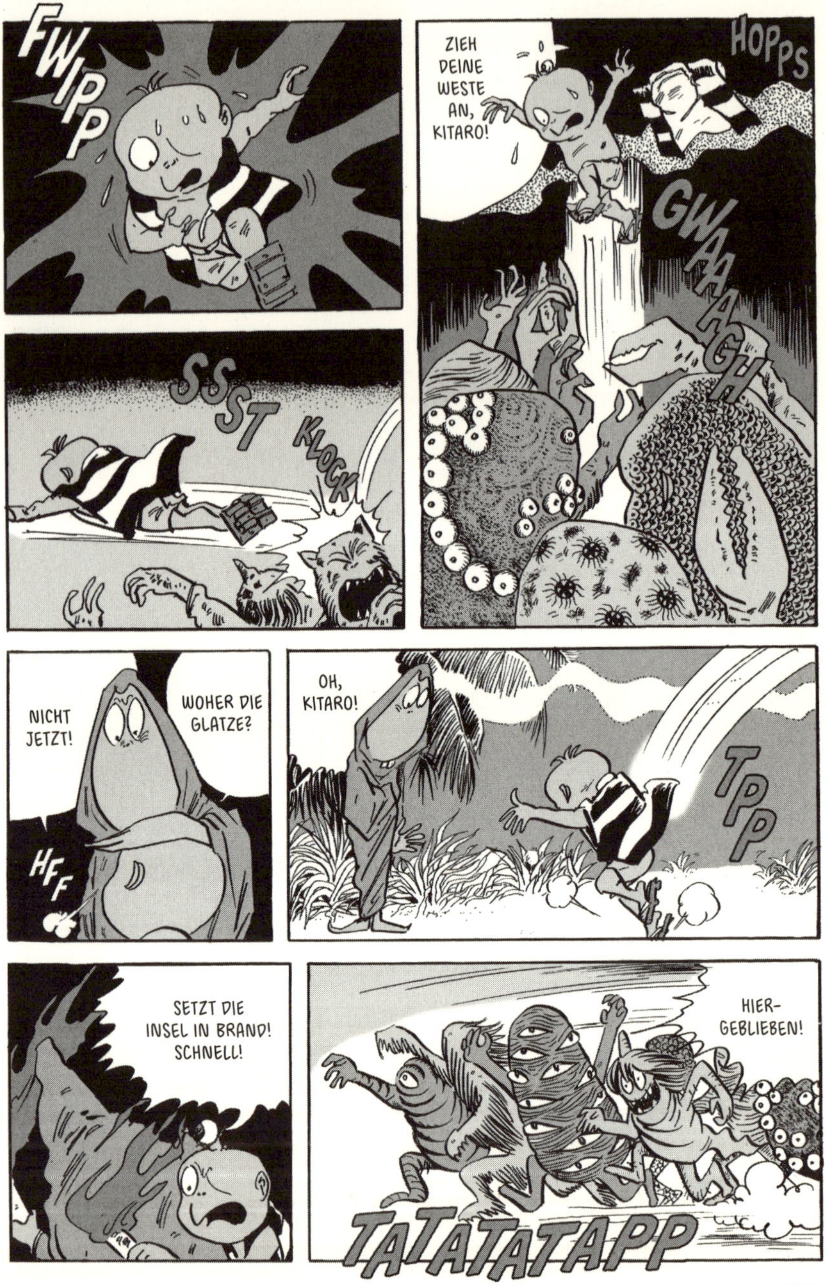
FWIPP
ZIEH DEINE WESTE AN, KITARO!
HOPPS
GWAAAGH
SSST
KLOCK
NICHT JETZT!
WOHER DIE GLATZE?
HFF
OH, KITARO!
TPP
SETZT DIE INSEL IN BRAND! SCHNELL!
HIER-GEBLIEBEN!
TATATATATAPP

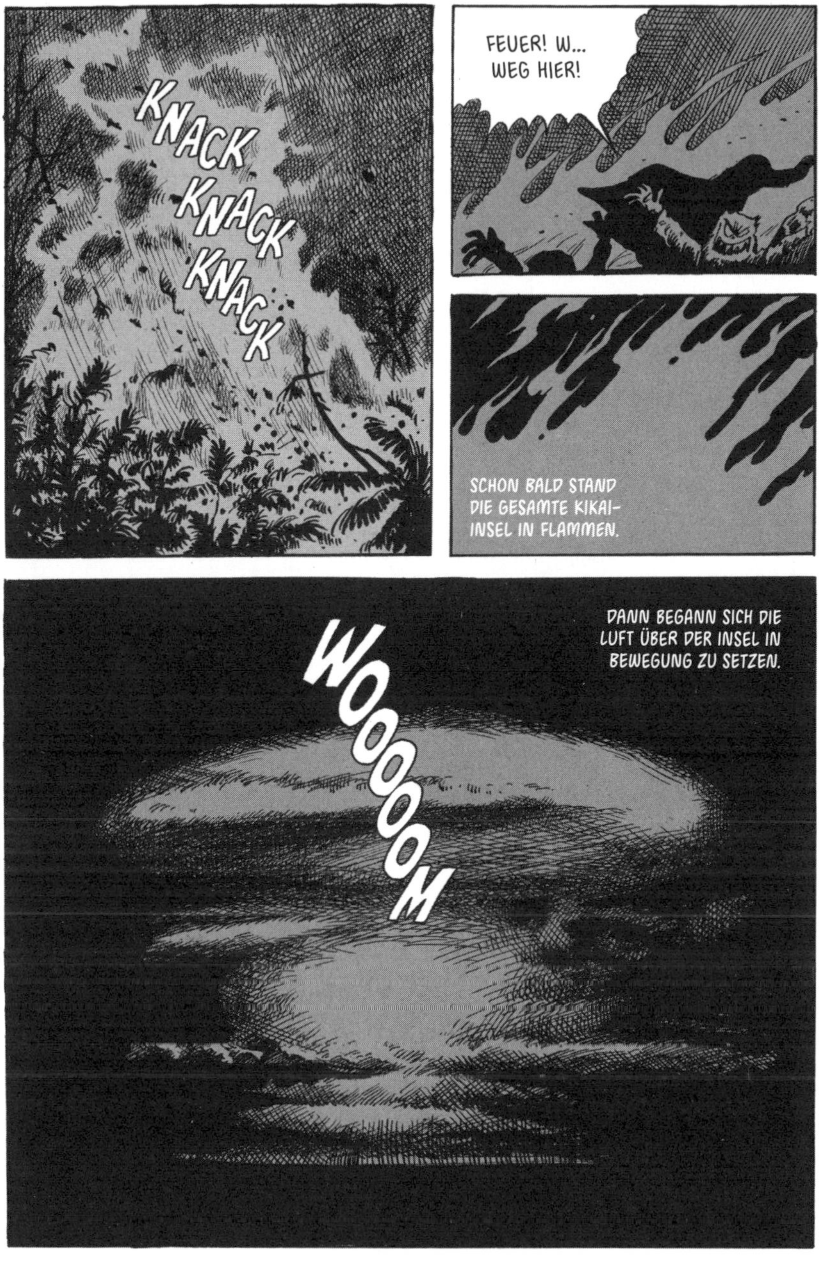
KNACK
KNACK
KNACK
FEUER! W... WEG HIER!
SCHON BALD STAND DIE GESAMTE KIKAI-INSEL IN FLAMMEN.
DANN BEGANN SICH DIE LUFT ÜBER DER INSEL IN BEWEGUNG ZU SETZEN.
WOOOOOM

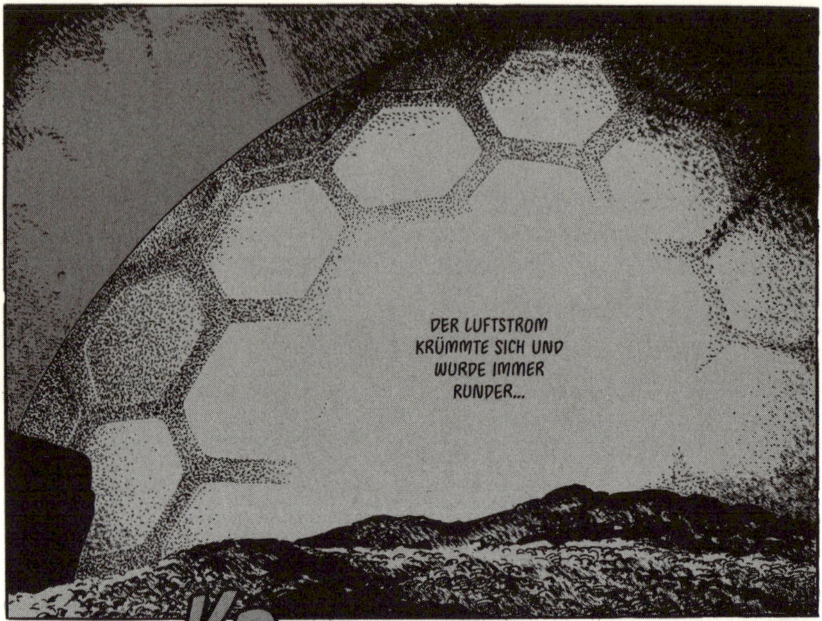
DER LUFTSTROM
KRÜMMTE SICH UND
WURDE IMMER
RUNDER...

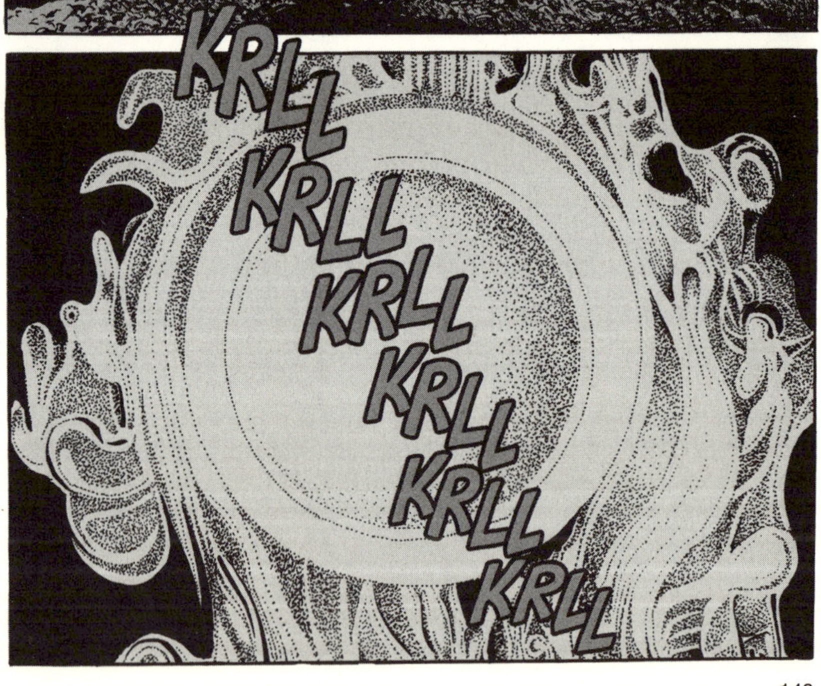
KRLL
KRLL
KRLL
KRLL
KRLL
KRLL

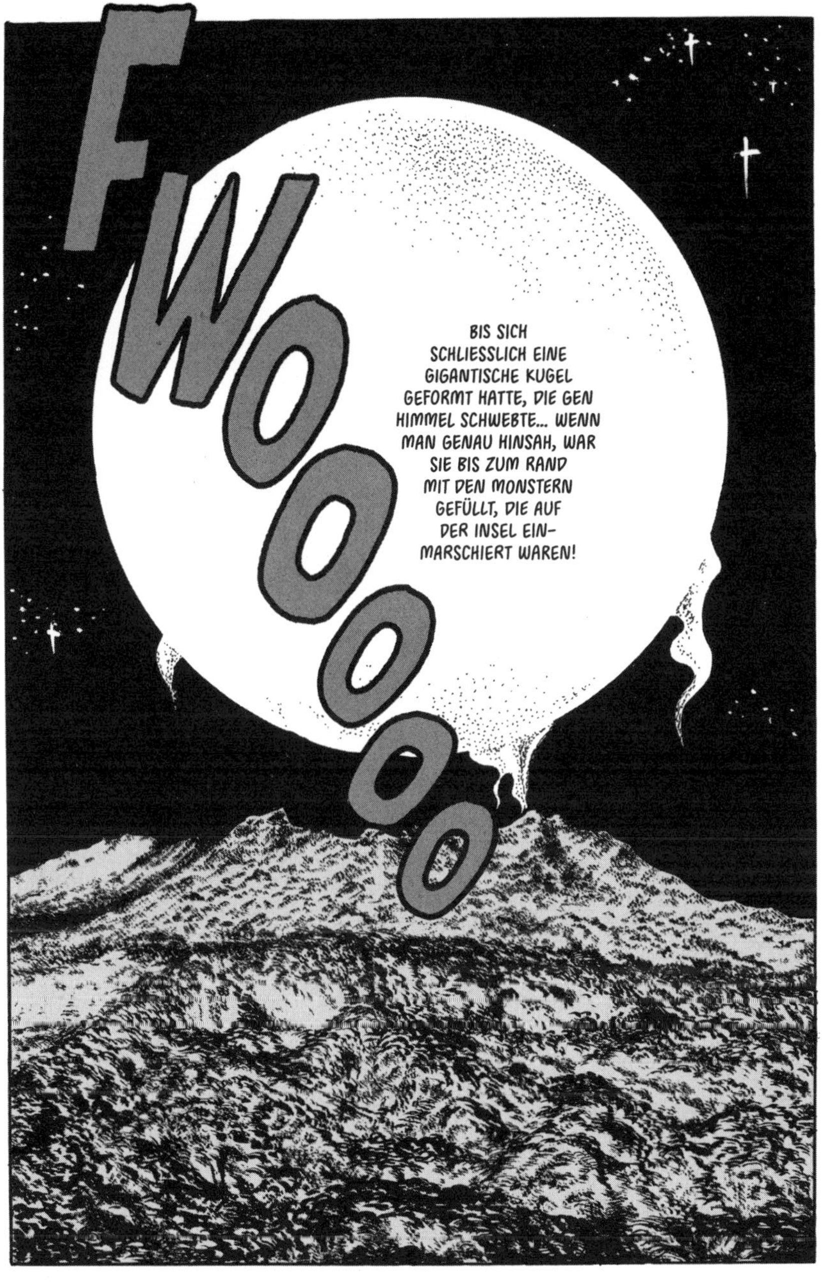
FWOOOOOO
BIS SICH SCHLIESSLICH EINE GIGANTISCHE KUGEL GEFORMT HATTE, DIE GEN HIMMEL SCHWEBTE... WENN MAN GENAU HINSAH, WAR SIE BIS ZUM RAND MIT DEN MONSTERN GEFÜLLT, DIE AUF DER INSEL EIN-MARSCHIERT WAREN!

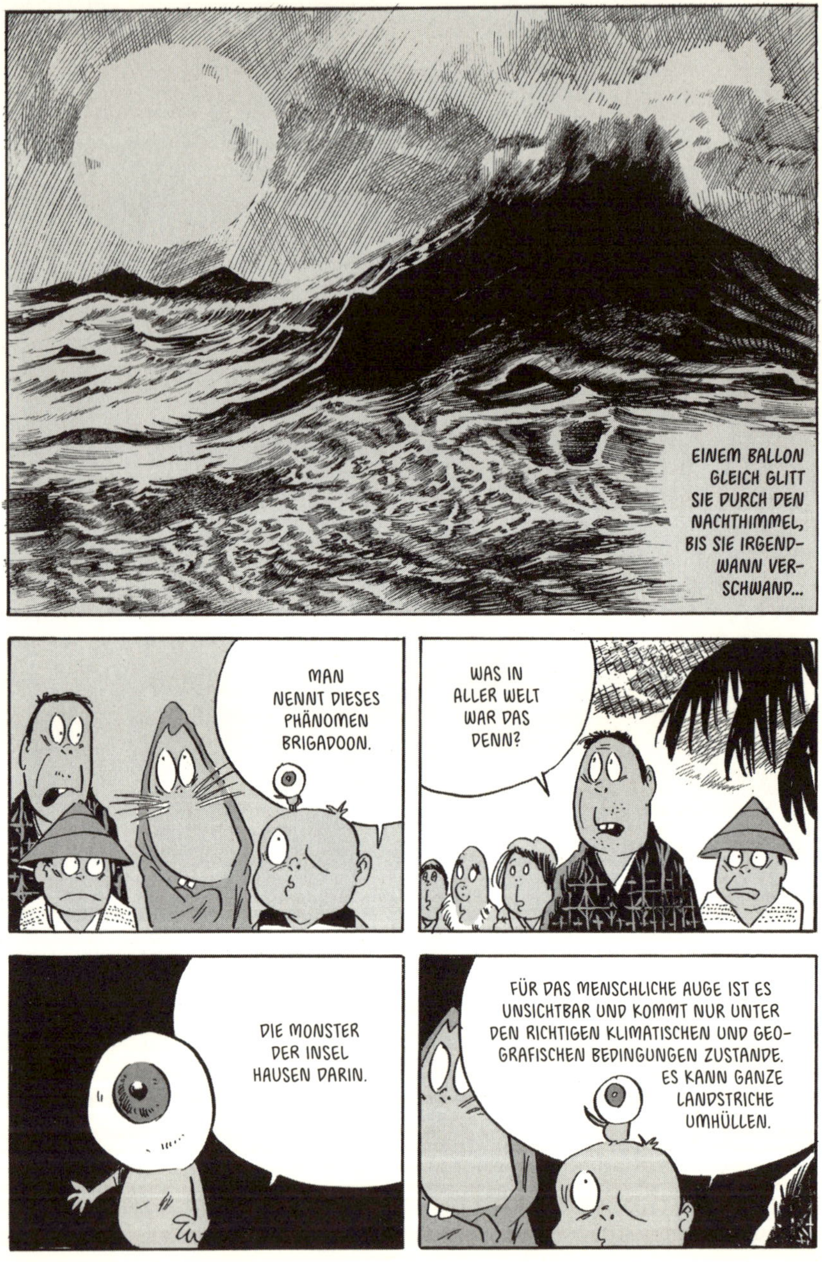
EINEM BALLON GLEICH GLITT SIE DURCH DEN NACHTHIMMEL, BIS SIE IRGENDWANN VERSCHWAND...
WAS IN ALLER WELT WAR DAS DENN?
MAN NENNT DIESES PHÄNOMEN BRIGADOON.
FÜR DAS MENSCHLICHE AUGE IST ES UNSICHTBAR UND KOMMT NUR UNTER DEN RICHTIGEN KLIMATISCHEN UND GEOGRAFISCHEN BEDINGUNGEN ZUSTANDE. ES KANN GANZE LANDSTRICHE UMHÜLLEN.
DIE MONSTER DER INSEL HAUSEN DARIN.

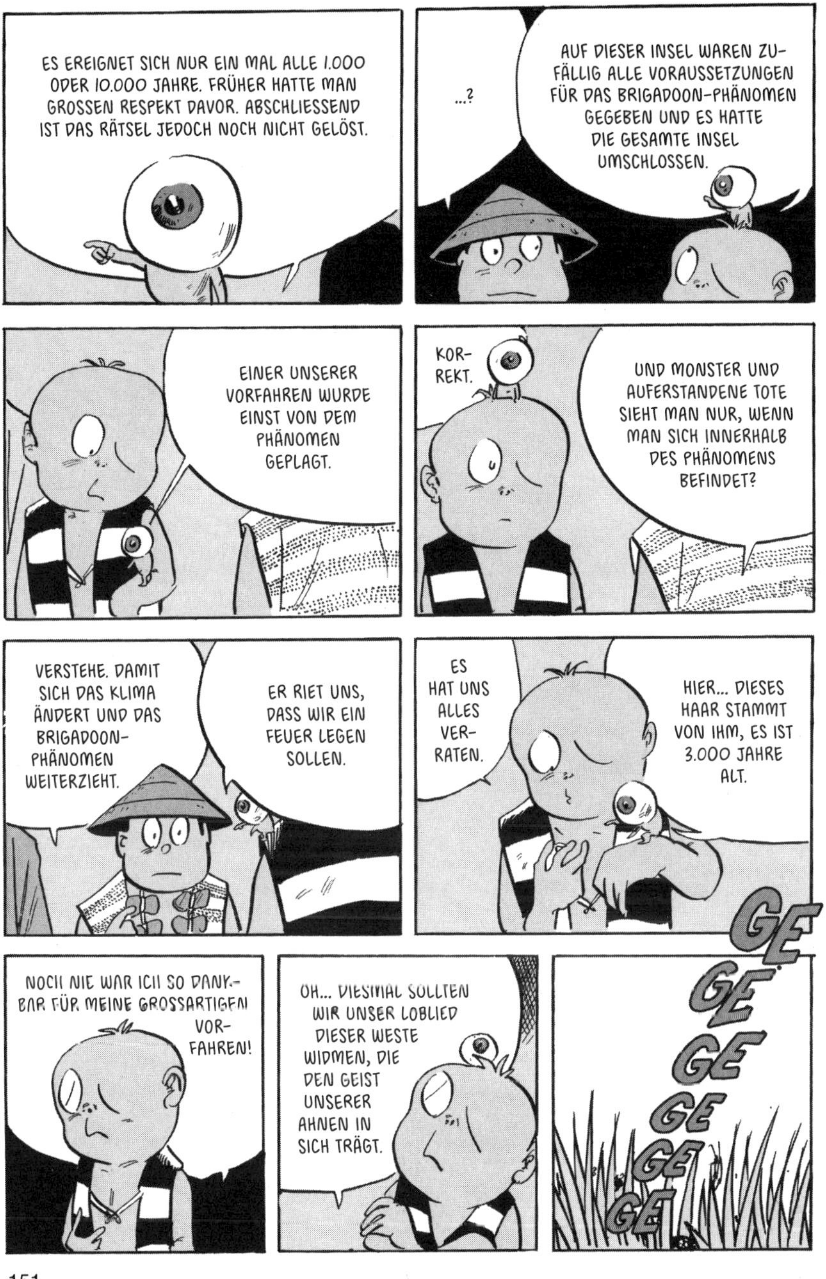
ES EREIGNET SICH NUR EIN MAL ALLE 1.000 ODER 10.000 JAHRE. FRÜHER HATTE MAN GROSSEN RESPEKT DAVOR. ABSCHLIESSEND IST DAS RÄTSEL JEDOCH NOCH NICHT GELÖST.
...?
AUF DIESER INSEL WAREN ZUFÄLLIG ALLE VORAUSSETZUNGEN FÜR DAS BRIGADOON-PHÄNOMEN GEGEBEN UND ES HATTE DIE GESAMTE INSEL UMSCHLOSSEN.
EINER UNSERER VORFAHREN WURDE EINST VON DEM PHÄNOMEN GEPLAGT.
KORREKT.
UND MONSTER UND AUFERSTANDENE TOTE SIEHT MAN NUR, WENN MAN SICH INNERHALB DES PHÄNOMENS BEFINDET?
VERSTEHE. DAMIT SICH DAS KLIMA ÄNDERT UND DAS BRIGADOON-PHÄNOMEN WEITERZIEHT.
ER RIET UNS, DASS WIR EIN FEUER LEGEN SOLLEN.
ES HAT UNS ALLES VERRATEN.
HIER... DIESES HAAR STAMMT VON IHM, ES IST 3.000 JAHRE ALT.
NOCH NIE WAR ICH SO DANKBAR FÜR MEINE GROSSARTIGEN VORFAHREN!
OH... DIESMAL SOLLTEN WIR UNSER LOBLIED DIESER WESTE WIDMEN, DIE DEN GEIST UNSERER AHNEN IN SICH TRÄGT.
GE GE GE GE GE GE GE

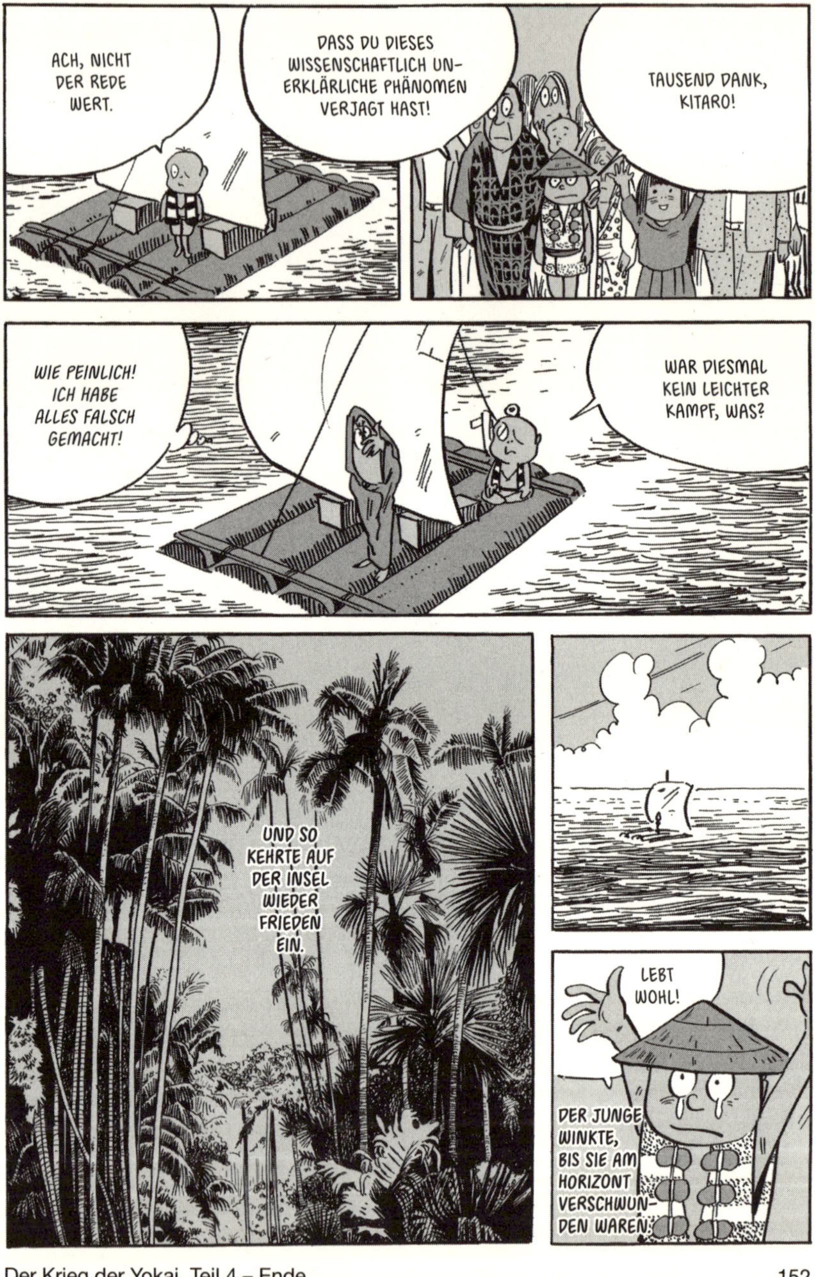
ACH, NICHT DER REDE WERT.
DASS DU DIESES WISSENSCHAFTLICH UN-ERKLÄRLICHE PHÄNOMEN VERJAGT HAST!
TAUSEND DANK, KITARO!
WIE PEINLICH! ICH HABE ALLES FALSCH GEMACHT!
WAR DIESMAL KEIN LEICHTER KAMPF, WAS?
UND SO KEHRTE AUF DER INSEL WIEDER FRIEDEN EIN.
LEBT WOHL!
DER JUNGE WINKTE, BIS SIE AM HORIZONT VERSCHWUN-DEN WAREN.

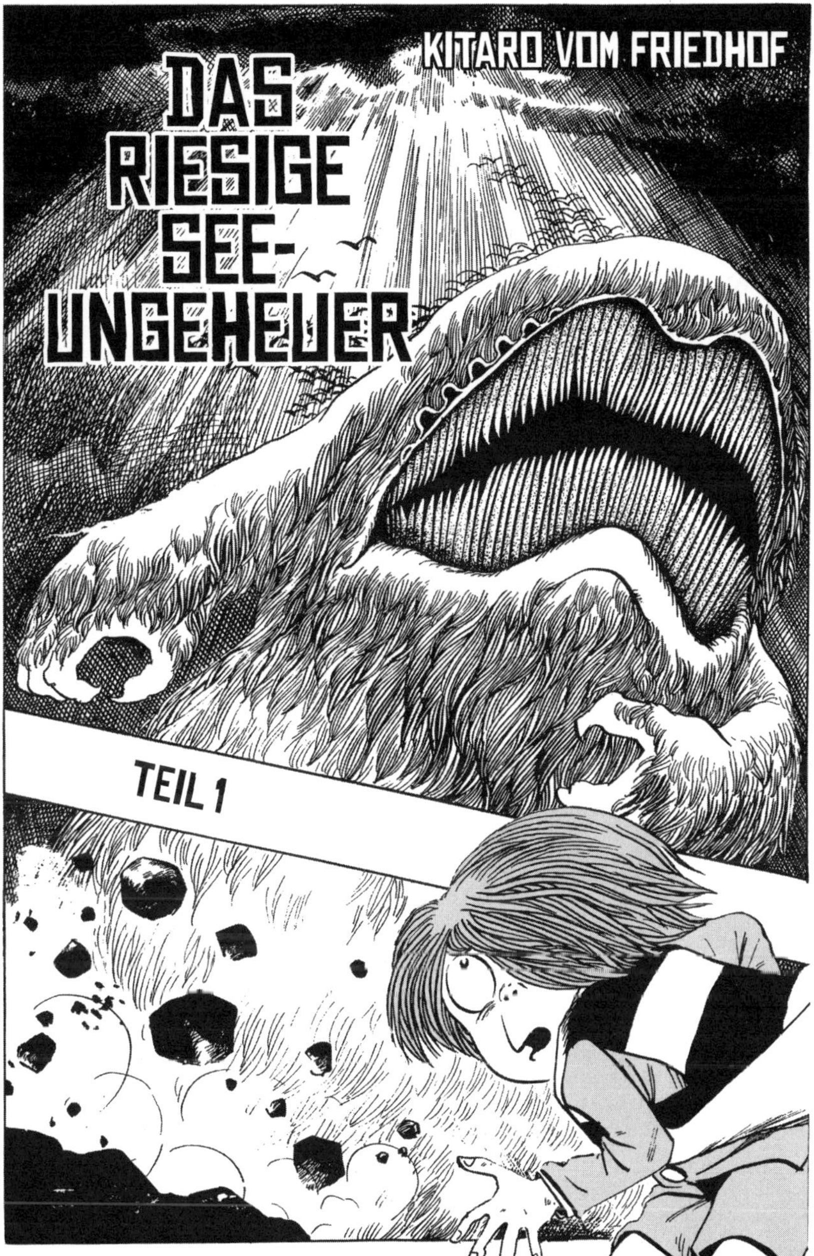
KITARO VOM FRIEDHOF
DAS RIESIGE SEE-UNGEHEUER
TEIL 1

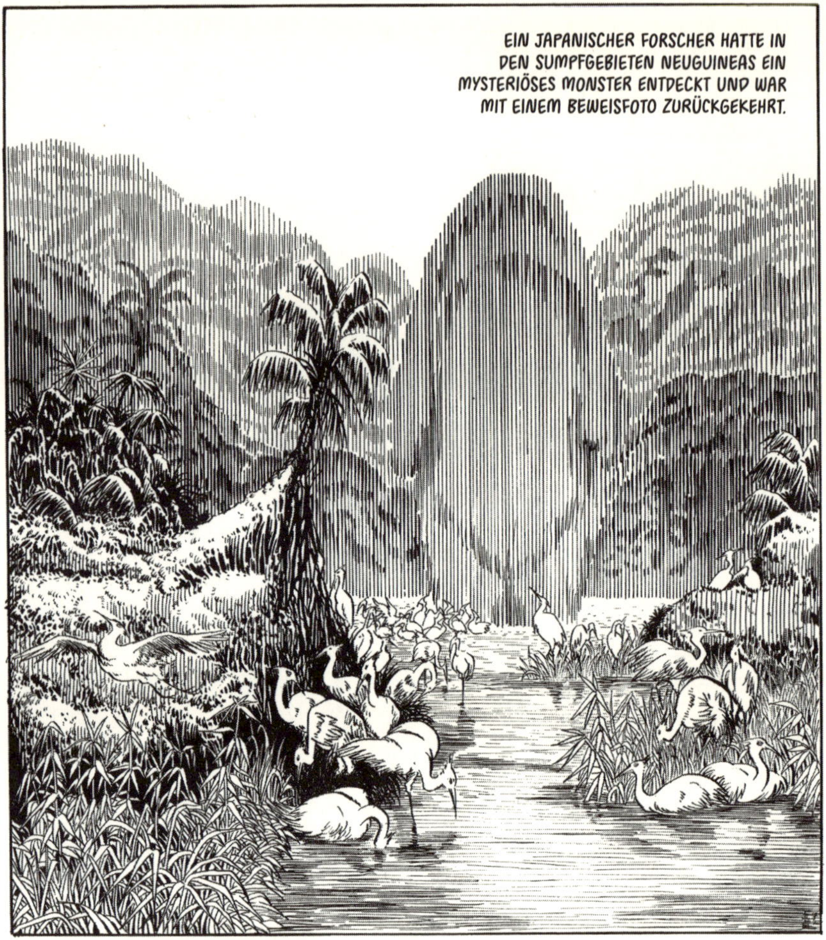

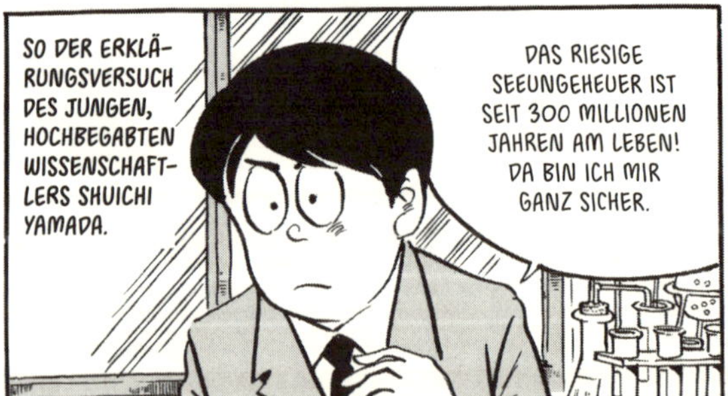

NACHDEM VIELE WISSENSCHAFTLER DAS FOTO STUDIERT HATTEN, KAM MAN ZU DEM SCHLUSS, DASS ES SICH UM EIN 300 MILLIONEN JAHRE ALTES LEBEWESEN HANDELN MUSSTE: DAS RIESIGE SEEUNGEHEUER ZEOCHRONODON, EIN DIREKTER VORFAHRE DER HEUTIGEN WALE. DOCH WIE KONNTE ES SEIN, DASS DIESES WESEN UNBERÜHRT VON DER EVOLUTION NOCH IN SEINER URSPRÜNGLICHEN FORM EXISTIERTE?

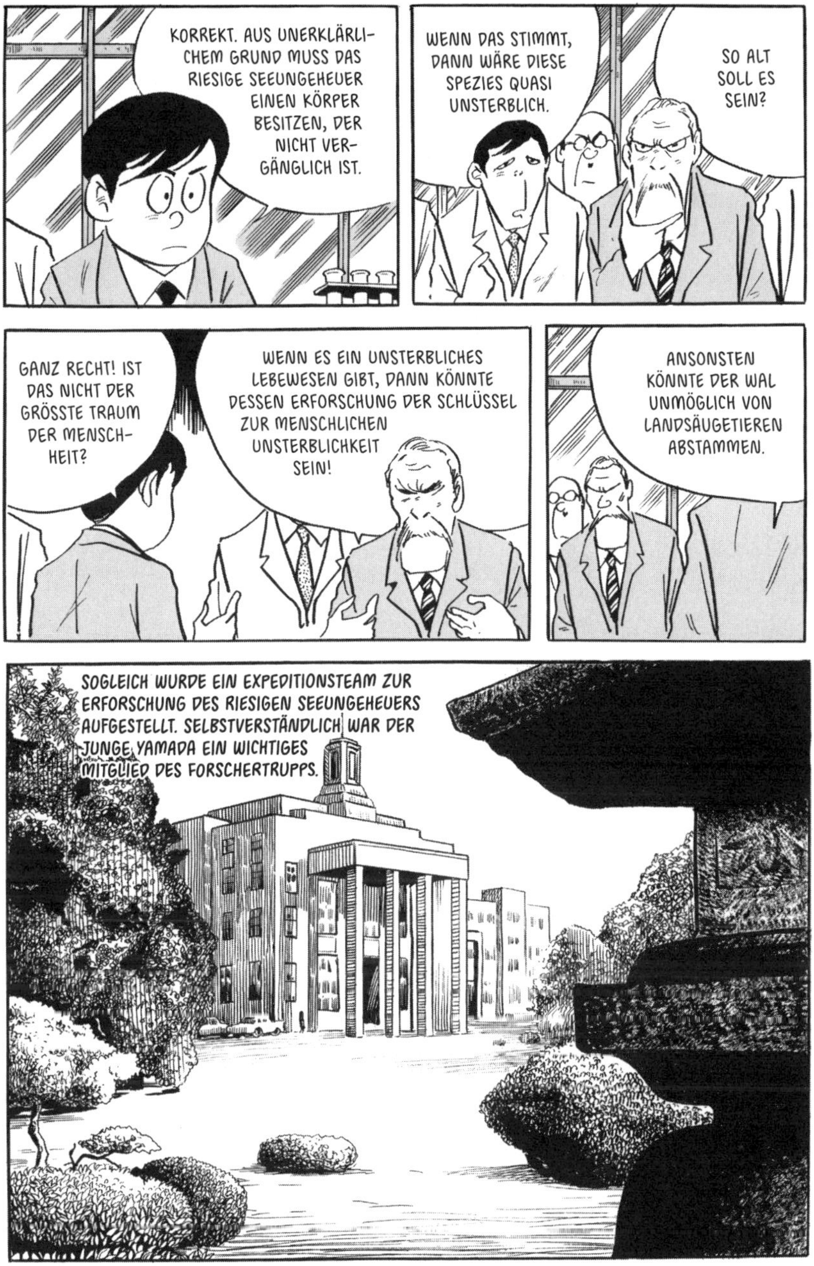

KORREKT. AUS UNERKLÄRLICHEM GRUND MUSS DAS RIESIGE SEEUNGEHEUER EINEN KÖRPER BESITZEN, DER NICHT VERGÄNGLICH IST.
WENN DAS STIMMT, DANN WÄRE DIESE SPEZIES QUASI UNSTERBLICH.
SO ALT SOLL ES SEIN?
GANZ RECHT! IST DAS NICHT DER GRÖSSTE TRAUM DER MENSCHHEIT?
WENN ES EIN UNSTERBLICHES LEBEWESEN GIBT, DANN KÖNNTE DESSEN ERFORSCHUNG DER SCHLÜSSEL ZUR MENSCHLICHEN UNSTERBLICHKEIT SEIN!
ANSONSTEN KÖNNTE DER WAL UNMÖGLICH VON LANDSÄUGETIEREN ABSTAMMEN.
SOGLEICH WURDE EIN EXPEDITIONSTEAM ZUR ERFORSCHUNG DES RIESIGEN SEEUNGEHEUERS AUFGESTELLT. SELBSTVERSTÄNDLICH WAR DER JUNGE YAMADA EIN WICHTIGES MITGLIED DES FORSCHERTRUPPS.

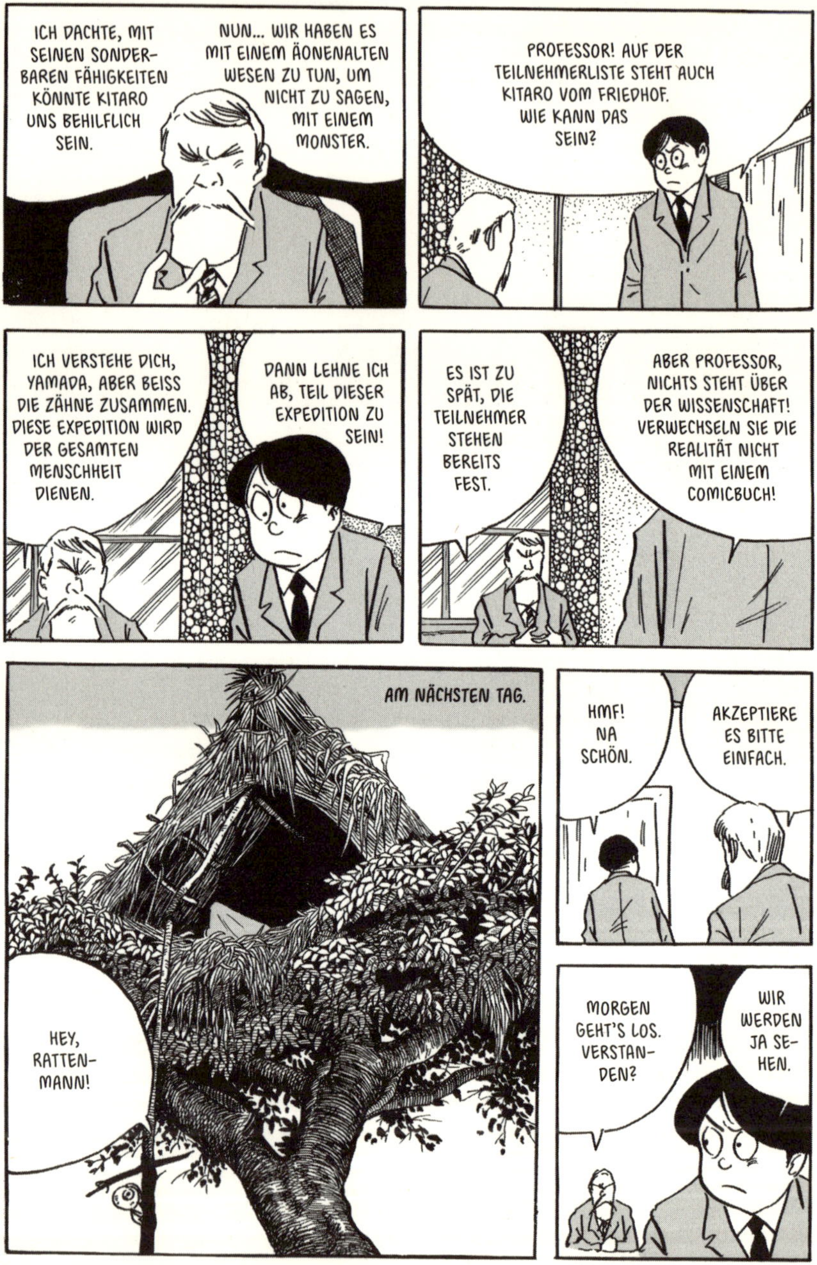
ICH DACHTE, MIT SEINEN SONDERBAREN FÄHIGKEITEN KÖNNTE KITARO UNS BEHILFLICH SEIN.
NUN... WIR HABEN ES MIT EINEM ÄONENALTEN WESEN ZU TUN, UM NICHT ZU SAGEN, MIT EINEM MONSTER.
PROFESSOR! AUF DER TEILNEHMERLISTE STEHT AUCH KITARO VOM FRIEDHOF. WIE KANN DAS SEIN?
ICH VERSTEHE DICH, YAMADA, ABER BEISS DIE ZÄHNE ZUSAMMEN. DIESE EXPEDITION WIRD DER GESAMTEN MENSCHHEIT DIENEN.
DANN LEHNE ICH AB, TEIL DIESER EXPEDITION ZU SEIN!
ES IST ZU SPÄT, DIE TEILNEHMER STEHEN BEREITS FEST.
ABER PROFESSOR, NICHTS STEHT ÜBER DER WISSENSCHAFT! VERWECHSELN SIE DIE REALITÄT NICHT MIT EINEM COMICBUCH!
AKZEPTIERE ES BITTE EINFACH.
HMF! NA SCHÖN.
WIR WERDEN JA SEHEN.
MORGEN GEHT'S LOS. VERSTANDEN?
AM NÄCHSTEN TAG.
HEY, RATTENMANN!

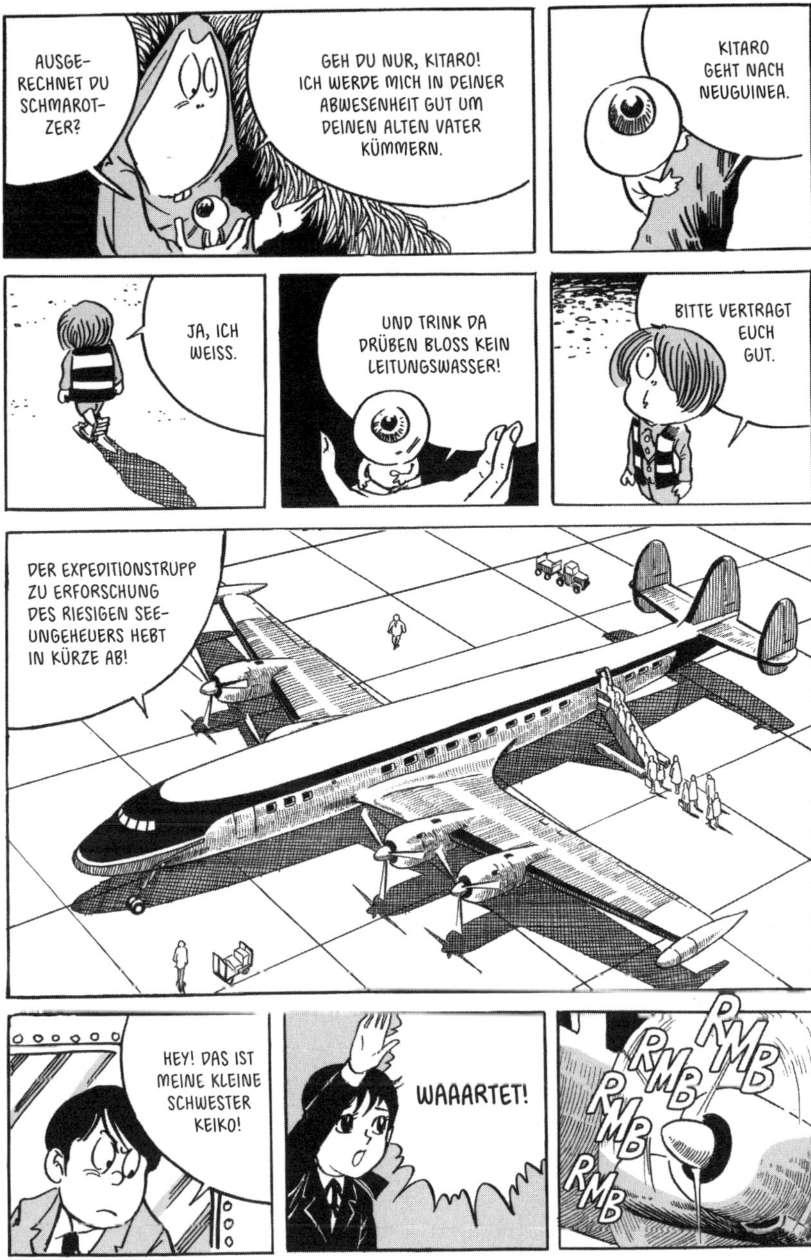
AUSGE-
RECHNET DU
SCHMAROT-
ZER?
GEH DU NUR, KITARO!
ICH WERDE MICH IN DEINER
ABWESENHEIT GUT UM
DEINEN ALTEN VATER
KÜMMERN.
KITARO
GEHT NACH
NEUGUINEA.
JA, ICH
WEISS.
UND TRINK DA
DRÜBEN BLOSS KEIN
LEITUNGSWASSER!
BITTE VERTRAGT
EUCH
GUT.
DER EXPEDITIONSTRUPP
ZU ERFORSCHUNG
DES RIESIGEN SEE-
UNGEHEUERS HEBT
IN KÜRZE AB!
HEY! DAS IST
MEINE KLEINE
SCHWESTER
KEIKO!
WAAARTET!
RMB
RMB
RMB
RMB
RMB

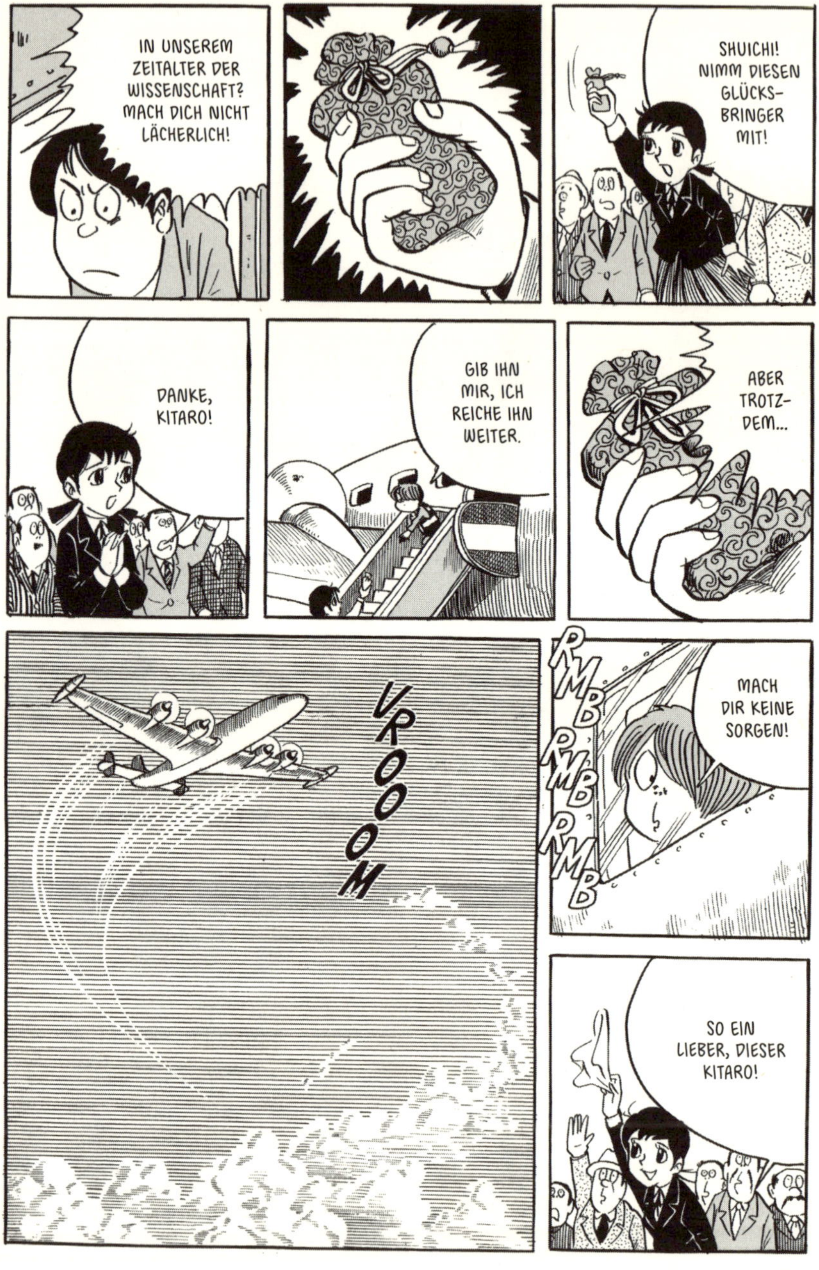
IN UNSEREM ZEITALTER DER WISSENSCHAFT? MACH DICH NICHT LÄCHERLICH!
SHUICHI! NIMM DIESEN GLÜCKS-BRINGER MIT!
DANKE, KITARO!
GIB IHN MIR, ICH REICHE IHN WEITER.
ABER TROTZ-DEM...
VROOOOM
RMB RMB RMB
MACH DIR KEINE SORGEN!
SO EIN LIEBER, DIESER KITARO!

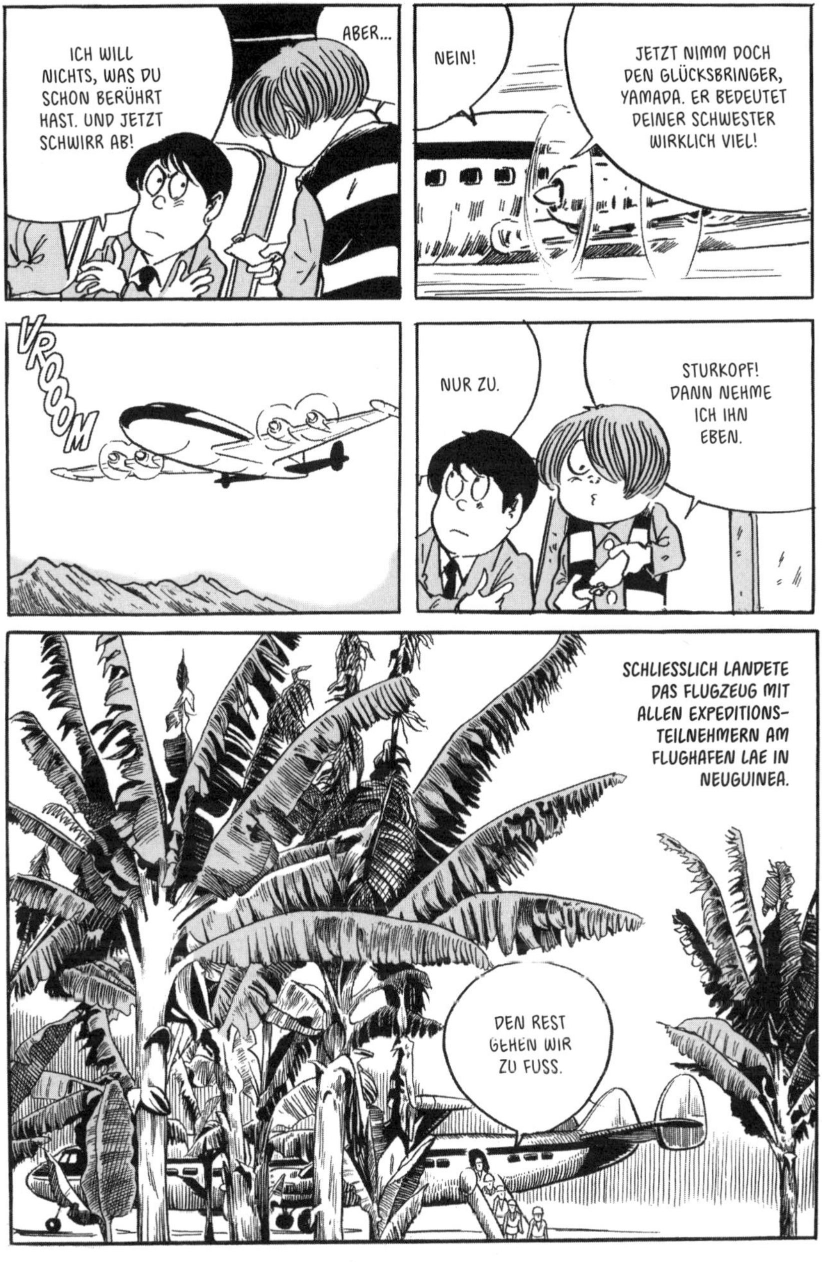
JETZT NIMM DOCH DEN GLÜCKSBRINGER, YAMADA. ER BEDEUTET DEINER SCHWESTER WIRKLICH VIEL!
NEIN!
ABER...
ICH WILL NICHTS, WAS DU SCHON BERÜHRT HAST. UND JETZT SCHWIRR AB!
STURKOPF! DANN NEHME ICH IHN EBEN.
NUR ZU.
VROOOM
SCHLIESSLICH LANDETE DAS FLUGZEUG MIT ALLEN EXPEDITIONS-TEILNEHMERN AM FLUGHAFEN LAE IN NEUGUINEA.
DEN REST GEHEN WIR ZU FUSS.

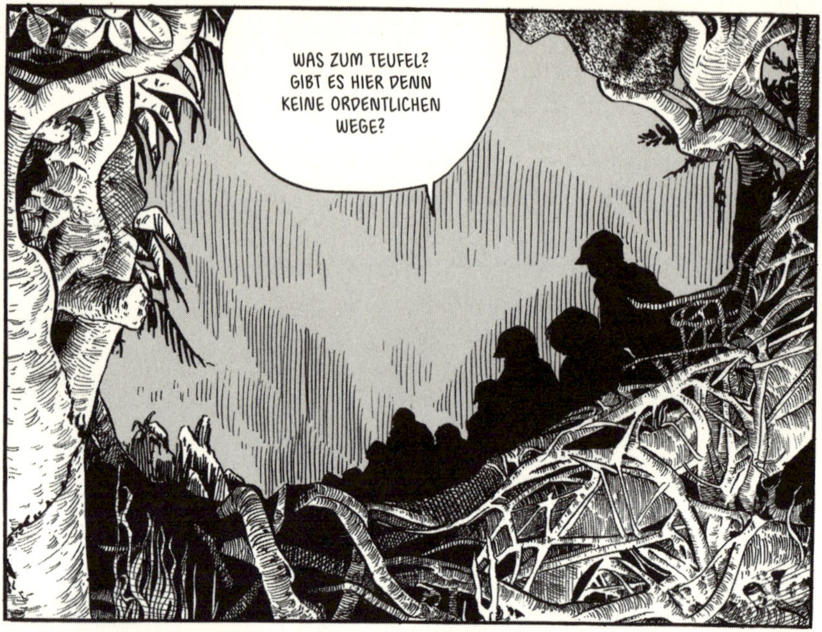
WAS ZUM TEUFEL? GIBT ES HIER DENN KEINE ORDENTLICHEN WEGE?

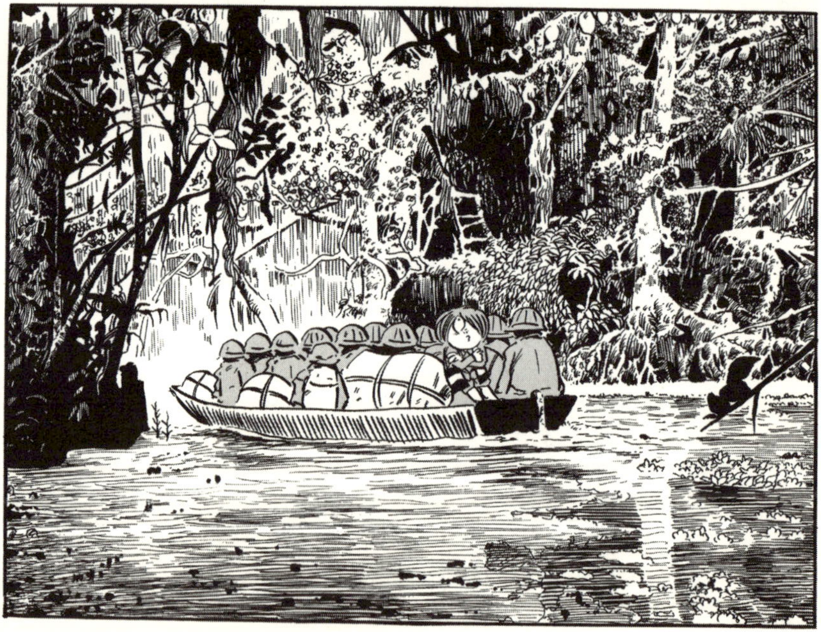

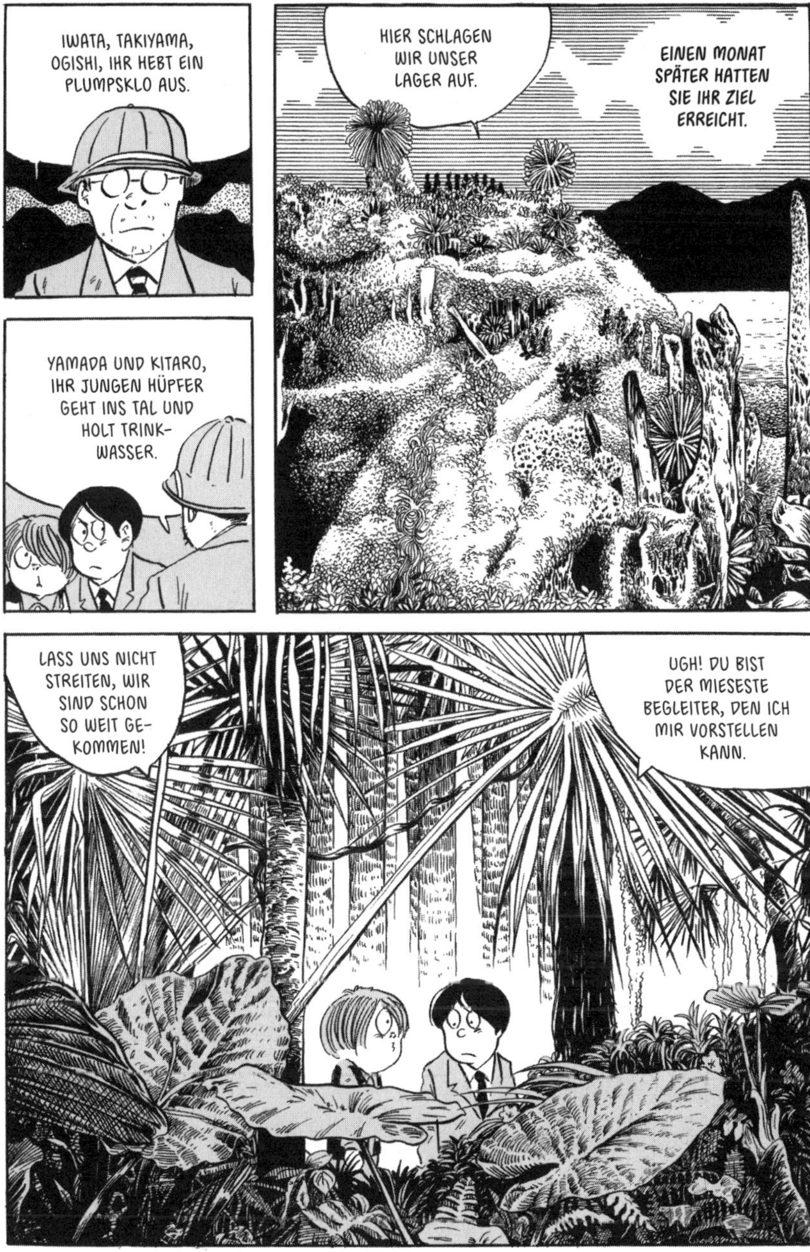
IWATA, TAKIYAMA, OGISHI, IHR HEBT EIN PLUMPSKLO AUS.
YAMADA UND KITARO, IHR JUNGEN HÜPFER GEHT INS TAL UND HOLT TRINK-WASSER.
HIER SCHLAGEN WIR UNSER LAGER AUF.
EINEN MONAT SPÄTER HATTEN SIE IHR ZIEL ERREICHT.
LASS UNS NICHT STREITEN, WIR SIND SCHON SO WEIT GE-KOMMEN!
UGH! DU BIST DER MIESESTE BEGLEITER, DEN ICH MIR VORSTELLEN KANN.

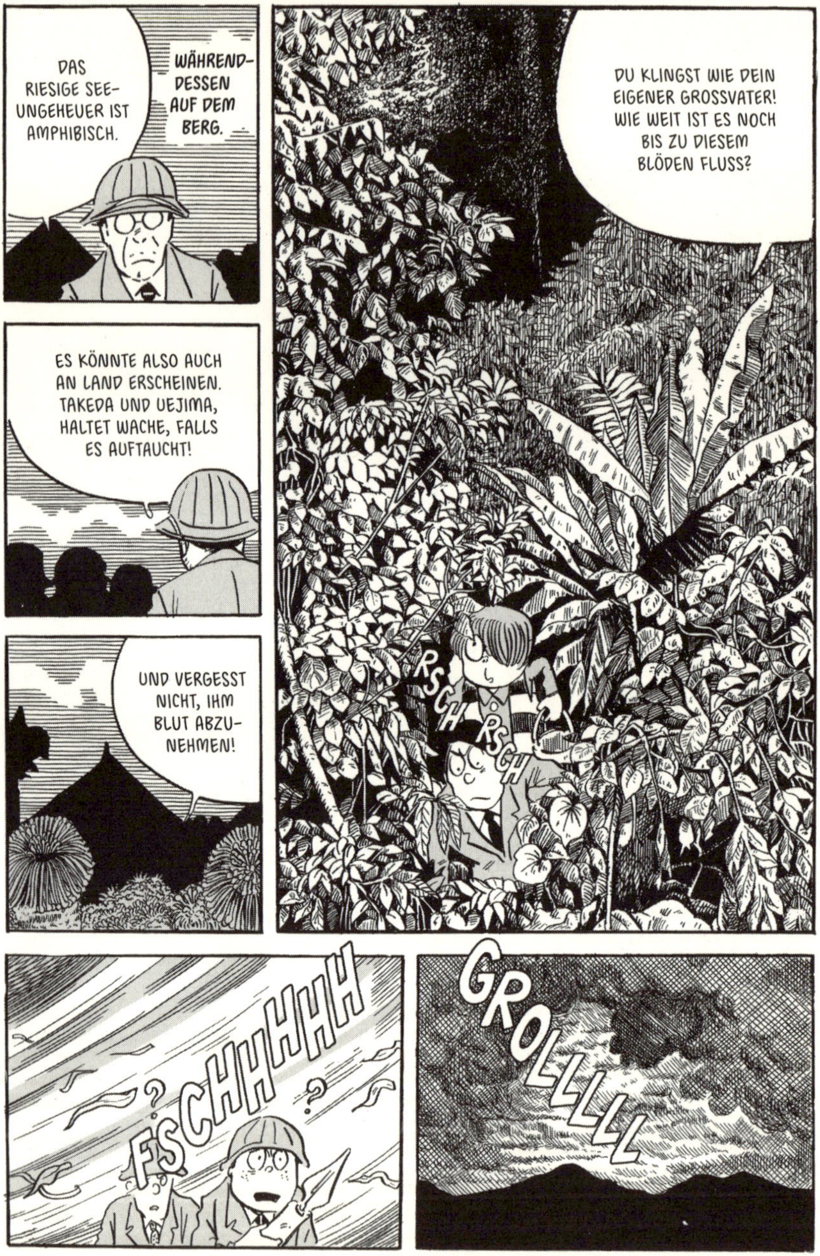
WÄHREND-DESSEN AUF DEM BERG.
DAS RIESIGE SEE-UNGEHEUER IST AMPHIBISCH.
ES KÖNNTE ALSO AUCH AN LAND ERSCHEINEN. TAKEDA UND UEJIMA, HALTET WACHE, FALLS ES AUFTAUCHT!
UND VERGESST NICHT, IHM BLUT ABZU-NEHMEN!
DU KLINGST WIE DEIN EIGENER GROSSVATER! WIE WEIT IST ES NOCH BIS ZU DIESEM BLÖDEN FLUSS?
RSCH
RSCH
FSCHHHHHH
?
?
GROLLLLL

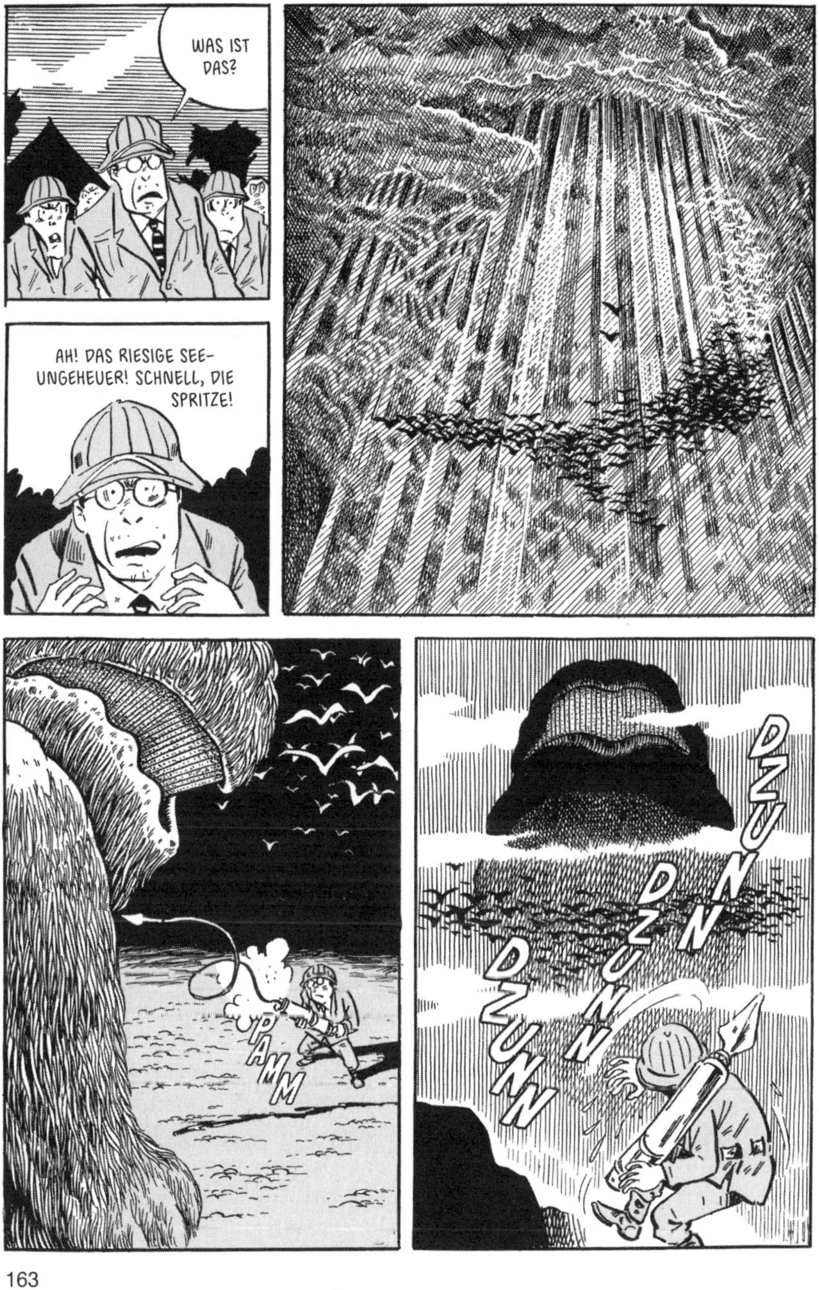
WAS IST DAS?
AH! DAS RIESIGE SEE-UNGEHEUER! SCHNELL, DIE SPRITZE!
PAMM
DZUNN
DZUNN
DZUNN

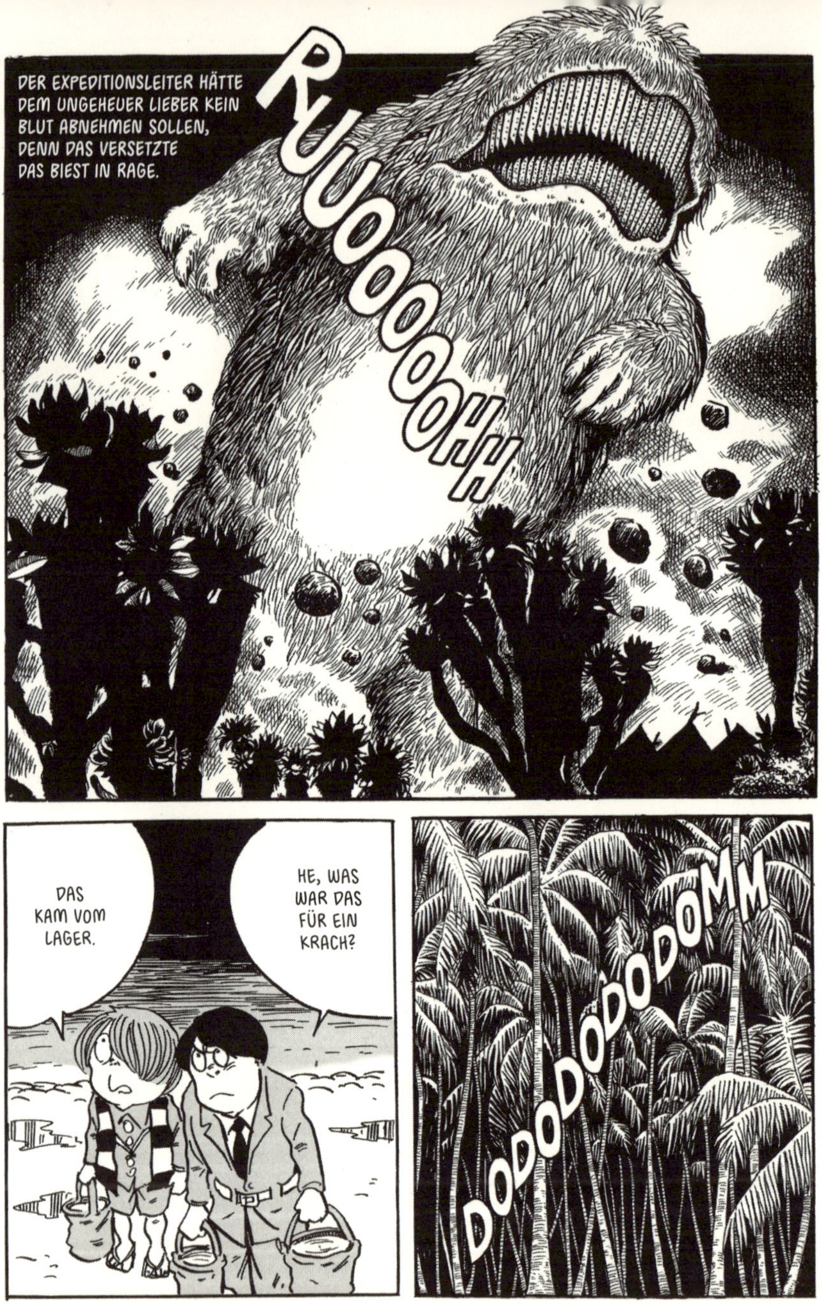
DER EXPEDITIONSLEITER HÄTTE DEM UNGEHEUER LIEBER KEIN BLUT ABNEHMEN SOLLEN, DENN DAS VERSETZTE DAS BIEST IN RAGE.
RUUOOOOOHH
HE, WAS WAR DAS FÜR EIN KRACH?
DAS KAM VOM LAGER.
DODODODODODOMM

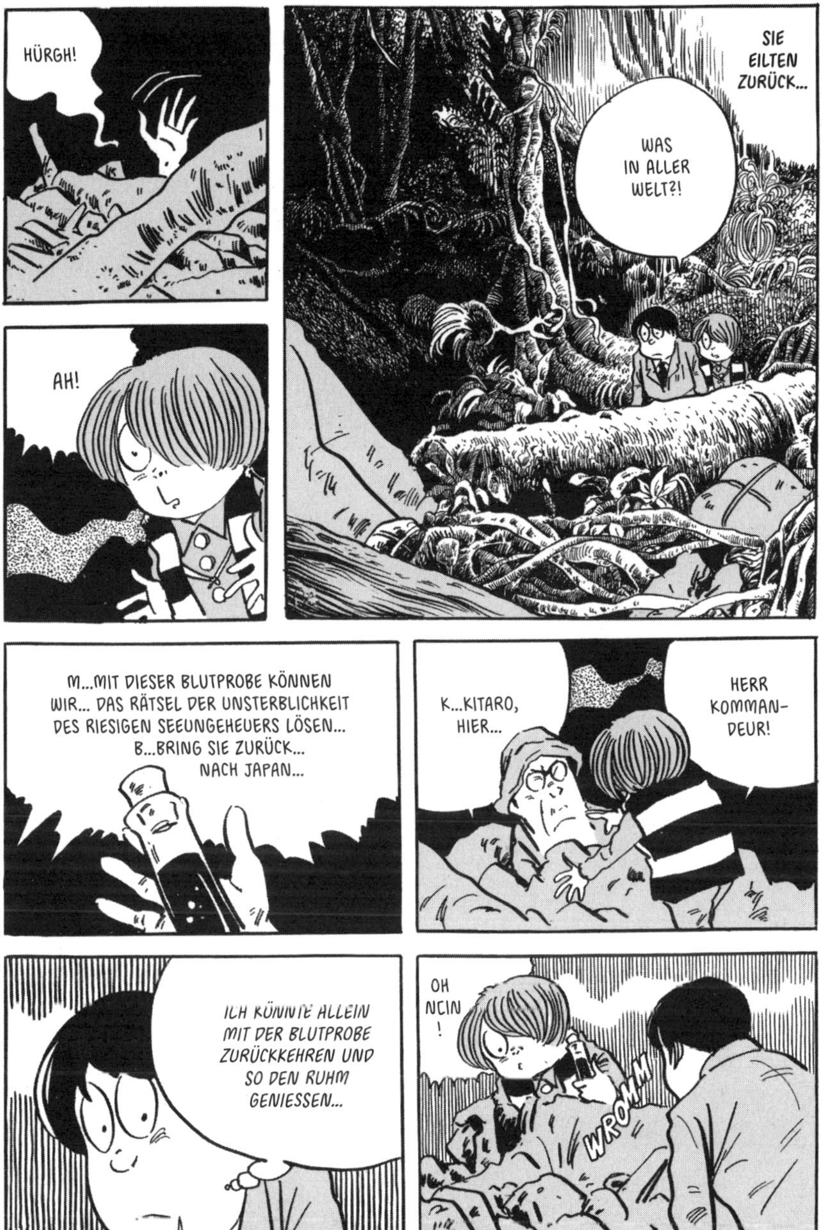
SIE EILTEN ZURÜCK...
WAS IN ALLER WELT?!
HÜRGH!
AH!
HERR KOMMANDEUR!
K...KITARO, HIER...
M...MIT DIESER BLUTPROBE KÖNNEN WIR... DAS RÄTSEL DER UNSTERBLICHKEIT DES RIESIGEN SEEUNGEHEUERS LÖSEN...
B...BRING SIE ZURÜCK... NACH JAPAN...
OH NEIN!
WROMM
ICH KÖNNTE ALLEIN MIT DER BLUTPROBE ZURÜCKKEHREN UND SO DEN RUHM GENIESSEN...

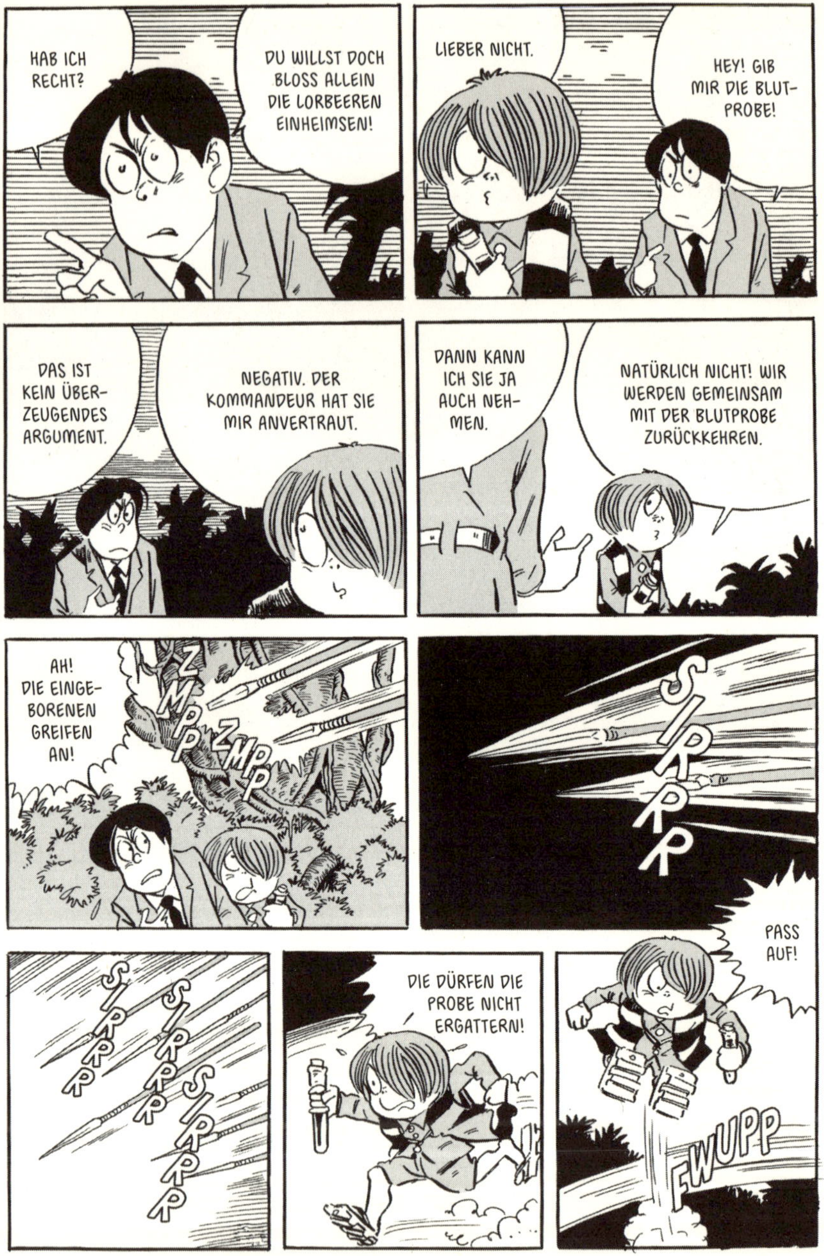
HAB ICH RECHT?
DU WILLST DOCH BLOSS ALLEIN DIE LORBEEREN EINHEIMSEN!
LIEBER NICHT.
HEY! GIB MIR DIE BLUT-PROBE!
DAS IST KEIN ÜBER-ZEUGENDES ARGUMENT.
NEGATIV. DER KOMMANDEUR HAT SIE MIR ANVERTRAUT.
DANN KANN ICH SIE JA AUCH NEH-MEN.
NATÜRLICH NICHT! WIR WERDEN GEMEINSAM MIT DER BLUTPROBE ZURÜCKKEHREN.
AH! DIE EINGE-BORENEN GREIFEN AN!
ZMPP ZMPP
SIRRR
SIRRR SIRRR SIRRR
DIE DÜRFEN DIE PROBE NICHT ERGATTERN!
PASS AUF!
FWUPP

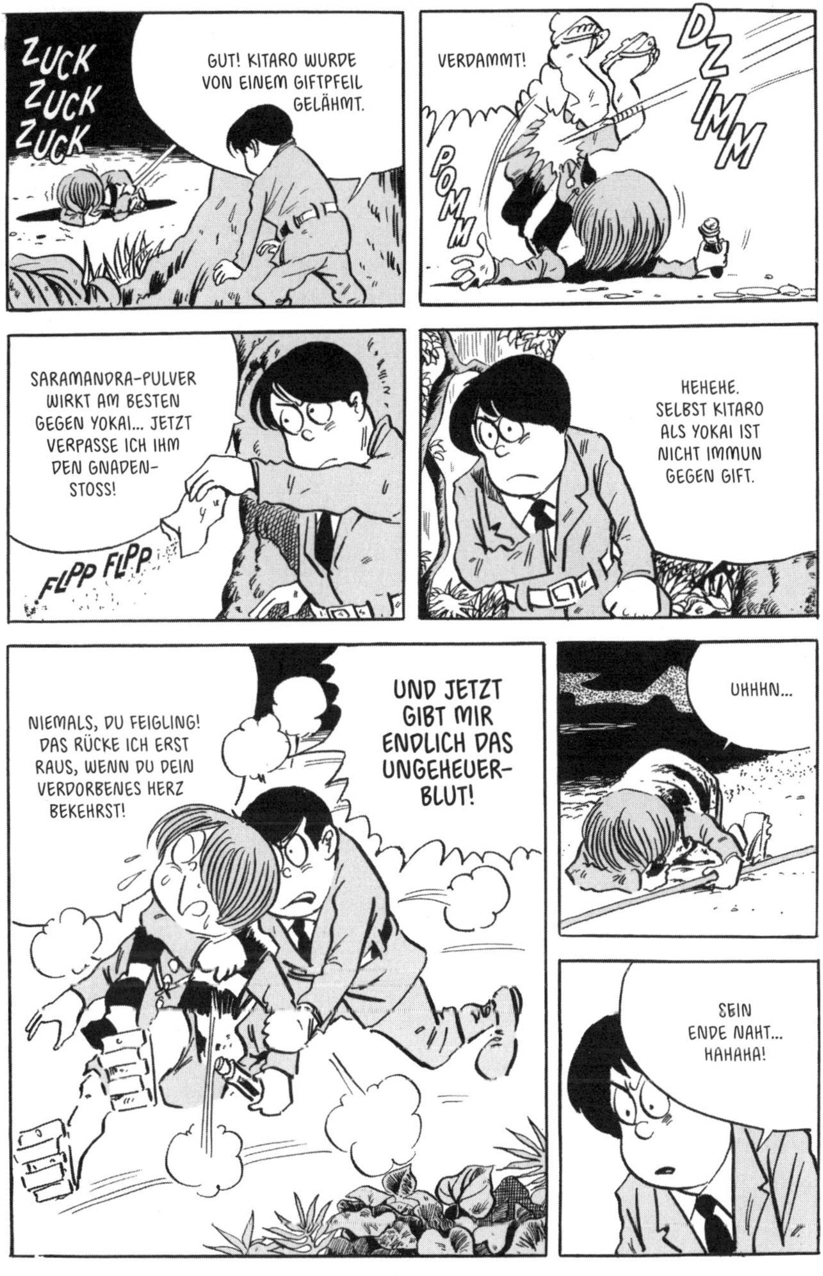
ZUCK ZUCK ZUCK
GUT! KITARO WURDE VON EINEM GIFTPFEIL GELÄHMT.
VERDAMMT!
DZIMM
POMM
SARAMANDRA-PULVER WIRKT AM BESTEN GEGEN YOKAI... JETZT VERPASSE ICH IHM DEN GNADEN-STOSS!
FLPP FLPP
HEHEHE. SELBST KITARO ALS YOKAI IST NICHT IMMUN GEGEN GIFT.
NIEMALS, DU FEIGLING! DAS RÜCKE ICH ERST RAUS, WENN DU DEIN VERDORBENES HERZ BEKEHRST!
UND JETZT GIBT MIR ENDLICH DAS UNGEHEUER-BLUT!
UHHHN...
SEIN ENDE NAHT... HAHAHA!

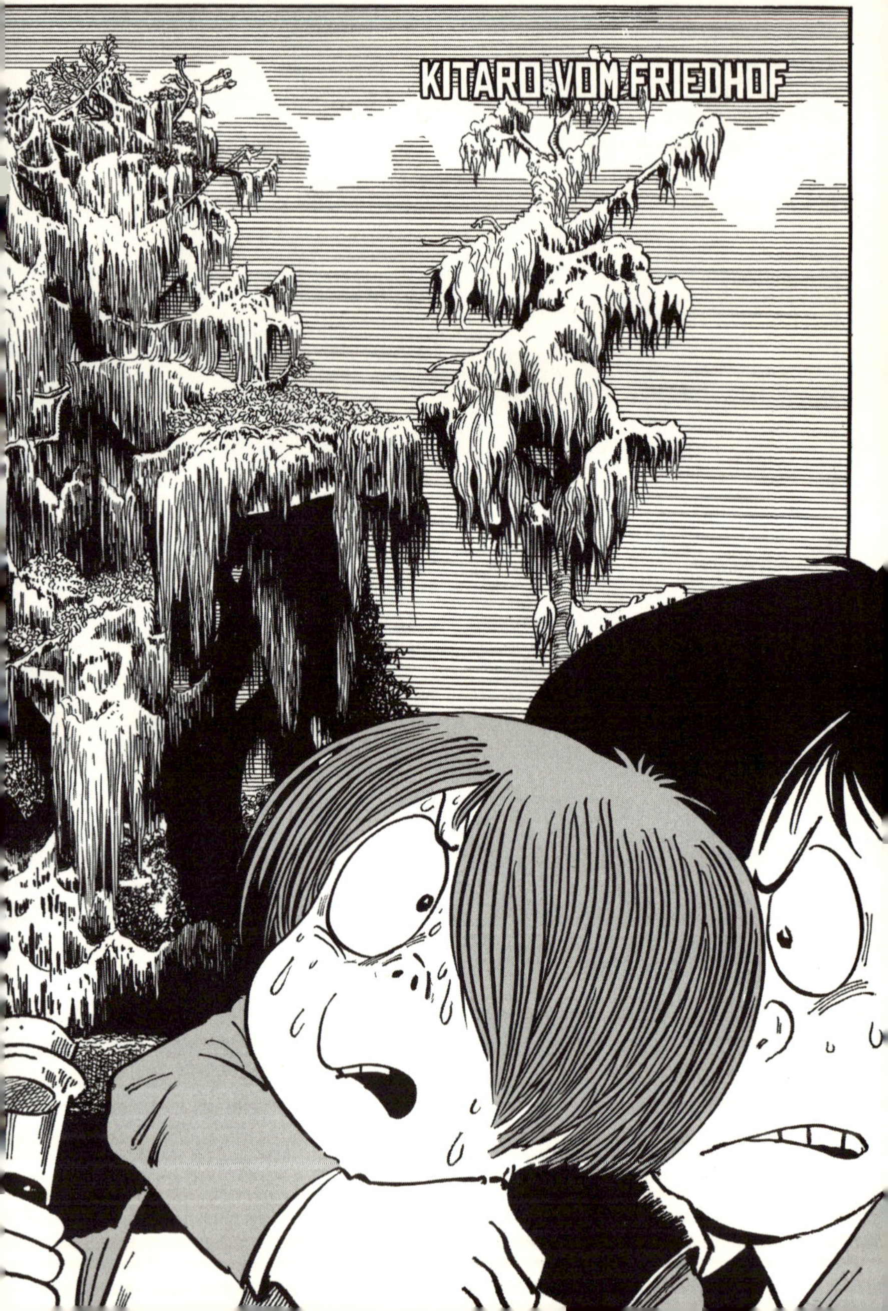
KITARO VOM FRIEDHOF

DAS RIESIGE SEE-UNGEHEUER
TEIL 2

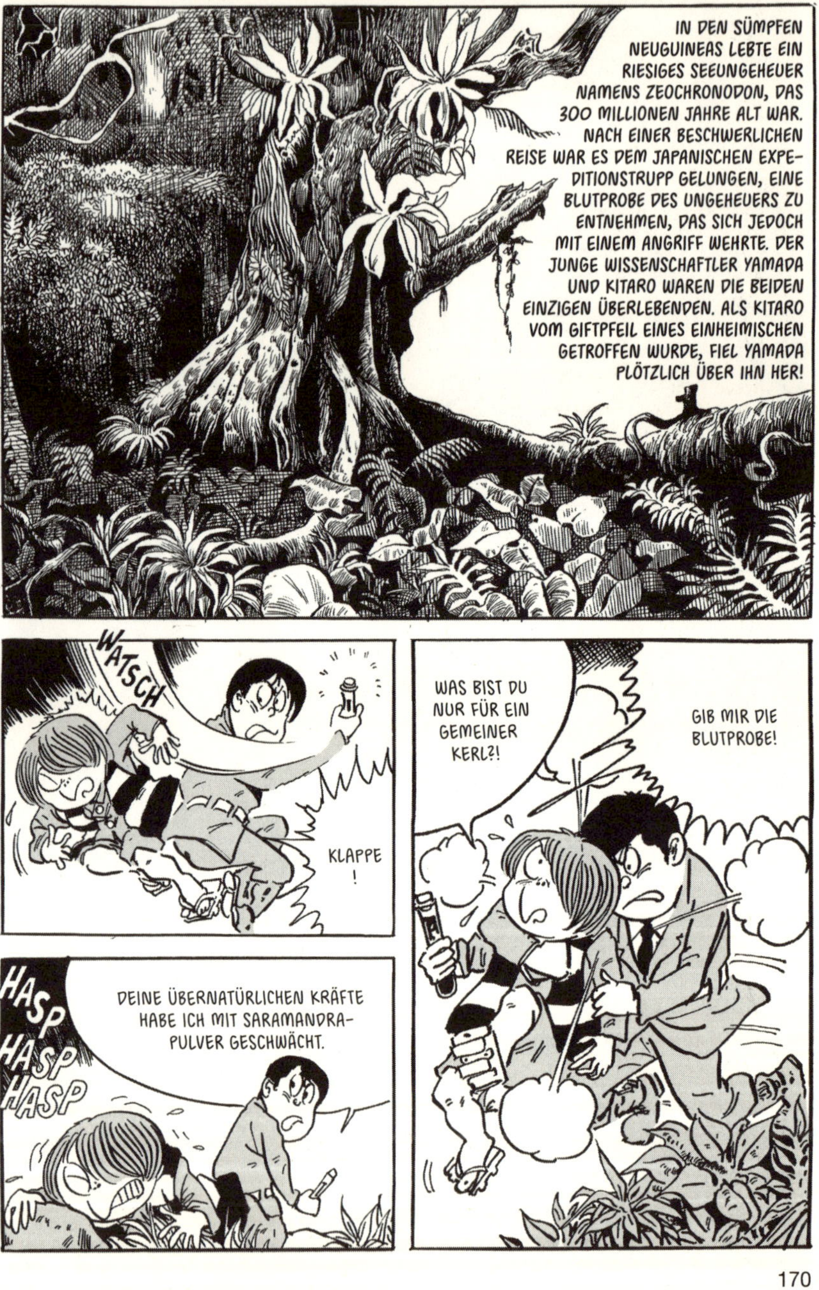

IN DEN SÜMPFEN NEUGUINEAS LEBTE EIN RIESIGES SEEUNGEHEUER NAMENS ZEOCHRONODON, DAS 300 MILLIONEN JAHRE ALT WAR. NACH EINER BESCHWERLICHEN REISE WAR ES DEM JAPANISCHEN EXPEDITIONSTRUPP GELUNGEN, EINE BLUTPROBE DES UNGEHEUERS ZU ENTNEHMEN, DAS SICH JEDOCH MIT EINEM ANGRIFF WEHRTE. DER JUNGE WISSENSCHAFTLER YAMADA UND KITARO WAREN DIE BEIDEN EINZIGEN ÜBERLEBENDEN. ALS KITARO VOM GIFTPFEIL EINES EINHEIMISCHEN GETROFFEN WURDE, FIEL YAMADA PLÖTZLICH ÜBER IHN HER!
WATSCH
KLAPPE!
WAS BIST DU NUR FÜR EIN GEMEINER KERL?!
GIB MIR DIE BLUTPROBE!
HASP HASP HASP
DEINE ÜBERNATÜRLICHEN KRÄFTE HABE ICH MIT SARAMANDRAPULVER GESCHWÄCHT.

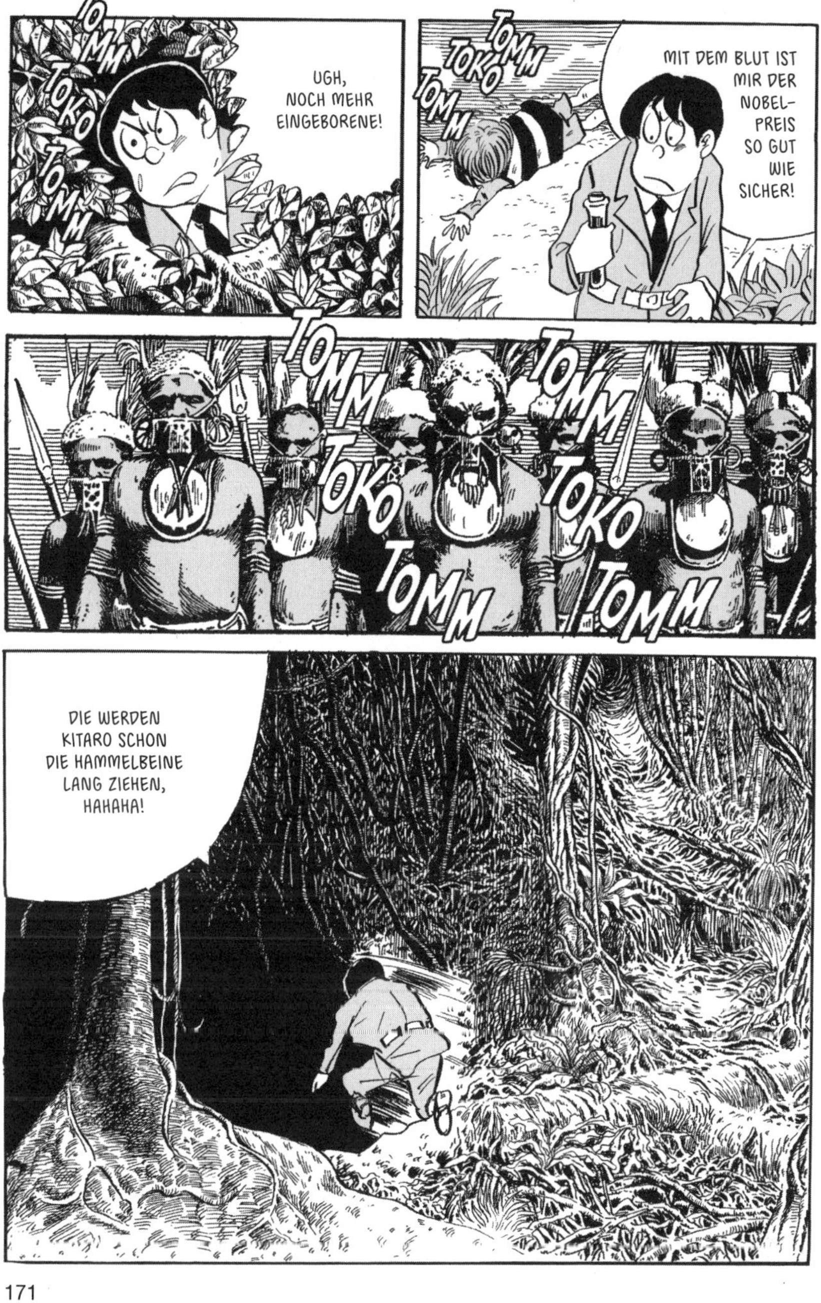
TOMM TOKO TOMM TOMM
UGH, NOCH MEHR EINGEBORENE!
TOMM TOKO TOMM
MIT DEM BLUT IST MIR DER NOBEL-PREIS SO GUT WIE SICHER!
TOMM TOKO TOMM
TOMM TOKO TOMM
DIE WERDEN KITARO SCHON DIE HAMMELBEINE LANG ZIEHEN, HAHAHA!

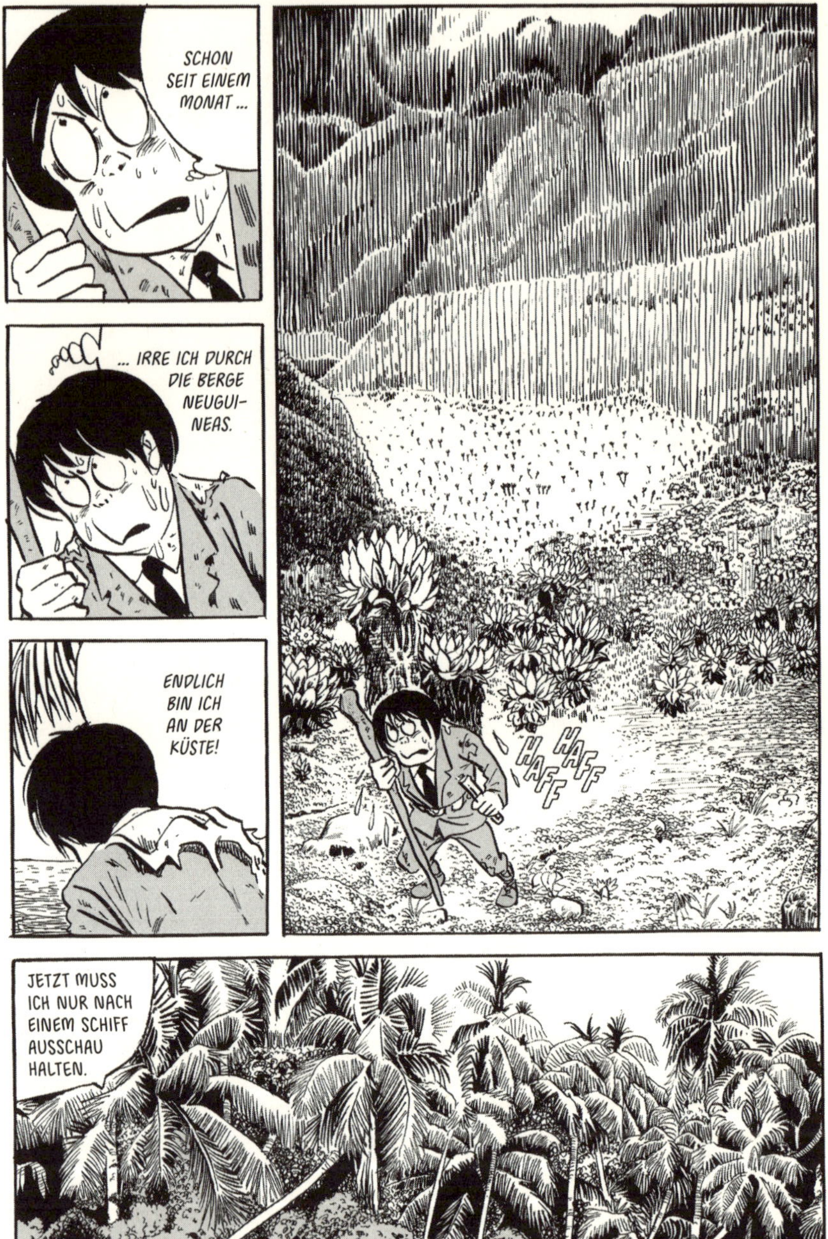
SCHON SEIT EINEM MONAT ...
... IRRE ICH DURCH DIE BERGE NEUGUI-NEAS.
ENDLICH BIN ICH AN DER KÜSTE!
HAFF HAFF
JETZT MUSS ICH NUR NACH EINEM SCHIFF AUSSCHAU HALTEN.

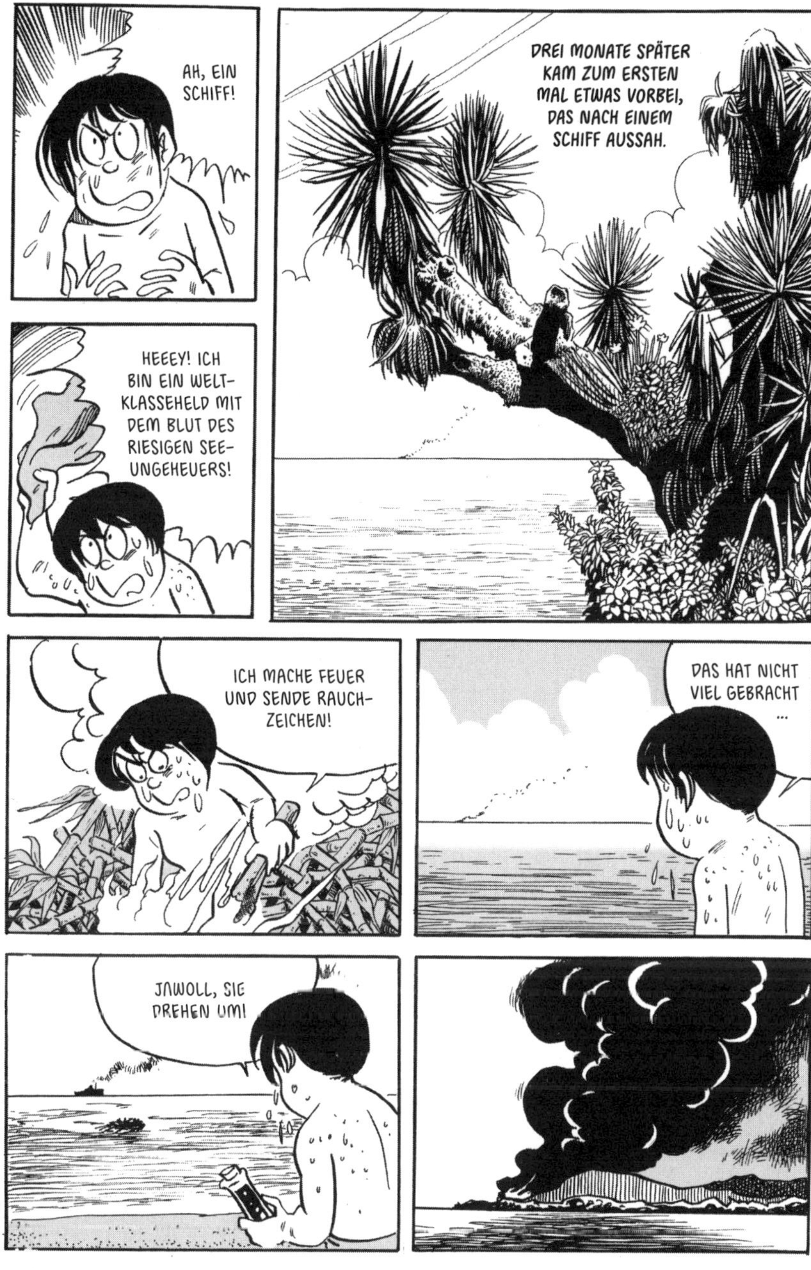
AH, EIN SCHIFF!
DREI MONATE SPÄTER KAM ZUM ERSTEN MAL ETWAS VORBEI, DAS NACH EINEM SCHIFF AUSSAH.
HEEEY! ICH BIN EIN WELT-KLASSEHELD MIT DEM BLUT DES RIESIGEN SEE-UNGEHEUERS!
ICH MACHE FEUER UND SENDE RAUCH-ZEICHEN!
DAS HAT NICHT VIEL GEBRACHT ...
JAWOLL, SIE DREHEN UM!

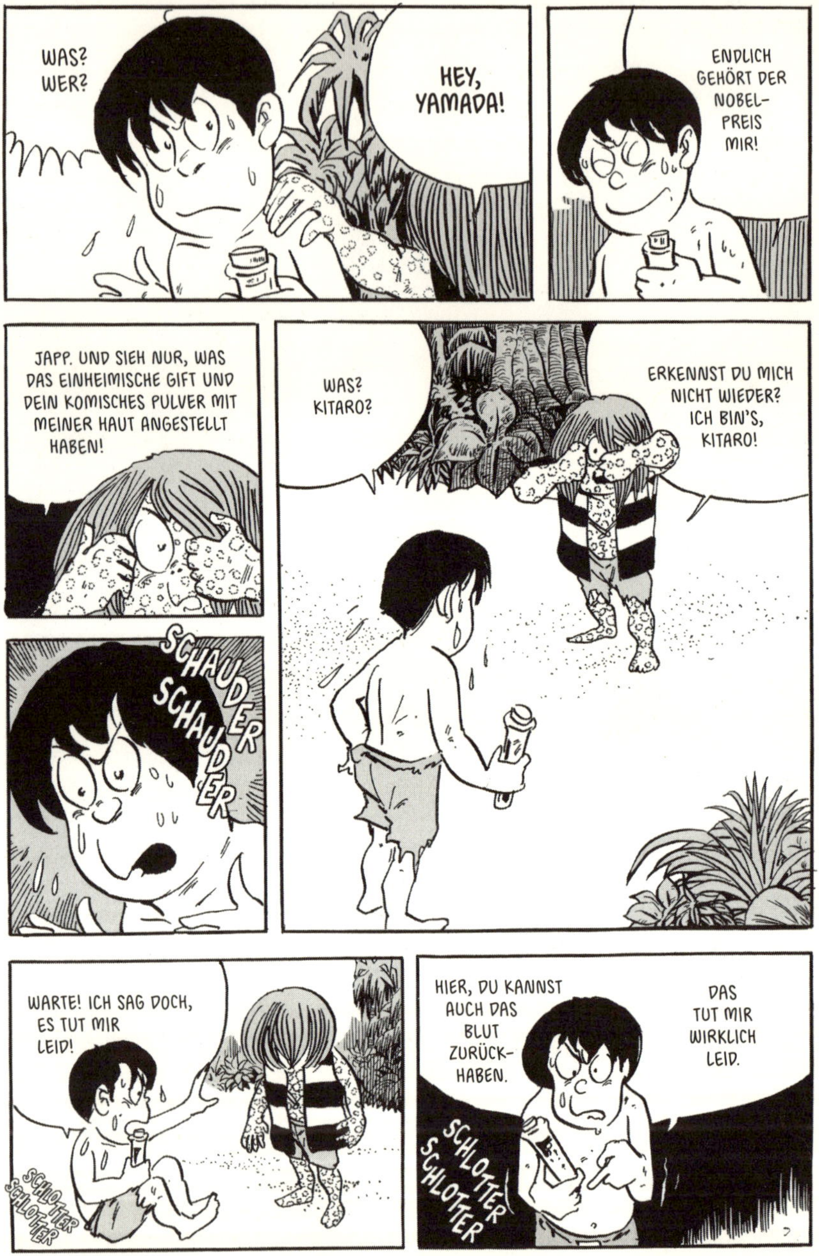
WAS? WER?
HEY, YAMADA!
ENDLICH GEHÖRT DER NOBEL-PREIS MIR!
JAPP. UND SIEH NUR, WAS DAS EINHEIMISCHE GIFT UND DEIN KOMISCHES PULVER MIT MEINER HAUT ANGESTELLT HABEN!
WAS? KITARO?
ERKENNST DU MICH NICHT WIEDER? ICH BIN'S, KITARO!
SCHAUDER SCHAUDER
WARTE! ICH SAG DOCH, ES TUT MIR LEID!
SCHLOTTER SCHLOTTER
HIER, DU KANNST AUCH DAS BLUT ZURÜCK-HABEN.
DAS TUT MIR WIRKLICH LEID.
SCHLOTTER SCHLOTTER

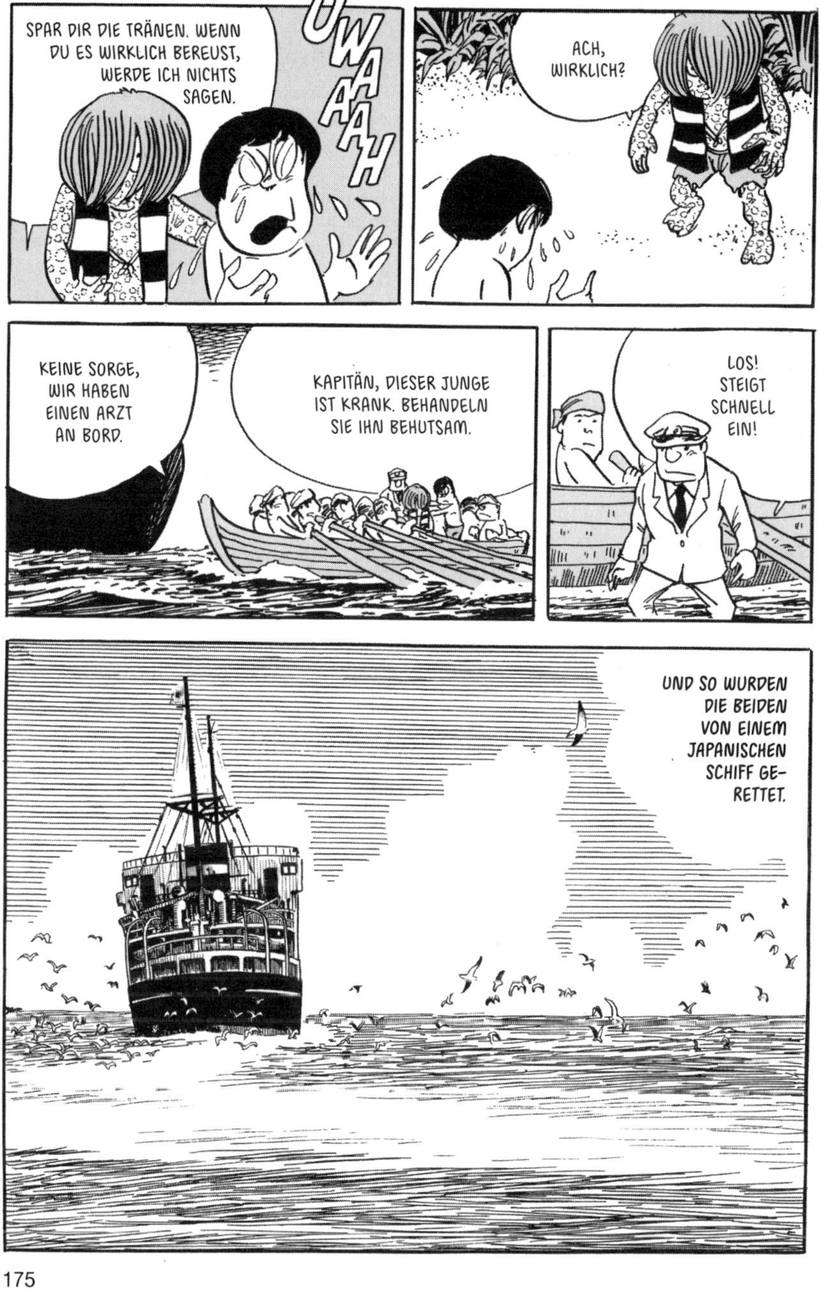
SPAR DIR DIE TRÄNEN. WENN DU ES WIRKLICH BEREUST, WERDE ICH NICHTS SAGEN.
UWAAAH
ACH, WIRKLICH?
KAPITÄN, DIESER JUNGE IST KRANK. BEHANDELN SIE IHN BEHUTSAM.
KEINE SORGE, WIR HABEN EINEN ARZT AN BORD.
LOS! STEIGT SCHNELL EIN!
UND SO WURDEN DIE BEIDEN VON EINEM JAPANISCHEN SCHIFF GERETTET.

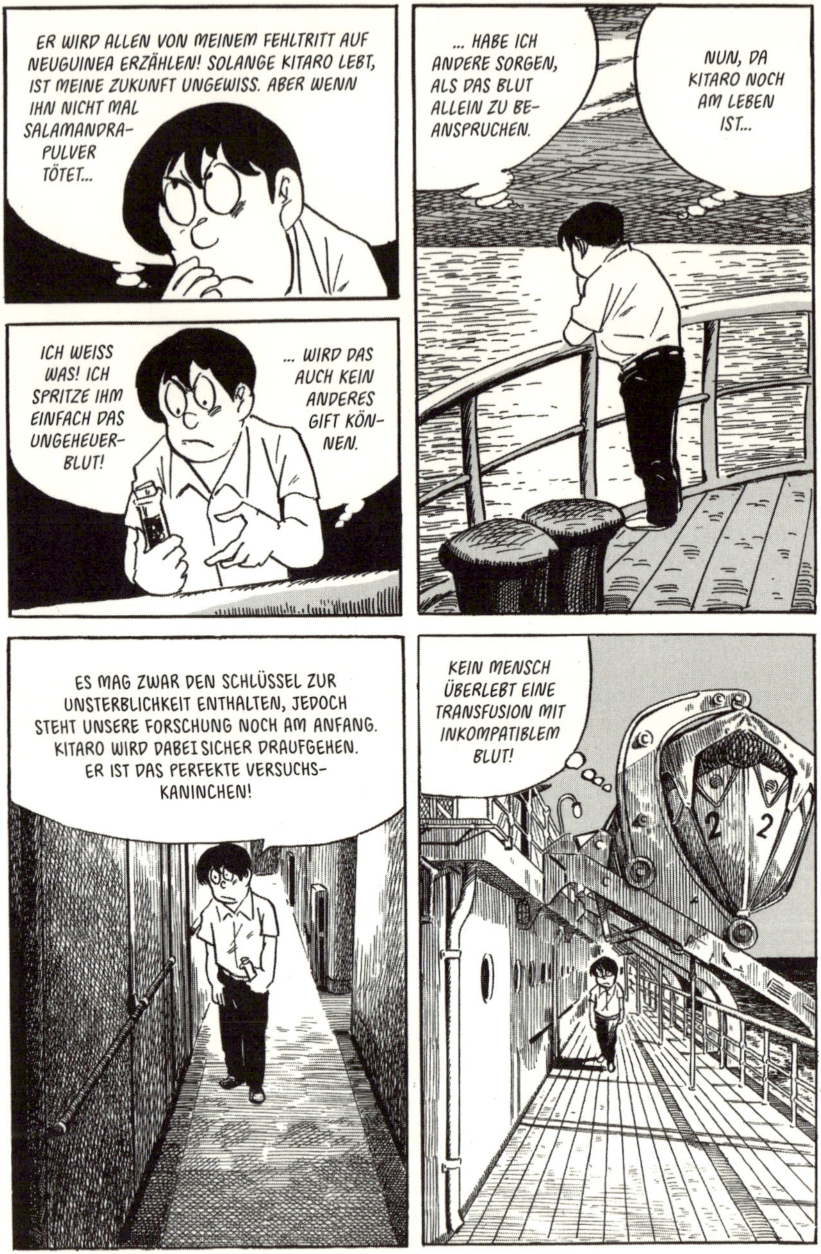
NUN, DA KITARO NOCH AM LEBEN IST...
... HABE ICH ANDERE SORGEN, ALS DAS BLUT ALLEIN ZU BEANSPRUCHEN.
ER WIRD ALLEN VON MEINEM FEHLTRITT AUF NEUGUINEA ERZÄHLEN! SOLANGE KITARO LEBT, IST MEINE ZUKUNFT UNGEWISS. ABER WENN IHN NICHT MAL SALAMANDRAPULVER TÖTET...
... WIRD DAS AUCH KEIN ANDERES GIFT KÖNNEN.
ICH WEISS WAS! ICH SPRITZE IHM EINFACH DAS UNGEHEUERBLUT!
ES MAG ZWAR DEN SCHLÜSSEL ZUR UNSTERBLICHKEIT ENTHALTEN, JEDOCH STEHT UNSERE FORSCHUNG NOCH AM ANFANG. KITARO WIRD DABEI SICHER DRAUFGEHEN. ER IST DAS PERFEKTE VERSUCHSKANINCHEN!
KEIN MENSCH ÜBERLEBT EINE TRANSFUSION MIT INKOMPATIBLEM BLUT!

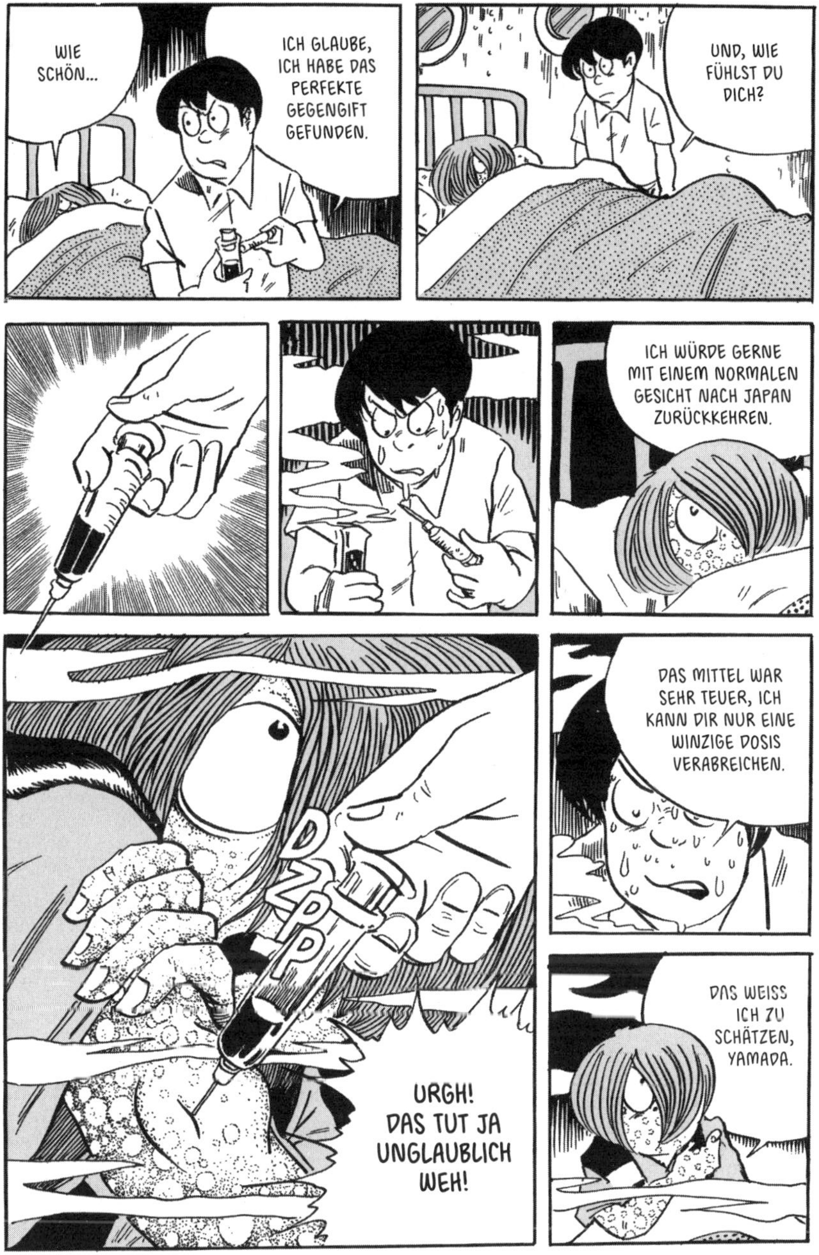

WIE SCHÖN...
ICH GLAUBE, ICH HABE DAS PERFEKTE GEGENGIFT GEFUNDEN.
UND, WIE FÜHLST DU DICH?
ICH WÜRDE GERNE MIT EINEM NORMALEN GESICHT NACH JAPAN ZURÜCKKEHREN.
DZPP
URGH! DAS TUT JA UNGLAUBLICH WEH!
DAS MITTEL WAR SEHR TEUER, ICH KANN DIR NUR EINE WINZIGE DOSIS VERABREICHEN.
DAS WEISS ICH ZU SCHÄTZEN, YAMADA.

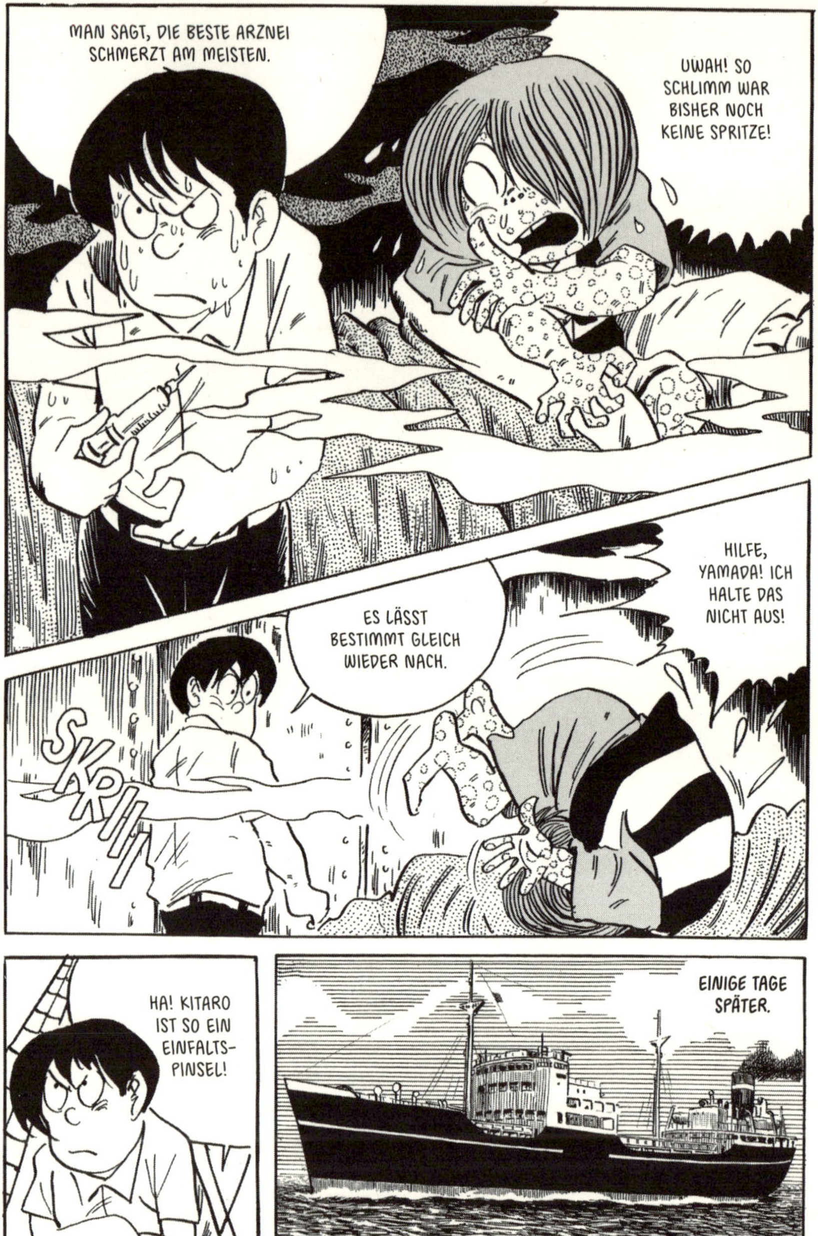

MAN SAGT, DIE BESTE ARZNEI SCHMERZT AM MEISTEN.
UWAH! SO SCHLIMM WAR BISHER NOCH KEINE SPRITZE!
HILFE, YAMADA! ICH HALTE DAS NICHT AUS!
ES LÄSST BESTIMMT GLEICH WIEDER NACH.
SKRIII
EINIGE TAGE SPÄTER.
HA! KITARO IST SO EIN EINFALTS-PINSEL!

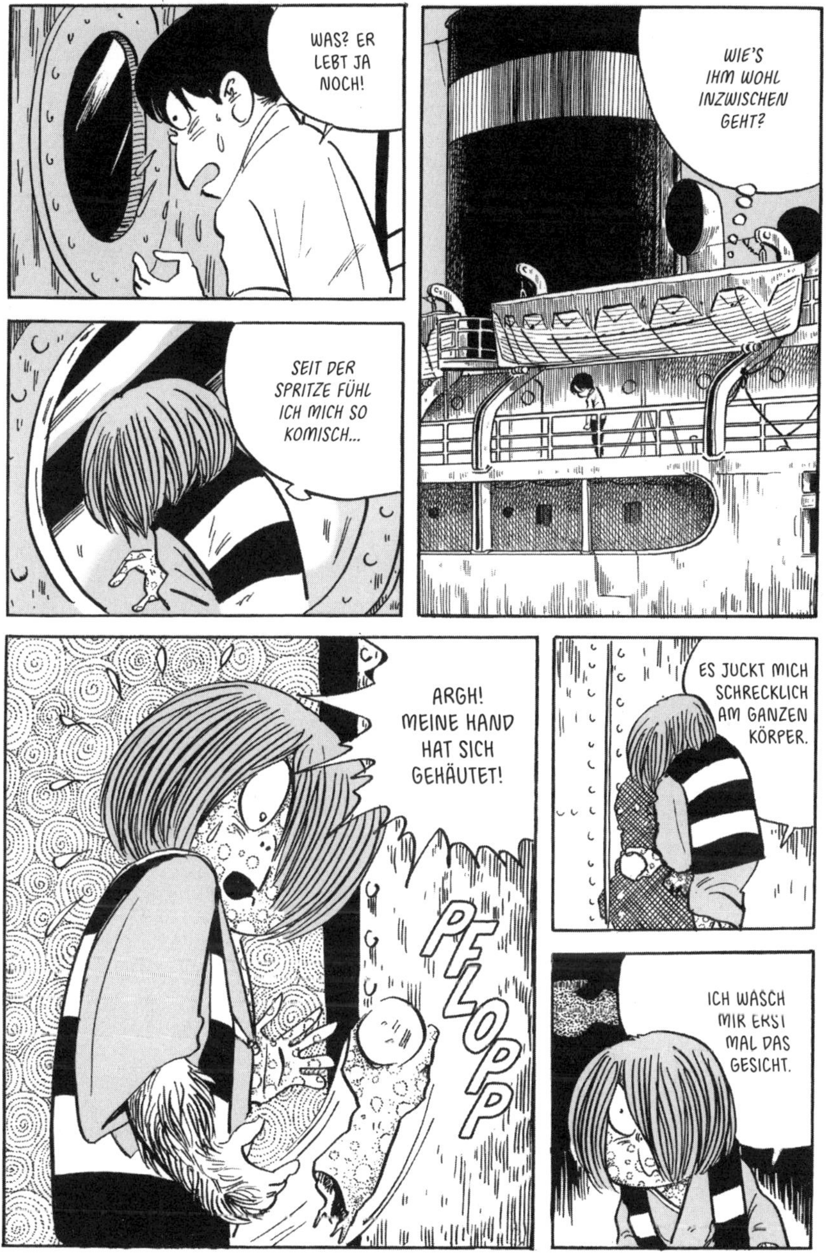

WIE'S IHM WOHL INZWISCHEN GEHT?
WAS? ER LEBT JA NOCH!
SEIT DER SPRITZE FÜHL ICH MICH SO KOMISCH...
ES JUCKT MICH SCHRECKLICH AM GANZEN KÖRPER.
ICH WASCH MIR ERST MAL DAS GESICHT.
ARGH! MEINE HAND HAT SICH GEHÄUTET!
PFLOPP

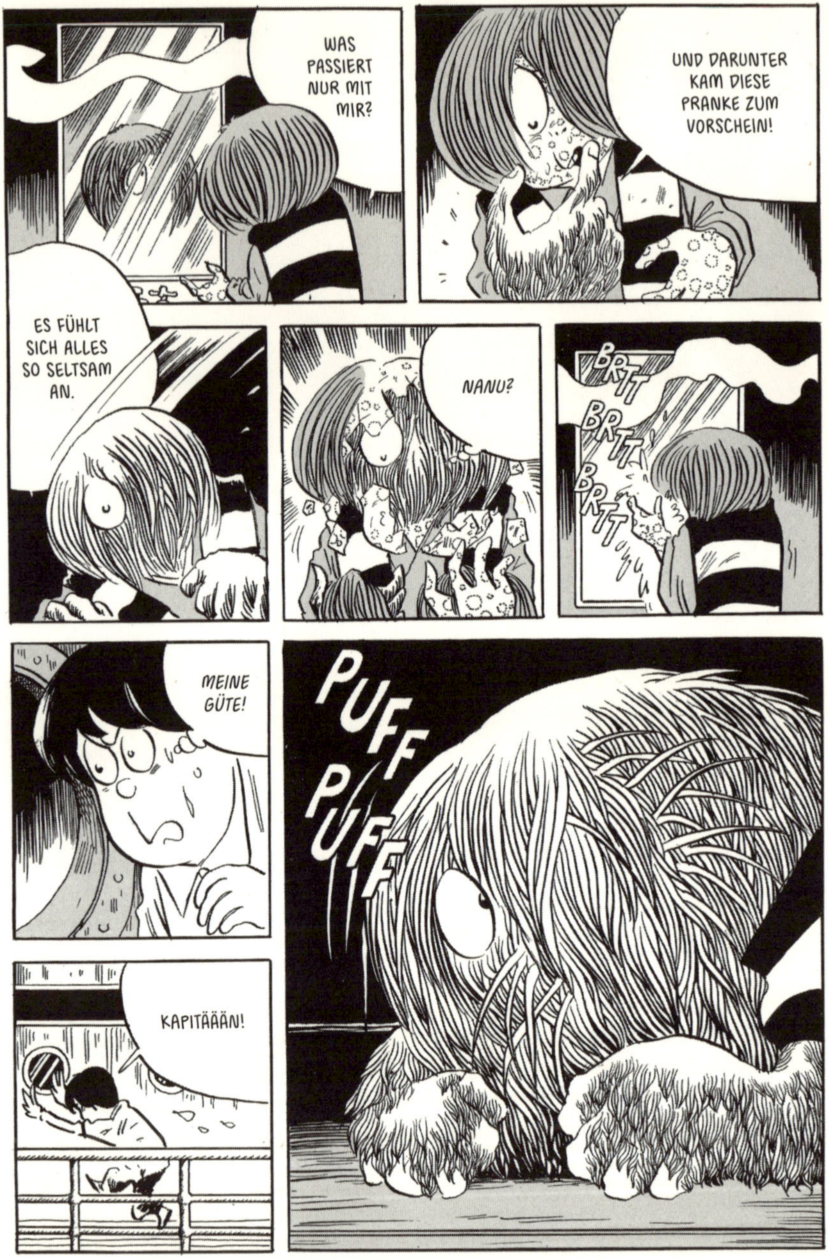
WAS PASSIERT NUR MIT MIR?
UND DARUNTER KAM DIESE PRANKE ZUM VORSCHEIN!
ES FÜHLT SICH ALLES SO SELTSAM AN.
NANU?
BRTT BRTT BRTT
MEINE GÜTE!
PUFF PUFF
KAPITÄÄÄN!

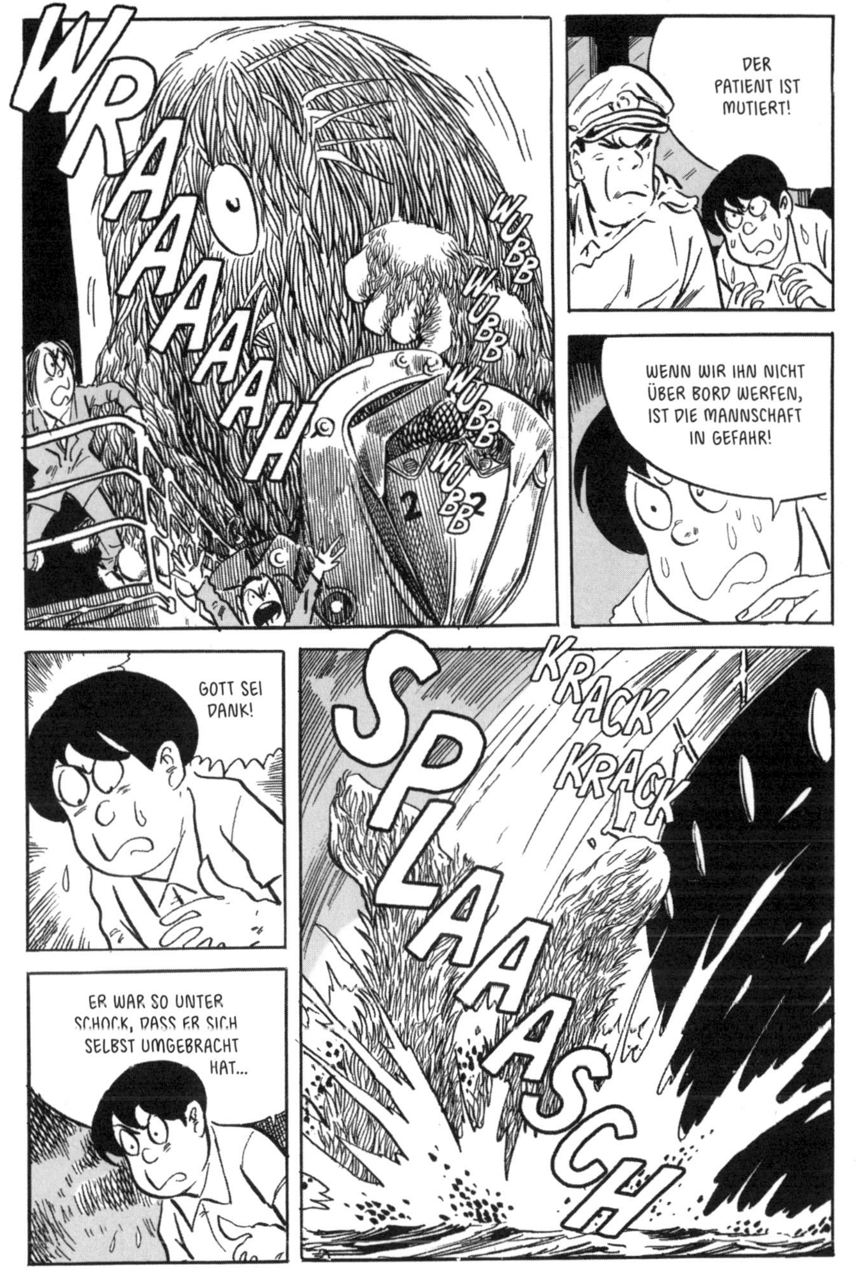
WRAAAAAAH
WUBB WUBB WUBB WUBB
DER PATIENT IST MUTIERT!
WENN WIR IHN NICHT ÜBER BORD WERFEN, IST DIE MANNSCHAFT IN GEFAHR!
KRACK KRACK
SPLAAASCH
GOTT SEI DANK!
ER WAR SO UNTER SCHOCK, DASS ER SICH SELBST UMGEBRACHT HAT...

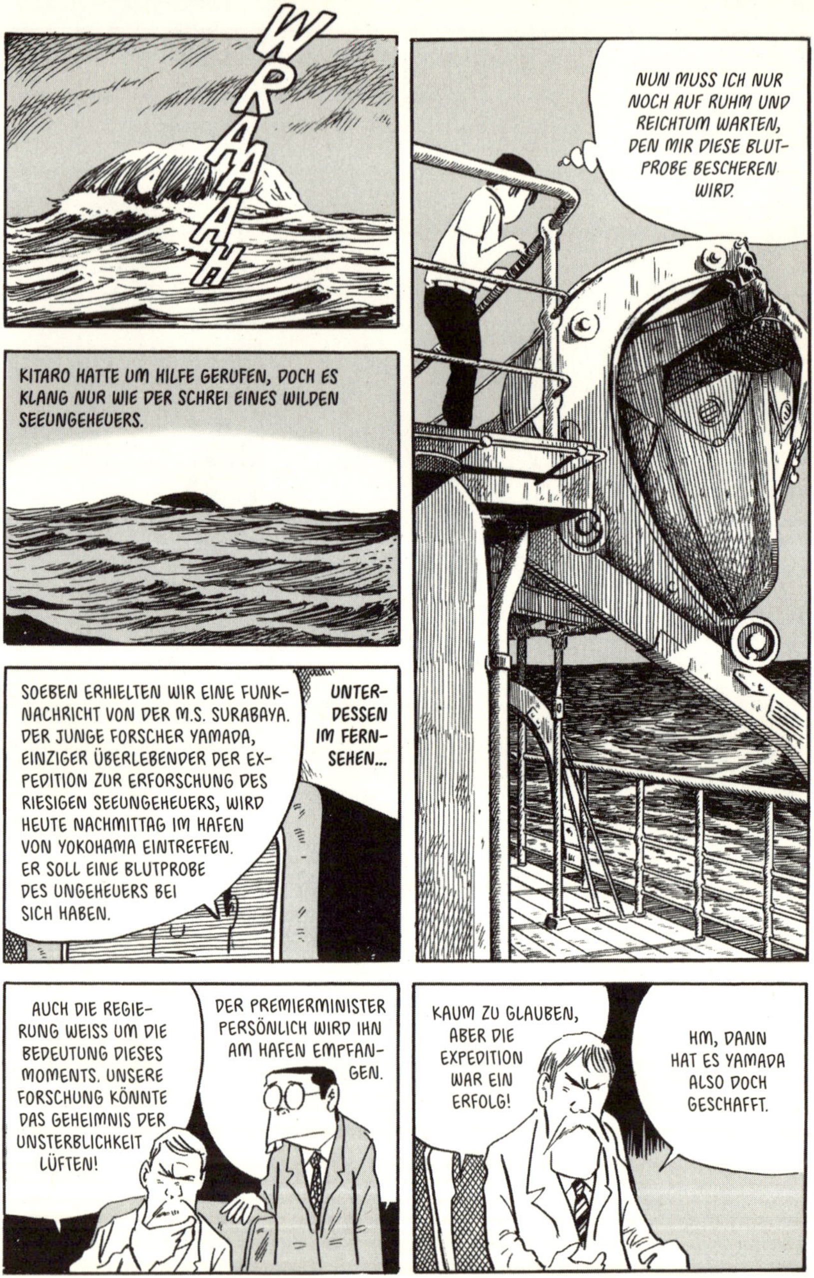
WRAAAAH
NUN MUSS ICH NUR NOCH AUF RUHM UND REICHTUM WARTEN, DEN MIR DIESE BLUTPROBE BESCHEREN WIRD.
KITARO HATTE UM HILFE GERUFEN, DOCH ES KLANG NUR WIE DER SCHREI EINES WILDEN SEEUNGEHEUERS.
UNTERDESSEN IM FERNSEHEN...
SOEBEN ERHIELTEN WIR EINE FUNKNACHRICHT VON DER M.S. SURABAYA. DER JUNGE FORSCHER YAMADA, EINZIGER ÜBERLEBENDER DER EXPEDITION ZUR ERFORSCHUNG DES RIESIGEN SEEUNGEHEUERS, WIRD HEUTE NACHMITTAG IM HAFEN VON YOKOHAMA EINTREFFEN. ER SOLL EINE BLUTPROBE DES UNGEHEUERS BEI SICH HABEN.
AUCH DIE REGIERUNG WEISS UM DIE BEDEUTUNG DIESES MOMENTS. UNSERE FORSCHUNG KÖNNTE DAS GEHEIMNIS DER UNSTERBLICHKEIT LÜFTEN!
DER PREMIERMINISTER PERSÖNLICH WIRD IHN AM HAFEN EMPFANGEN.
KAUM ZU GLAUBEN, ABER DIE EXPEDITION WAR EIN ERFOLG!
HM, DANN HAT ES YAMADA ALSO DOCH GESCHAFFT.

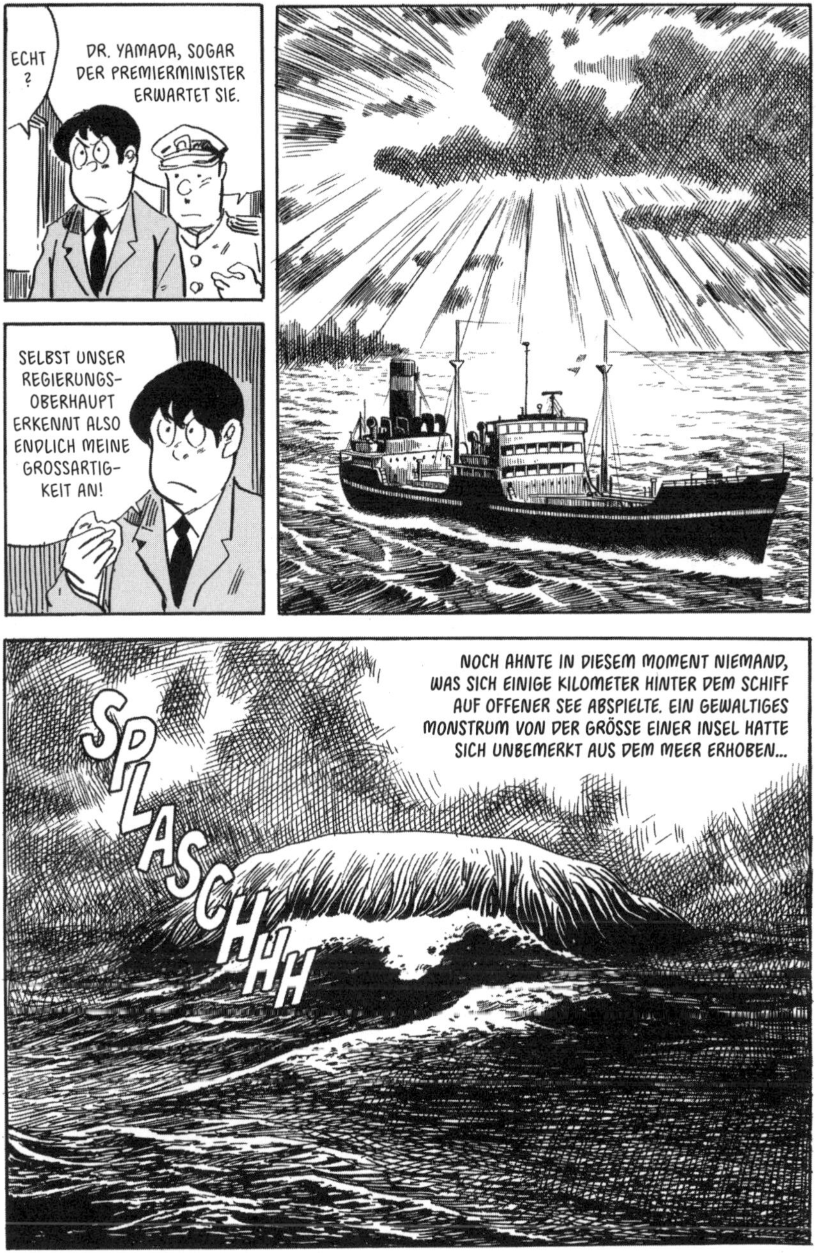

Kitaro Band 2 – Ende

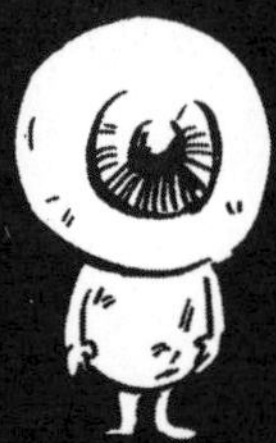

ERSTVERÖFFENTLICHUNG

Nachtspiel der Geister
(Bessatsu Shonen Magazine, 7. November 1965)

Yaksha
(Bessatsu Shonen Magazine, 12. September 1965)

Der Wassertiger
(Bessatsu Shonen Magazine, Januar 1966)

Der Vampirbaum
(Bessatsu Shonen Magazine, 3. April 1966)

Der Geisterzug
(Bessatsu Shonen Magazine, April 1966)

Der Krieg der Yokai, Teil 1
(Bessatsu Shonen Magazine, 17. April 1966)

Der Krieg der Yokai, Teil 2
(Bessatsu Shonen Magazine, 24. April 1966)

Der Krieg der Yokai, Teil 3
(Bessatsu Shonen Magazine, 1. Mai 1966)

Der Krieg der Yokai, Teil 4
(Bessatsu Shonen Magazine, 8. Mai 1966)

Das riesige Seeungeheuer, Teil 1
(Bessatsu Shonen Magazine, 22. Mai 1966)

Das riesige Seeungeheuer, Teil 2
(Bessatsu Shonen Magazine, 29. Mai 1966)

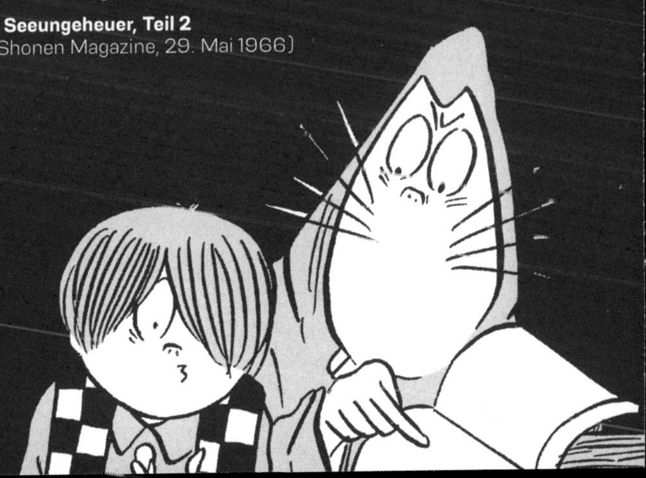

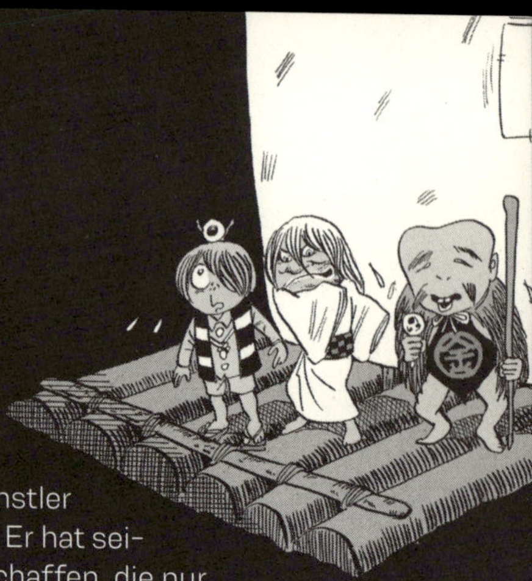

Eine Kindheit mit Yokai und unsichtbaren Wesen

Der Zeichner und Lebenskünstler Shigeru Mizuki war einzigartig. Er hat seine eigene Mangakategorie erschaffen, die nur einen Vertreter hatte: ihn selbst. Mizuki hat die japanische Kultur geprägt und sein Einfluss reicht bis heute. Mit seiner beliebten Mangaserie *Kitaro* führte er die Yokai und das Reich der Geister, Götter und Monster in die Unterhaltungswelt ein. Wer Filme wie *Mein Nachbar Totoro* gesehen oder schon mal Pokémon gejagt hat, der erkennt darin Mizukis Stil. Und seine Geschichten der alten Tante Non-Non haben Generationen von Japanern dazu angeregt, die Magie in Wäldern und Bergen zu entdecken.

Oder denkt nur an die Kämpfe gigantischer Monster gegen riesige Roboter in *Pacific Rim*, *Godzilla* und *Neon Genesis Evangelion* – sie wurden zuallererst in Mizukis Manga ausgetragen. In seinem Werk *Kaiju Raban* (1958) greift ein mutiertes Monster Japan an. Zum ersten Mal in der Geschichte konstruiert darin ein Wissenschaftler ein mechanisches Gegenstück, den Mecha Raban.

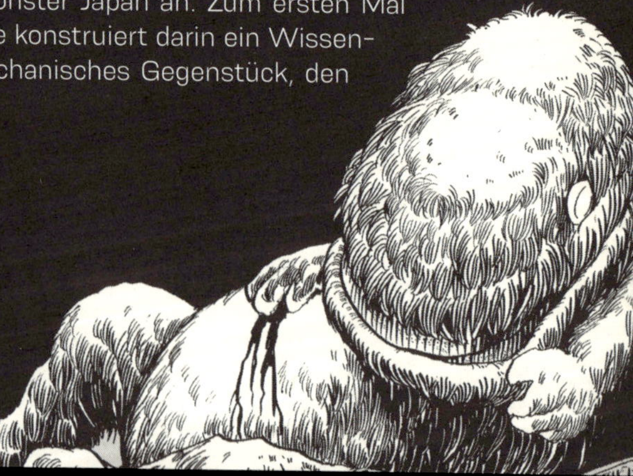

Mizuki war über 60 Jahre lang als Mangaka tätig. Er hat allen Regeln getrotzt und seiner Fantasie waren keine Grenzen gesetzt. Er war einer der größten und wichtigsten Zeichner und die Preise, die er verliehen bekam, waren so gewichtig, dass sie die Vitrine jedes anderen Künstlers zum Einsturz bringen würden.

Seine eigene Geschichte begann 1922: Geboren wurde Shigeru Mizuki in Osaka als Shigeru Mura, seine Kindheit verbrachte er in Sakaiminato, einem abseits gelegenen Fischerdorf. Da er als kleiner Junge seinen Vornamen Shigeru nicht aussprechen konnte, nannte er sich selbst »Gege«, und so riefen ihn schließlich alle. Drei Dinge haben ihn von anderen unterschieden: sein robuster Magen, der so gut wie alles verdauen konnte, seine künstlerische Begabung und seine enorme Zähigkeit.

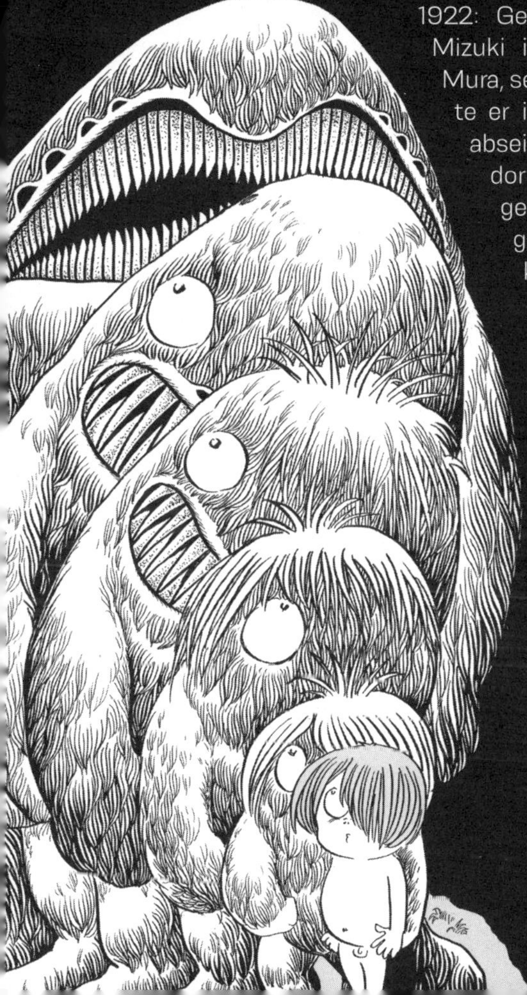

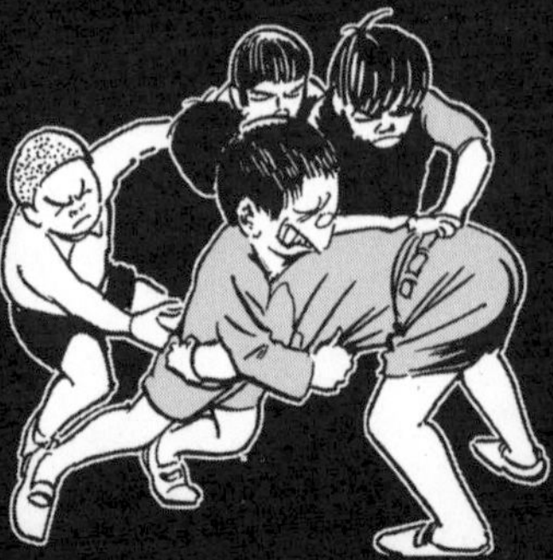

Als Kind war Mizuki ein Raufbold. Um sich zu beweisen, lieferte er sich gemeinsam mit anderen Rabauken aus seinem Dorf Schlachten gegen verfeindete Nachbarbanden. Er war aber nicht nur der Schrecken der Nachbarschaft, sondern konnte vor allem zeichnen. Als echtes Wunderkind hat er erste Kunstwerke erschaffen, noch bevor er lesen lernte. Niemand hatte ihm das Zeichnen beigebracht und er konnte sich sein Talent selbst nicht erklären. Auf die Frage nach seinen künstlerischen Vorbildern antwortete Mizuki immer, es gebe keine. Er fand, dass niemand besser zeichnen konnte als er. Das hat er natürlich nicht ohne Humor gesagt, aber er meinte es durchaus auch ernst.

Seine wichtigste Lehrerin war eine alte Frau namens Fusa Kageyama; Mizuki hat sie als *Tante NonNon* unsterblich gemacht. Da seine Eltern oft beschäftigt waren, sorgte sie für die Kinder und nahm den kleinen Shigeru unter ihre Fittiche. Viele glauben, dass es sich bei Tante NonNon um Mizukis Großmutter handelte, aber die beiden waren nicht verwandt. Ihr Spitzname kommt von dem Wort Nonnonsan, mit dem man eine Art Schamanin bezeichnet.

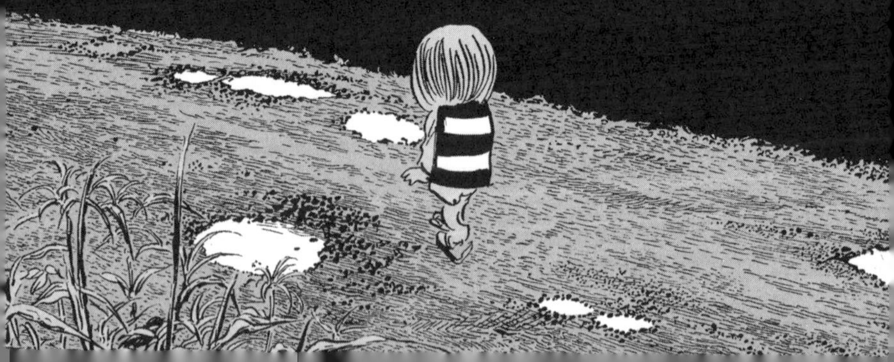

Neben ihrer Arbeit in der Familie Mura übernahm Tante NonNon auch spirituelle Dienste im Dorf. Sie versorgte die Götter mit Opfergaben und betete für die Armen. Außerdem pflegte sie die Kranken, war Priesterin und erzählte Geschichten. Tante NonNon war eine Art lebende Schatztruhe fast vergessener Märchen und Sagen. Sie webte Geschichten von Yokai, Geistern und anderen unsichtbaren Wesen ineinander. Mizuki war fasziniert von dieser magischen Welt.

Für Tante NonNon waren die Yokai und Götter ganz real. Für Mizuki wiederum war der Tod real: Er hatte schon als kleiner Junge seine Spielgefährten an Masern sterben sehen; andere waren von den Fischerbooten, auf denen sie gefährliche Arbeiten verrichten mussten, nicht mehr heimgekehrt. Tante NonNons Geschichten halfen ihm, diese zerbrechliche Welt mit Sinn zu füllen. Mit seinem künstlerischen Talent versuchte er, die Geister zu zeichnen und das Unsichtbare sichtbar zu machen. Durch die Gespräche mit Tante NonNon wurden die Weichen für seinen Lebensweg gestellt, und so wurde er schließlich zu dem Ausnahmekünstler, den heute ganz Japan kennt und liebt.

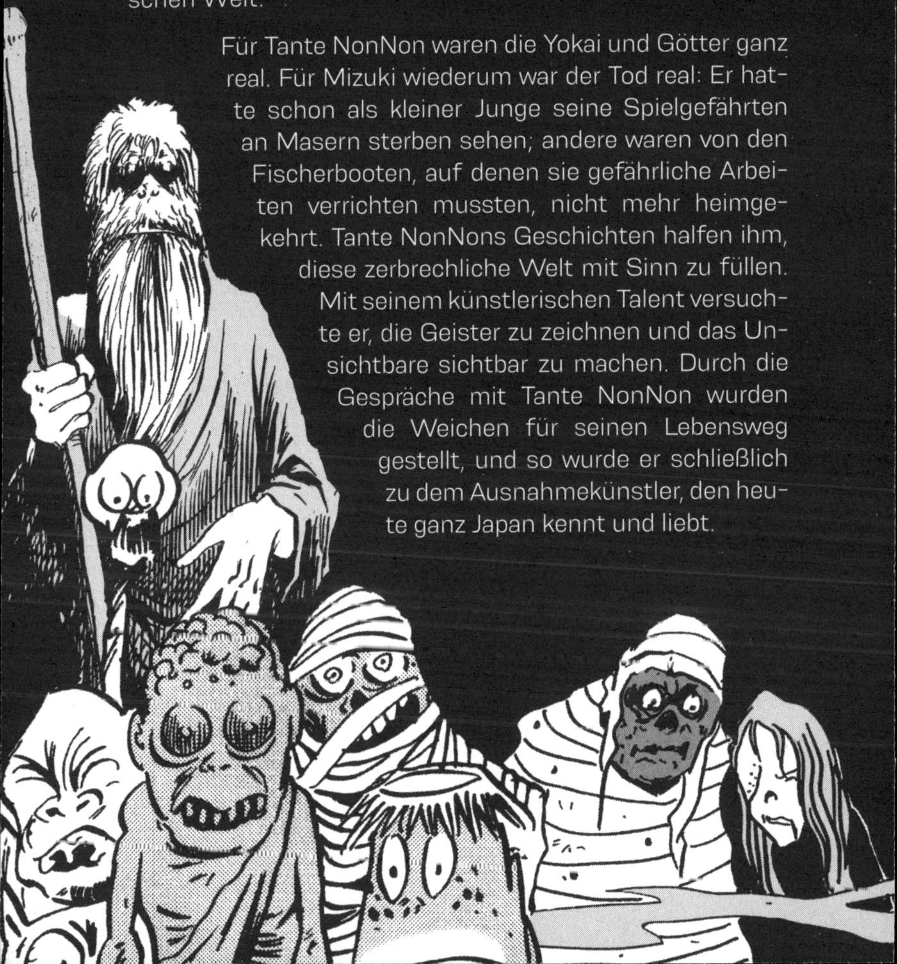

Aus dem Japanischen
von Gandalf Bartholomäus
Redaktion: Aranka Schindler
Korrektur: Gustav Mechlenburg
Herstellung und Lettering: diceindustries
mit einem Font von Kevin Huizenga

REPRODUKT

Gottschedstr. 4 / Aufgang 1
13357 Berlin

Published by arrangement with Presspop Inc.
Herausgeber: Dirk Rehm
ISBN 978-3-95640-288-3
Druck: Pozkal, Inowrocław, Polen

Erste Auflage: September 2021

www.reprodukt.com

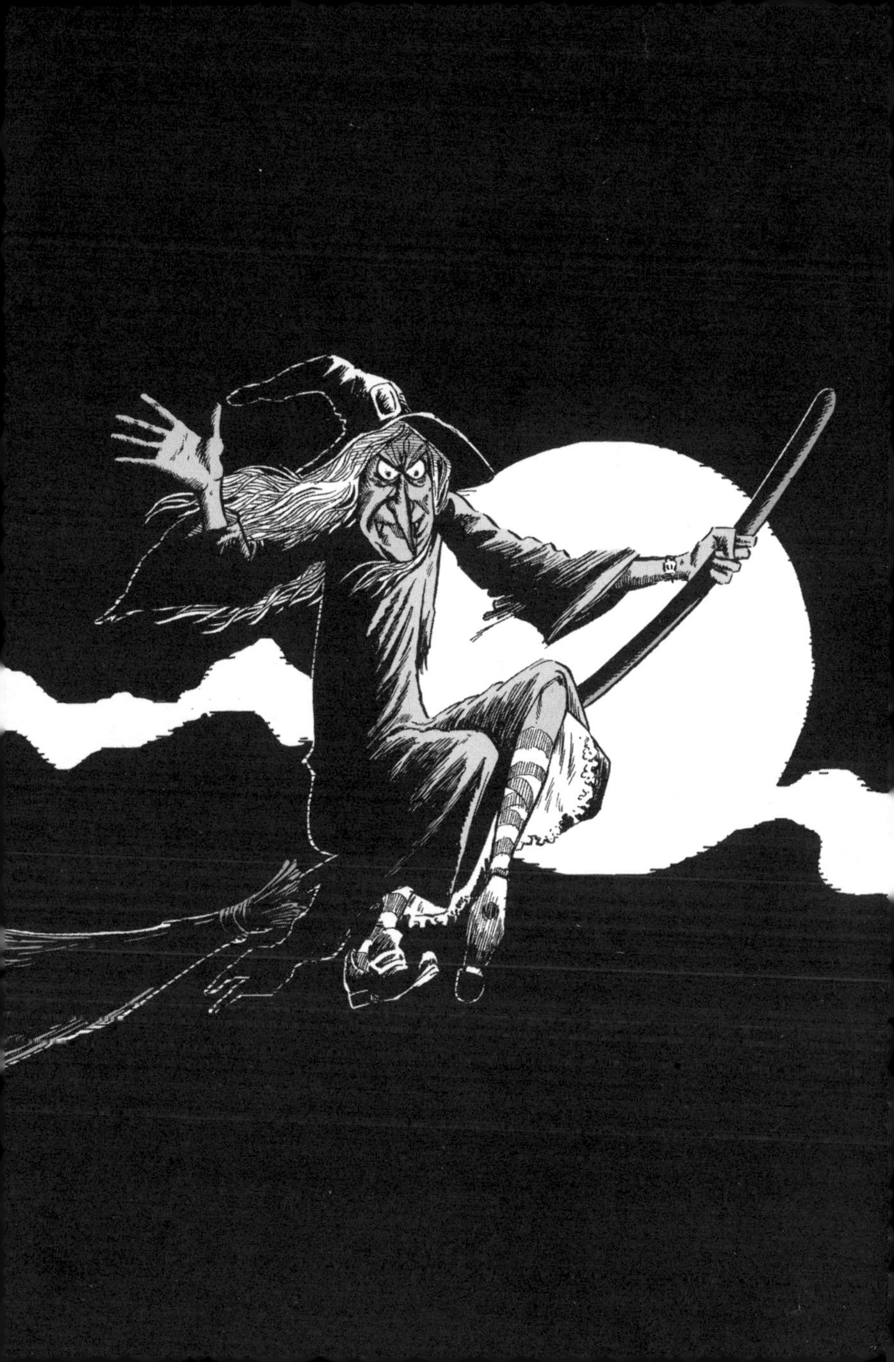

HALT

Kitaro ist ein Manga in japanischer Leserichtung. Da in Japan von hinten nach vorn und von rechts nach links gelesen wird, beginnt dieses Buch hinten und endet hier. Die Bilder und Sprechblasen werden von rechts oben nach links unten gelesen.

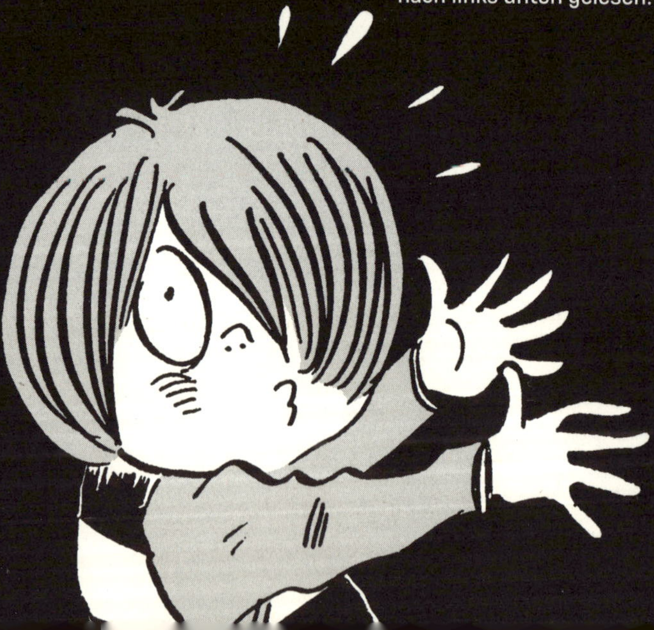